HENNEKE (Hrsg.)

Aufsicht und Finanzkontrolle über gebietlich begrenzte kommunale Aufgabenerfüllung

Schriften zum deutschen und europäischen Kommunalrecht

Band 47

Herausgegeben von

Prof. Dr. Dr. h. c. Eberhard Schmidt-Aßmann
Ruprecht-Karls-Universität, Heidelberg

Prof. Dr. Friedrich Schoch
Albert-Ludwigs-Universität, Freiburg

in Verbindung mit dem
Deutschen Landkreistag

DEUTSCHER
LANDKREISTAG

Aufsicht und Finanzkontrolle über gebietlich begrenzte kommunale Aufgabenerfüllung

Professorengespräch 2015
des Deutschen Landkreistages
am 11./12.3.2015 auf Schloss Waldthausen,
Landkreis Mainz-Bingen

Herausgegeben von

Prof. Dr. Hans-Günter Henneke

Geschäftsführendes Präsidialmitglied
des Deutschen Landkreistages, Berlin

Honorarprofessor an der Universität Osnabrück

BOORBERG

Bibliografische Information der Deutschen Nationalbibliothek | Die Deutsche Nationalbibliothek verzeichnet diese Publikation in der Deutschen Nationalbibliografie; detaillierte bibliografische Daten sind im Internet über www.dnb.de abrufbar.

ISBN 978-3-415-05523-0

Satz: Thomas Schäfer, www.schaefer-buchsatz.de | Druck und Bindung: Kessler Druck + Medien GmbH & Co. KG, Michael-Schäffer-Straße 1, 86399 Bobingen

Richard Boorberg Verlag GmbH & Co KG | Scharrstraße 2 | 70563 Stuttgart
Stuttgart | München | Hannover | Berlin | Weimar | Dresden
www.boorberg.de

Vorwort

Mit „Aufsicht und Finanzkontrolle über gebietlich begrenzte kommunale Aufgabenerfüllung" haben wir die beiden im Rahmen des DLT-Professorengesprächs 2015 behandelten Themenstellungen zu einem Motto zusammengefasst. Ebenso wie 2014 fand das Professorengespräch – diesmal krankheitsbedingt nur mit 26 Teilnehmern – unter der Gesprächsleitung von Prof. Dr. *Martin Burgi* (München) und Prof. Dr. *Christian Waldhoff* (Berlin) erneut auf Schloss Waldthausen im Landkreis Mainz-Bingen statt. Neu war, dass aus aktuellem Anlass zwei Themen, die jeweils mit einem Gesprächsfazit abgeschlossen wurden, behandelt wurden.

Aus Anlass der Vorlage des XX. Hauptgutachtens der Monopolkommission untersuchten die Teilnehmer im ersten Teil die Ausgestaltung des Örtlichkeits- bzw. Regionalprinzips im Kommunalwirtschafts- und Sparkassenrecht und traten dabei den rechtlichen Bewertungen und Schlussfolgerungen der Monopolkommission überzeugend entgegen (dazu 1. Abschnitt). Diesem Befund hat sich die Bundesregierung in ihrer Stellungnahme zum XX. Hauptgutachten der Monopolkommission vom 22.4.2015 (BT-Drs. 18/4721, Tz. 86) angeschlossen und knapp ausgeführt:

> *„Das von der Monopolkommission unter wettbewerbsrechtlichen Gesichtspunkten kritisierte Regionalprinzip ist Ausfluss der Organisationshoheit der Kommunen und in den jeweiligen Landessparkassengesetzen normiert. Nach Auffassung der Bundesregierung stellt das Regionalprinzip kein zentrales Problem des funktionierenden Wettbewerbs auf dem deutschen Bankenmarkt dar."*

Den Anlass für die Befassung mit der Ausgestaltung und Abgrenzung von Aufsicht, Finanzkontrolle durch den Bundesrechnungshof und bundesministerieller Finanzkontrolle bildete die Entscheidung des BVerfG vom 7.10.2014 zu den Optionskommunen. Die erörterten Fragestellungen reichten aber weit über Art. 91e Abs. 2 und 3 GG hinaus und berührten Grundfragen des Bundesstaates und der kommunalen Selbstverwaltung (dazu 2. Abschnitt). Neben den Referaten im Rahmen des Professorengesprächs sind insoweit zwei weitere Beiträge von *Cornils* und *Henneke* in die Dokumentation aufgenommen worden.

Wir sind sicher, mit den abgedruckten Referaten und Diskussionsbeiträgen zu beiden Themenkomplexen die anstehenden Beratungen zu befruchten und danken allen Referenten, Diskussionsteilnehmern und den beiden Gesprächsleitern sowie der Wissenschaftsförderung der Sparkassen-Finanzgruppe e. V. für die Unterstützung bei der Drucklegung.

Berlin, am 11. Mai 2015 *Hans-Günter Henneke*

Inhaltsverzeichnis

Erster Abschnitt

Das Örtlichkeits- bzw. Regionalprinzip im Lichte des Europarechts

Dirk Ehlers

Örtlichkeits- oder Regionalprinzip der Kommunalwirtschaft

Die wirtschaftliche Betätigung der Kommunen und in diesem Zusammenhang die Geltung des Örtlichkeits- oder Regionalprinzips in diesem Bereich war schon mehrfach Gegenstand des Professorengesprächs des Deutschen Landkreistages.[1] Im Folgenden wird in aller Kürze auf die sich im Wesentlichen stellenden Problemstellungen aus heutiger Sicht eingegangen. Nach einem kurzen Blick auf die Lage (I.) soll auf drei Fragestellungen eingegangen werden, nämlich: Bedarf die Kommunalwirtschaft einer territorialen Begrenzung? (II.). Wem obliegt die territoriale Begrenzung? (III.). Welchen Gestaltungsspielraum lässt das geltende Recht? (IV.). Darauf aufbauend werde ich einige rechtspolitische Vorschläge zur Diskussion stellen (V.) und mit einer Schlussbemerkung (VI.) die Ausführungen beenden.

I. Tatsächliche Lage

1. Aufbruchsstimmung in den neunziger Jahren

Die Kommunalwirtschaft gehört zu den Kernelementen kommunaler Betätigung, hat im Laufe der Zeit aber Höhen und Tiefen erlebt. Ab den neunziger Jahren begann man, sich vermehrt um die Erschließung neuer Geschäftsfelder – häufig außerhalb des Kommunalgebietes – zu bemühen. Sieben Motive waren hierfür hauptsächlich ursächlich[2]:

a) die unzureichende Finanzausstattung der Kommunen, die man ausgleichen wollte;

b) die Ausrichtung des Europäischen Unionsrechts auf eine offene Marktwirtschaft mit freiem Wettbewerb, die zu einem Verlust kom-

1 Vgl. zuletzt *Huber* und *Ehlers*, in: Henneke (Hrsg.), Öffentlicher Auftrag bei sich wandelnden Marktbedingungen, 2007, S. 11 ff.; 83 ff.

2 Zu einigen dieser Motive vgl. *Ehlers*, DVBl. 1998, 497; *Becker/Kammin*, NVwZ-Extra 2014, 1 (2); *Henneke*, in: Wurzel/Schraml/Becker (Hrsg.), Rechtspraxis der kommunalen Unternehmen, 3. Aufl. 2015, A, Rn. 2 ff.

munaler Monopolstellungen und zu einer zwar nicht rechtlich erzwungenen, aber damit häufig einhergehenden Privatisierung geführt hat, welche man als gleichberechtigte Mitspieler am Markt zu kompensieren trachtete;

c) die Modernisierung der Verwaltung mit Einführung neuer, betriebswirtschaftlich ausgerichteter, die dezentrale Ressourcenverantwortung stärkenden Managementtechniken, mit denen auch das ansonsten brachliegende Wirtschaftspotenzial ausgenutzt werden sollte;

d) die zunehmende Verselbstständigung der kommunalen Unternehmen von ihren Trägern;

e) der Auf- und Ausbau eines *back-office*-Bereichs im Verbundsystem, der ein extensives Agieren erleichterte;

f) der Einsatz elektronischer Informations-, Kommunikations- und Transaktionstechniken über das Internet, der ein Überspringen der territorial bestimmten Organisationsgrenzen immer einfacher möglich machte, sowie

g) eine Spekulationsbereitschaft vieler Kommunen, die auch im Abschluss hochriskanter *Cross-Border-Leasing*-Geschäfte[3] oder der Aufnahme von Fremdwährungskrediten in zehnstelliger Größenordnung[4] zum Ausdruck gekommen ist.

2. Finanz- und Wirtschaftskrise

Die Finanz- und Wirtschaftskrise der Jahre 2007 bis 2009 hatte für die Kommunalwirtschaft ambivalente Auswirkungen. Einerseits hat sich ein weiteres Mal gezeigt, dass die Stärke von Unternehmen darin liegen kann, in der Gemeinschaft oder Region verwurzelt zu sein. Dementsprechend haben sich die Sparkassen und Volksbanken im Gegensatz zu den global agierenden, die Krise auslösenden Privatbanken und Landesbanken als Stabilitätsanker erwiesen.[5] Andererseits hat die Krise wegen der zutage getretenen Unzulänglichkeiten privater Wirt-

3 Vgl. *Sanders*, Cross-Border-Leasing-Transaktionen von Kommunen, 2010.

4 So soll allein die Stadt Essen bei mehreren Schweizer Banken Fremdwährungskredite in Höhe von 450 Mio. Schweizer Franken aufgenommen haben, was nach Freigabe des Frankenkurses durch die Schweizer Notenbank zu erheblich höheren Rückzahlungsverpflichtungen führen wird.

5 *Jellinghaus*, NVwZ 2013, 407; *Schink/Karpenstein*, DVBl. 2014, 481.

schaftsakteure einen Rekommunalisierungstrend ausgelöst.[6] So sollen die Stadtwerke beispielsweise zwischen 2007 und 2013 rund 200 Gas- und Stromnetze wieder in die eigene Hand genommen haben,[7] was sich keineswegs immer als vorteilhaft erwiesen hat. Die Ersetzung der Privaten durch die Kommunen hat die Grenzen kommunalwirtschaftlicher Betätigung wieder in den Hintergrund treten lassen.

3. Derzeitige Praxis

Jedenfalls lässt sich feststellen, dass Gebietsüberschreitungen der Kommunalwirtschaft in der Praxis sowohl im Großen als auch im Kleinen nicht selten vorkommen.[8] Zwei Beispiele mögen dies verdeutlichen:

Zum Großen: Die Stadtwerke und eine Beteiligungsgesellschaft der hochverschuldeten Ruhrgebietsstädte Duisburg, Dortmund, Bochum, Essen, Dinslaken und Oberhausen betreiben zu 100 Prozent die STEAG GmbH, die als einer der größten deutschen Stromerzeuger gilt und darüber hinaus weltweit Ingenieurdienstleistungen anbietet. Unter anderem besitzt die STEAG, die 2013 einen Umsatz von 2,9 Mrd. € zu verzeichnen hatte, Kraftwerke in Kolumbien, der Türkei und den Philippinen, bietet im Saarland eine der größten regionalen Fernwärmeverbundsysteme in Deutschland an und verfügt über Tochtergesellschaften in Indien, Brasilien, der Türkei, der Schweiz und den USA.[9]

Zum Kleinen: Kürzlich bin ich an einem Verfahren vor dem Oberverwaltungsgericht für das Land Nordrhein-Westfalen beteiligt gewesen, in dem es um die Organisation und Abwicklung einfacher Melderegisterauskünfte im Wege eines automatisierten Abrufs über das Internet ging. Dies ist eine Tätigkeit, die sich wirtschaftlich betreiben lässt. Neben Privaten hat sich auch die von den kommunalen Spitzenverbänden gegründete „Anstalt für kommunale Datenverarbeitung" in Bayern dieser Aufgabe angenommen, wird allerdings nicht nur in Bayern, sondern auch in vielen anderen Bundesländern tätig und betreibt in verschiedenen Städten Nordrhein-Westfalens sogar Portale in öffentlich-rechtlicher Form. Das OVG hat dies für zulässig erachtet, weil nicht

6 Näher dazu *Bauer*, DÖV 2012, 329 ff.; *Burgi*, NdsVBl. 2012, 225 ff.; *Leisner-Egensperger*, NVwZ 2013, 1110 ff.

7 FAZ Nr. 268 v. 18.11.2014, 26.

8 Vgl. auch *Ehlers*, DVBl. 1998, 497 f.; *Becker*, DÖV 2000, 1032 ff.; *Brosius-Gersdorf*, AöR 130 (2005), 392 (393 f.).

9 Vgl. die Selbstdarstellung des Unternehmens http:\\www.steag.com/ueber_uns1.html [zuletzt abgerufen am 1.4.2015].

anzunehmen sei, dass das Handeln der Anstalt jenseits der bayerischen Handlungssphäre mit Wirkung auf das Gebiet von Nordrhein Westfalen oder das Gemeindegebiet gegen den Willen dieser Körperschaften erfolgt sei.[10] In der Öffentlichkeit werden solche Arten von Gebietsüberschreitungen kaum zur Kenntnis genommen, jedenfalls aber nicht als Problemfälle erkannt.

4. Vorschlag der Monopolkommission

Die Monopolkommission der Bundesrepublik Deutschland hat in ihrem XX., im letzten Jahr veröffentlichten Hauptgutachten das für die Sparkassen geltende Regionalprinzip untersucht, dieses als ein dem Unionsrecht widersprechendes wettbewerbswidriges Gebietskartell eingestuft und dessen Abschaffung gefordert.[11] Bei Zugrundelegung der von der Monopolkommission angenommenen Prämissen müsste Entsprechendes grundsätzlich auch für die gesamte Kommunalwirtschaft gelten, sofern diese geeignet ist, den Handel zwischen den Mitgliedstaaten zu beeinträchtigen. Das Gutachten zeigt, dass nach wie vor Klärungsbedarf darüber besteht, in welchem Wirkungskreis sich die Kommunalwirtschaft betätigen darf.

II. Bedarf die Kommunalwirtschaft einer territorialen Begrenzung?

Bei den Kommunen handelt es sich um dezentrale staatliche Verwaltungsträger in Gestalt von Gebietskörperschaften. Wie alle Verwaltungsträger sind auch diese dazu berufen, Verbandskompetenzen,

---

10 OVG NRW, Urt. v. 27.1.2015, 16 A 1494/14, Rn. 128.

11 Monopolkommission XX. Hauptgutachten 2012/2013, 2014, Rn. 1923 ff. Die Monopolkommission beruft sich u. a. auf die Entscheidung des BGH v. 14.8.2008 (WM 2008, 1983 ff.), wonach das Regionalprinzip der staatlichen Lotto- und Totounternehmen gegen das europäische Kartellrecht verstößt. Unabhängig davon, ob dieser bisher vereinzelt gebliebenen Entscheidung zu folgen ist, lässt sich die ratio decidendi jedenfalls nicht einfach auf das Kommunalwirtschaftsrecht übertragen, schon weil das kommunalrechtliche Örtlichkeits- oder Regionalprinzip nicht auf Absprachen beruht (sondern auf einer verfassungsrechtlich normierten Zuständigkeit) und die kommunalen Unternehmen im Gegensatz zu den Lotto- und Totounternehmen keine Monopolstellung besitzen. Vgl. auch bereits *Ehlers*, Der Landkreis 2007, 456 (463).

d. h. die ihnen übertragenen Verwaltungsaufgaben im Rahmen der trägerbezogenen Zuständigkeitsnormen wahrzunehmen. Die Verwaltung bleibt nach gesicherter Erkenntnis auch dann Verwaltung, wenn sie wirtschaftet.[12] Dementsprechend sind auch die kommunalen Unternehmen lediglich als Instrumente kommunaler Aufgabenerledigung und nicht als autonom handelnde Marktkräfte anzusehen. Hieran vermag die Inanspruchnahme privatrechtlicher Organisationsformen nichts zu ändern, zumal nicht nur die Eigenunternehmen, sondern auch die von der öffentlichen Hand beherrschten gemischtwirtschaftlichen Unternehmen nach der Fraport-Rechtsprechung des BVerfG[13] dieser zuzurechnen sind.

Eine andere als die hier zugrunde gelegte Ansicht vertreten in unserem Kreis bekanntlich seit Langem die Kollegen *Wieland* und *Hellermann*,[14] weil sie der Meinung sind, dass die Kompetenzgrenzen der Gebietskörperschaften von vornherein nur für die hoheitliche, nicht die wirtschaftliche Betätigung gelten, die Kommunen also selbst darüber befinden können, wo und wie sie wirtschaften wollen. Abgesehen davon, dass den Kommunen dann in gleicher Weise wie den Privaten selbstbestimmte Freiheit zukäme und das kommunale Wirtschaftsrecht vermutlich in toto als verfassungswidrig erachtet werden müsste, hätte dies zur Folge, dass die Kommunalverwaltung weithin nicht mehr an Zuständigkeitsgrenzen gebunden wäre. Das Herzstück der Kommunalverwaltung ist nämlich nicht die Ordnungsverwaltung, bei der es sich um staatliche Auftragsverwaltung oder Wahrnehmung von Pflichtaufgaben zur Erfüllung nach Weisung handelt, sondern die kommunale Leistungserbringung. Da selbst kulturelle und soziale Leistungen oftmals auch von Privaten mit der Absicht der Gewinnerzielung und damit wirtschaftlich erbracht werden können,[15] müssten beispielsweise auch viele kommunale Einrichtungen in anderen Kommunen betrieben werden können.

---

12 VerfGH RhPf, NVwZ 2000, 801; SächsVerfGH, NVwZ 2005, 1057; *Ehlers*, NWVBl. 2000, 1 (5); *ders.*, Der Landkreis 2007, 456 (458).

13 BVerfGE 128, 226 (244 ff.).

14 *Wieland*, in: Henneke (Hrsg.), Optimale Aufgabenerfüllung im Kreisgebiet?, 1999, S. 193 (196 ff.). Vgl. auch *Moraing*, Der Gemeindehaushalt 1998, 223 (227 f.); *ders.*, WiVerw 1998, 233 (244 f.); *Hellermann*, Örtliche Daseinsvorsorge und gemeindliche Selbstverwaltung, 2000, S. 152, 157; *Hellermann/Wieland*, in: Püttner (Hrsg.), Zur Reform des Gemeindewirtschaftsrechts, 2002, S. 117 (126); *Karst*, DÖV 2002, 809 (813 ff.). Siehe auch *Jarass*, DÖV 2006, 1 ff., sowie den Beschluss 20 des 64. DJT (Verhdl. des 64. DJT, 2002, Bd. II/2, O 225), wonach der räumliche Wirkungskreis kommunaler Unternehmen nicht durch das Gebiet ihres Trägers (Gebietskörperschaft bzw. interkommunale Zusammenarbeit) bestimmt wird.

15 Vgl. die Legaldefinitionen in §§ 91 I 1 Bbg KVerf, 107 I 3 GO NRW.

III. Wem obliegt die territoriale Begrenzung?

Gelten Zuständigkeitsgrenzen für die Kommunalwirtschaft, stellt sich als Nächstes die Frage, wer diese bestimmt. Da juristische Personen staatlicher Provenienz nach deutschem, sich bereits aus dem Demokratieprinzip ergebenden Rechtsverständnis nur durch oder aufgrund Gesetzes in das Leben gerufen werden können[16] und hierbei entschieden werden muss, welche Aufgaben juristische Personen wahrnehmen sollen, kann es nicht zweifelhaft sein, dass diese Kompetenz allein dem Verfassung- oder einfachen Gesetzgeber zukommt. In der Literatur ist allerdings die Ansicht vertreten worden, dass das vorrangig geltende Europäische Unionsrecht dem Gesetzgeber untersage, der Kommunalwirtschaft Grenzen im Sinne einer Bindung an das Örtlichkeits- oder Regionalprinzip zu setzen. Begründet wird dies zum einen mit den Grundfreiheiten, zum anderen mit dem Wettbewerbsrecht der Europäischen Union.

Das Europäische Unionsrecht überlässt es jedermann, darüber zu befinden, ob und in welchem Umfang er sich wirtschaftlich betätigen möchte. Verbietet der Bund oder das Land der Kommunalwirtschaft aber jenseits der Staatsgrenzen tätig zu werden, wird ein Verstoß gegen das die Kommunalwirtschaft schützende Diskriminierungs- und möglicherweise auch das Beschränkungsverbot der Grundfreiheiten geltend gemacht.[17] Andererseits führe das Örtlichkeits- oder Regionalprinzip zu einer Abschottung der kommunalen Geschäftsgebiete im Vergleich der Kommunen zueinander und stelle damit eine nach Art. 101 I lit c) iVm Art. 106 I AEUV verbotene Aufteilung der Märkte dar.[18] Der angenommene Verstoß gegen das Europäische Unionsrecht soll also die Kommunalwirtschaft im Anwendungsbereich der Grund-

---

16 Vgl. zum organisationsrechtlichen Gesetzesvorbehalt statt vieler *Ehlers*, in: Erichsen/ders. (Hrsg.), Allgemeines Verwaltungsrecht, 14. Aufl. 2010, § 2 Rn. 46.

17 Vgl. *Nagel*, Gemeindeordnung als Hürde?, 1999, S. 47 ff.; *ders.*, NVwZ 2000, 758 (761); *Becker*, ZNER 2000, 259 (261); *Schwintowski*, NVwZ 2001, 607 (610, 612); *Jarass*, Kommunale Wirtschaftsunternehmen im Wettbewerb, 2002, S. 41 ff.; *Langner*, Die örtliche Begrenzung kommunaler Wirtschaftstätigkeit und die Grundfreiheiten des EG-Vertrages, 2008, S. 115 ff.; *Naumann/Schmitz*, NWVBl. 2011, 208 ff. (Grundfreiheitsberechtigung einer Gemeindegesellschaft, nicht der Gemeinde). Vgl. auch Fn. 18.

18 So insbesondere die Monopolkommission (Fn. 11). Ferner *Scheps*, Das Örtlichkeitsprinzip im kommunalen Wirtschaftsrecht, 2006. Ein Verstoß sowohl gegen die Grundfreiheiten als auch gegen das europäische Wettbewerbsrecht nimmt *Ehricke* (IR 2007, 250 ff.; Die Vereinbarkeit des kommunalen Örtlichkeitsprinzips mit dem EG-Recht, 2009), an. Kritisch dazu *Burgi*, Neuer Ordnungsrahmen für die energiewirtschaftliche Betätigung der Kommunen, 2010, S. 38; *Stern*, Das sparkassenrechtliche Regionalprinzip, 2014, S. 79 ff.

freiheiten benachteiligen, im Anwendungsbereich des Wettbewerbsrechts zum Vorteil gereichen. Beiden Auffassungen ist indessen nicht zu folgen.[19]

Die Grundfreiheiten interessieren sich grundsätzlich nicht für die Organisation der Mitgliedstaaten, sondern behandeln diese als Einheit. So betreffen die Bindungen der Grundfreiheiten alle Träger von Staatsgewalt,[20] unabhängig von der Untergliederung. Dann aber kann der Staat nicht vor sich selbst geschützt und eine Beschränkung der Kommunalwirtschaft anders behandelt werden als eine erlaubte Selbstbeschränkung der Staatswirtschaft. Sähe man dies wegen der Personenverschiedenheit anders, wäre die Beeinträchtigung der Grundfreiheiten jedenfalls gerechtfertigt (wie sich auch aus den folgenden Ausführungen ergeben wird). Den kommunalen Unternehmen kommt daher kein Marktaustrittsrecht gegenüber dem eigenen Staat nach europäischem Recht zu. Ebenso lässt sich aus den Grundfreiheiten kein Anspruch der EU-Ausländer darauf herleiten, dass die öffentlichen Unternehmen ihr Geschäftsgebiet über die Staatsgrenzen ausweiten.

Ähnliches gilt für das Wettbewerbsrecht der Europäischen Union. Dieses überlässt es allen Wirtschaftstreibenden selbst, darüber zu befinden, in welchem territorialen Gebiet sie sich wirtschaftlich betätigen wollen (etwa um das Risiko zu begrenzen). Kommunale Gebietsklauseln führen zwar dazu, dass die kommunalen Unternehmen nicht in einen Wettbewerb miteinander treten. Doch bleibt sowohl der Wettbewerb mit den privaten Wirtschaftstreibenden als auch mit den staatlichen Unternehmen anderer Mitgliedstaaten ohne jede Einschränkung erhalten. Wenn Art. 106 I AEUV den Mitgliedstaaten untersagt, in Bezug auf öffentliche Unternehmen wettbewerbswidrige Maßnahmen

---

19 Vgl. zum Ganzen *Ehlers*, Der Landkreis 2007, 456 (461 ff.); *ders.*, in: Wurzel/Schraml/Becker (Fn. 2), B, Rn. 11 ff., 15 ff.; *Stern* (Fn. 18), S. 90 ff. Zu den Grundfreiheiten: *Ehlers*, Empfiehlt es sich, das Recht der öffentlichen Unternehmen im Spannungsverhältnis von öffentlichem Auftrag und Wettbewerb national und gemeinschaftsrechtlich neu zu regeln?, 64. DJT 2002, E 42 f.; *Wolff*, DÖV 2011, 721 (725 f.); *Röhl*, in: Schoch (Hrsg.), Besonderes Verwaltungsrecht, 15. Aufl. 2013, Kommunalrecht, Rn. 52; *Suerbaum*, in: Ehlers/Fehling/Pünder, Besonderes Verwaltungsrecht, Öffentliches Wirtschaftsrecht, 3. Aufl. 2012, § 13 Rn. 28; *Isenburg*, Die Verbundzusammenarbeit der Sparkassen-Finanzgruppe, 2012, S. 68 f.; zum Wettbewerbsrecht: *Ehlers/Schepers*, Der Landkreis 2002, 590 (591); *Kolm*, Das sparkassenrechtliche Regionalprinzip, 2011, S. 128; *Isenburg* a. a. O., S. 69 ff.; *Henneke*, ZVglRWiss 113 (2014), 535 (549 f.); *Eufinger*, EWS 2014, 253 (255 ff.); *Kerber*, JZ 2014, 1044 ff.; Stern (Fn. 18), S. 96 ff.

20 Allgemeine Auffassung. Vgl. statt vieler *Ehlers*, in: ders. (Hrsg.), Europäische Grundrechte und Grundfreiheiten, 4. Aufl. 2014, § 7 Rn. 52.

zu treffen oder beizubehalten, so gilt dies nur für solche Maßnahmen, die gerade auf die öffentlichen Unternehmen bezogen sind und ihnen einen Vorteil verschaffen sollen. Dies trifft auf die Regelungen über das Örtlichkeits- und Regionalprinzip nicht zu, weil diese nicht spezifisch unternehmerischer Art sind, sondern für sämtliches Handeln der Kommunen gelten und nur die allgemeinen Zuständigkeitsgrenzen verdeutlichen. Bleibt die Verwaltung auch dann Verwaltung, wenn sie wirtschaftet, ist es entgegen der Monopolkommission nicht zulässig, zwischen den Kompetenzgrenzen der Kommunen und ihrer Unternehmen zu unterscheiden. Vielmehr können einem Unternehmen nicht mehr Rechte zukommen als seiner kommunalen Mutter. Das Unionsrecht steht dem nicht entgegen. Vielmehr achtet es gemäß Art. 4 II 1 EUV die nationale Identität, die in ihren grundlegenden politischen und verfassungsmäßigen Strukturen einschließlich der regionalen und lokalen Selbstverwaltung zum Ausdruck kommt. Hinzu kommt, dass die Bindung an das eigene Gebiet nicht nur ein Vorteil ist, wie auch die Diskussion über die Reichweite der Grundfreiheiten gezeigt hat.

Nähme man einen Verstoß gegen das europäische Wettbewerbsrecht an, wäre weiter zu berücksichtigen, dass die öffentlichen Unternehmen in der Regel mit Dienstleistungen von allgemeinem wirtschaftlichen Interesse betraut sind, für die Art. 106 II AEUV unter bestimmten Voraussetzungen Abweichungen von den Wettbewerbsregeln zulässt, wenn ansonsten die Aufgabenerfüllung rechtlich oder tatsächlich verhindert wird.[21] Die allgemeine Aufgabe des Örtlichkeits- oder Regionalprinzips könnte ein solcher Fall sein, weil sie geeignet sein könnte, die Existenzberechtigung der kommunalwirtschaftlichen Unternehmen in Frage zu stellen. Schließlich könnte auch eine Legalausnahme nach Art. 101 III AEUV in Betracht kommen.

Zusammenfassend lässt sich feststellen, dass das Örtlichkeits- oder Regionalprinzip mit dem Unionsrecht kompatibel ist. Eine gegenteilige Auffassung lässt sich – soweit ersichtlich – bisher weder der Rechtsprechung des EuGH noch den Verlautbarungen der EU-Kommission entnehmen.[22] Einschränkend sei allerdings darauf hingewiesen, dass sich die Rechtsprechung des Europäischen Gerichtshofs an tatsächlichen Verhältnissen orientiert und nicht an rechtlichen Proklamationen.[23] Je

21 Im Ergebnis ebenso *Eufinger*, EWS 2014, 253 (255 ff.); *Kerber*, JZ 2014, 1044 (1047 f.).

22 Im Streit um den Bezeichnungsschutz öffentlich-rechtlicher Sparkassen hat die EU-Kommission das Regionalprinzip der Sparkassen sogar ausdrücklich gebilligt. Vgl. *Ehlers*, in: Wurzel/Schraml/Becker (Fn. 2), B, Rn. 17.

23 Vgl. beispielhaft EuGH, Slg 1991, I-1979, Rn. 28 ff. – Höfner u. Elser; Slg 1997, I-7119, Rn. 30 ff. – Job Centre.

mehr das Örtlichkeits- oder Regionalprinzip in der Praxis außer Acht gelassen wird, desto eher wird dies unionsrechtliche Auswirkungen wettbewerbsrechtlicher Art haben.

IV. Welchen Gestaltungsspielraum lässt das geltende Recht?

1. Allgemeines

Es versteht sich von selbst, dass dezentrale Verwaltungsträger in Gestalt von Gebietskörperschaften jedenfalls grundsätzlich nur eine gebietsbezogene Aufgabenstellung haben. Dementsprechend sind auch die kommunalen Unternehmen schon von Verfassungs wegen (Art. 28 II GG) ebenso wie deren Träger prinzipiell auf das Gebiet des Trägers und damit auf die wirtschaftliche Erledigung der örtlichen oder dem Kreis übertragenen Angelegenheiten festgelegt.[24] Fraglich ist allerdings, was darunter zu verstehen ist. Auf eine kartographische Abgrenzung kann es allein nicht ankommen. Entscheidend ist der Bezug zur Bevölkerung und zum Gebiet.[25] Die wirtschaftlichen Leistungen müssen auf dem Gebiet oder für das Gebiet erbracht werden.[26] Dies lässt vieles offen. Betreibt etwa eine Gemeinde ein Kraftwerk außerhalb des Gemeindegebietes oder gar *off-shore* (um die kommunale Energieversorgung, womöglich mit Windkraft, zu gewährleisten), kommt die Leistung den Gemeindeeinwohnern nicht unmittelbar zugute, weil sich nach Einspeisung in das Netz nicht mehr nachverfolgen lässt, woher der Strom kommt. Gleichwohl kann bei funktionaler Betrachtungsweise[27] noch von einer Versorgung der eigenen Einwohner gesprochen werden, wenn das Handeln darauf abzielt. Liegt die Anlage auf dem Gemeindegebiet, wird der Strom aber an Auswärtige geliefert, dient dies zwar der eigenen Wertschöpfung,[28] reicht für einen Ortsbezug aber noch nicht aus. Jedenfalls fehlt ein Gebietsbezug, wenn auf fremdem Gebiet Leis-

24 Vgl. *Becker/Kammin*, NVwZ-Extra 2014, 1 (4 ff.).

25 BVerwGE 122, 350 (355).

26 Vgl. zu den Sparkassen *Henneke*, 68. DJT, 2010, Bd. II/1, Sitzungsberichte, Referate und Beschlüsse, P 31, These 3.

27 Zur funktions-, nicht auf die Anlagen bezogenen Betrachtungsweise vgl. BVerwGE 122, 350 (355).

28 Kritisch zum alleinigen Abstellen auf die Wertschöpfung *Ehlers*, Dys-Gutachten, (Fn. 19), E 95; ebenso *Nierhaus*, in: Mann/Püttner (Hrsg.), HKWP, Bd. 2, 3. Aufl. 2011, § 40 Rn. 45.

tungen an Gebietsfremde erbracht werden. Der Gesetzgeber ist befugt, das Gebietskriterium näher auszuformen, hat dies aber nur selten präzise getan. Hinzuweisen ist insbesondere auf das Sparkassenrecht, das seit Langem die Annahme von Sparanlagen von jedermann (also auch Außenstehenden mit Sitz und Niederlassung außerhalb der Region), nicht aber Kreditvergaben an solche Personen zulässt.[29] Soll das Geschäftsgebiet erweitert werden, bietet sich dafür in erster Linie die nicht an Staatsgrenzen gebundene interkommunale Zusammenarbeit an. Auch dann muss es sich aber um mehrörtliche und nicht überörtliche Angelegenheiten handeln, eine Grenze, die nicht immer leicht zu ziehen ist.[30] Vereinbar ist mit den Gebietsklauseln auch die Unterstützung der Arbeit vor Ort durch einen Verbund im *back-office*-Bereich, wie er im Sparkassenwesen sehr reichhaltig entfaltet worden ist.

2. Verfassungsrechtliche Grenzen einer Gebietserweiterung

Es bleibt dem Gesetzgeber unbenommen, den Wirkungskreis der kommunalen Unternehmen über die in Art. 28 II GG, den landesverfassungsrechtlichen Bestimmungen und den Kommunalordnungen festgelegten Gebietsgrenzen hinaus zu erweitern, einseitig allerdings nur für das eigene Staatsgebiet.[31] Eine solchermaßen zugelassene Fremdverwaltung wird allerdings nicht durch die verfassungsrechtlich garantierte Selbstverwaltung geschützt.[32] Zudem hat der Gesetzgeber drei verfassungsrechtliche Vorgaben zu beachten. Da gesetzliche Regelungen, welche eine Betätigung außerhalb des eigenen Kommunalgebiets zu Lasten anderer Kommunen ermöglichen, in das Selbstverwal-

---

29 *Stern/Nierhaus*, Das Regionalprinzip im öffentlich-rechtlichen Sparkassenwesen, 1991, S. 200 ff.; *Raskin*, Das Regionalprinzip und (neue) elektronische Vertriebswege im Retailbanking, 2001, S. 98 ff.; *Schepers*, Internet-Banking und sparkassenrechtliches Regionalprinzip, 2003, S. 114 ff. Kritisch zur räumlich unbegrenzten Zulässigkeit von Passivgeschäften (Entgegennahme von Kundengeldern) *Kolm* (Fn. 19), S. 102 f.

30 Vgl. statt vieler *Ehlers*, Der Landkreis 2007, 456 (461).

31 Vgl. *Ehlers*, NWVBl. 2000, 1 (6); *ders.* (Fn. 28), E 100; *Held*, NWVBl. 2000, 201 (206); *Kühling*, NJW 2001, 177 (178 ff.); *Brosius-Gersdorf*, AöR Bd. 130 (2005), S. 392 (402, 412); *Becker/Kammin*, NVwZ-Extra 2014, 1 (7). Nach *Stern* (Fn. 18) wäre eine Abschaffung des Regionalprinzips verfassungswidrig.

32 *Oebbecke*, ZHR Bd. 164 (2000), S. 375 (387); *Brosius-Gersdorf*, AöR Bd. 130 (2005), S. 392 (405); *Schmidt*, Kommunalrecht, 2. Aufl. 2014, Rn. 950; *Burgi*, Kommunalrecht, 5. Aufl. 2015, § 17 Rn. 48; *Becker/Kammin*, NVwZ-Extra 2014, 1 (6); *Mehde*, in: Maunz/Dürig (Hrsg.), Grundgesetz, 2014, Art. 28 Abs. 2 Rn. 95.

tungsrecht dieser Kommunen eingreifen,[33] müssen erstens deren berechtigte Interessen gewahrt werden. Diese Interessen genießen im Gegensatz zu denen der expandierenden Kommune verfassungsrechtlichen Schutz.[34] Berechtigt sind die Interessen, wenn sich die Kommunen selbst wirtschaftlich betätigen oder betätigen wollen, mit der „feindlichen" Konkurrenz nicht einverstanden sind und durch diese nicht unerheblich beeinträchtigt werden.[35] Zweitens ergeben sich aus dem Demokratieprinzip Begrenzungen, weil dieses die Bürger grundsätzlich zur Legitimierung derjenigen Staatsgewalt berechtigt, die sie betrifft.[36] Bei der Wirtschaftsbetätigung auf fremdem Gebiet kommt es aber gerade nicht zu einer Legitimation der Wirtschaftstätigkeit durch die fremden Gebietsangehörigen. Da Rechtsprinzipien keine abschließenden Vollregelungen enthalten,[37] sich das Bundesverfassungsgericht mit einer hinreichenden demokratischen Legitimation zufriedengibt[38] und zumeist niemand gezwungen wird, die kommunalwirtschaftlichen Leistungen auf fremdem Gebiet in Anspruch zu nehmen, dürften die Bindungswirkungen des Demokratieprinzips hier allerdings eher gering zu veranschlagen sein. Jedenfalls gibt es eine erhebliche Grauzone.[39] Am gravierendsten erweist sich drittens das Erfordernis der Wahrung einer öffentlichen Zwecksetzung, falls man ein solches mit der hier vertretenen Ansicht verfassungsrechtlich und nicht nur einfachgesetzlich für geboten erachtet.[40] Zur öffentlichen Zwecksetzung gehört abgesehen von gewinnbringend motivierten Randnutzungen jedenfalls nicht eine rein erwerbswirtschaftliche Zielsetzung. Wenn abseits einer interkommunalen Zusammenarbeit auf fremdem Gebiet Leistungen an Gebietsfremde erbracht werden, dient dies aber regelmäßig nur dazu, Gewinne zu erzielen.

---

33 *Löwer*, VVDStRL 60 (2001), 416 (437); *Ehlers* (Fn. 28), E 100; *Brosius-Gersdorf*, AöR Bd. 130 (2005), S. 392 (403 ff.); *Heilshorn*, VerwArch Bd. 96 (2005), S. 88 (97 ff.); *Scheps* (Fn. 18), S. 93 ff.

34 *Becker/Kammin*, NVwZ-Extra 2014, 1 (6).

35 *Ehlers* (Fn. 28), E 100.

36 Vgl. *Löwer*, NWVBl. 2000, 241 (244); *Oebbecke*, ZHR Bd. 164 (2000), S. 375 (388 f.); *Heilshorn*, Gebietsbezug der Kommunalwirtschaft, 2003, S. 101 ff., 170 ff.; *Jarass*, DVBl. 2006, 1 (4); *Ehlers*, in: Wurzel/Schraml/Becker (Fn. 2), B, Rn. 65.

37 Näher dazu *Ehlers*, in: FS Stein, 2002, S. 125 (129).

38 BVerfGE 83, 60 (72); 93, 37 (66 f.).

39 *Oebbecke*, in: Mann/Püttner (Fn. 28), § 41, Rn. 25.

40 *Henneke*, NdsVBl. 1998, 273 (280 f.); *Hösch*, Die kommunale Wirtschaftstätigkeit, 2000, S. 82 f.; *Löwer*, VVDStRL Bd. 60 (2001), S. 416 (418 ff.); *Ehlers* (Fn. 28), E 72; *Suerbaum* (Fn. 19), § 13 Rn. 30; *Burgi* (Fn. 32), § 17 Rn. 24; *Becker/Kammin*, NVwZ-Extra 2014, 1 (4); a. A. z. B. *Böckenförde*, VVDStRL Bd. 60 (2001), S. 593 (594).

3. Landesgesetzliche Regelungen

Die Landesgesetzgeber haben von den ihnen zukommenden Gestaltungsspielräumen in unterschiedlicher Weise Gebrauch gemacht. Auf Einzelheiten kann hier nicht eingegangen werden. Vielmehr muss es damit sein Bewenden haben, die Regelungstendenzen des allgemeinen Kommunalwirtschaftsrechts und Sparkassenrechts herauszuarbeiten und gegenüberzustellen.

a) Allgemeines Kommunalwirtschaftsrecht

Von Sachsen[41] – und vermutlich nur noch für eine kurze Zeit – Niedersachsen[42] abgesehen, enthalten alle Kommunalordnungen für die Gemeindewirtschaft großzügige Expansionsklauseln,[43] vielfach auch für die Aufnahme einer wirtschaftlichen Tätigkeit auf ausländischen Märkten.[44] In der Regel wird für die Betätigung außerhalb des Gemeindegebiets verlangt, dass die Voraussetzungen der hergebrachten Schrankentrias vorliegen und die berechtigten Interessen der betroffenen kommunalen Gebietskörperschaften gewahrt sind. Die Bindung an die Schrankentrias und damit insbesondere an die Notwendigkeit der Rechtfertigung durch einen öffentlichen Zweck wirft erhebliche Probleme auf, weil das nicht den eigenen Einwohnern zugute kommende kommunale Handeln auf fremdem Gebiet – wie ausgeführt – fast immer allein der Gewinnerzielung dient, also an sich nicht zulässig sein dürfte.[45] Zu einem anderen Ergebnis kommt man nur, wenn man die Schrankentrias nicht auf die örtlichen Verhältnisse bezieht,[46] also einen gebietsübergreifenden Versorgungauftrag annimmt und damit unter

41 Vgl. § 94a SächsGemO.

42 In Niedersachsen gibt es einen (bisher noch nicht offiziell eingereichten) Gesetzentwurf, der darauf abzielt, § 136 NKomVG zu ändern. Der Entwurf, der sich derzeit noch in Ressortabstimmung befindet, lautet: Bei der wirtschaftlichen Betätigung von Kommunen in der Energieversorgung, in der Wasserversorgung, im öffentlichen Personennahverkehr sowie als Betreiber von Telekommunikationsleitungsnetzen einschließlich der Telefondienstleistung und der Versorgung mit Breitbandtelekommunikation findet Satz 2 Nummer 3 keine Anwendung. Diese Betätigungen dienen einem öffentlichen Zweck und dürfen von der Kommune auch außerhalb ihres Gebietes ausgeübt werden, wenn die berechtigten Interessen betroffener Kommunen gewahrt sind.

43 Vgl. die Übersicht bei *Gaß* in: Wurzel/Schraml/Becker (Fn. 2), C, Rn. 51.

44 Vgl. dazu *Northoff*, Zulässigkeit kommunaler unternehmerischer Tätigkeit im Ausland, 2008; *Wolff*, DÖV 2011, 721 ff.

45 *Ehlers* (Fn. 28), E 98.

46 *Jarass*, DVBl. 2006, 1 (10); *Guckelberger*, BayVBl. 2006, 293 (297).

Umständen eine prinzipiell verbotene Doppelverwaltung[47] zulässt. Bei der Versorgung mit Strom und Gas[48] – und teilweise auch in sonstigen Fällen – sollen nur die Interessen der betroffenen Kommunen als berechtigt gelten, die nach den bundesgesetzlichen Vorschriften eine Einschränkung des Wettbewerbs zulassen. Da dem europäisierten Energiewirtschaftsrecht eine Wettbewerbsausrichtung zu eigen ist und Einschränkungen nur in sehr seltenen Fällen erlaubt werden (etwa zur Sicherung des Betriebes einer Kraft-Wärme-Kopplungsanlage oder der Einspeisung erneuerbarer Energien), läuft dies auf eine weitgehende Freistellung der kommunalen Energieversorgungsunternehmen hinaus, was verschärft die Frage nach der Einhaltung der verfassungsrechtlichen Vorgaben aufwirft.[49] In Mecklenburg-Vorpommern und Sachsen-Anhalt ist darüber hinaus bestimmt worden, dass die Strom-, Gas- und Wärmeversorgung außerhalb des Gemeindegebietes einem öffentlichen Zweck dient.[50] Die gesetzliche Fiktion muss sich aber wiederum an den zuvor genannten verfassungsrechtlichen Vorgaben messen lassen.

b) Sparkassenrecht

Im Gegensatz zum allgemeinen Kommunalwirtschaftsrecht verbietet das Sparkassenrecht grundsätzlich eine Ausweitung des Geschäftsgebietes über die Grenzen des Trägers hinaus, enthält also sehr viel striktere Gebietsvorgaben. In Brandenburg, Mecklenburg-Vorpommern, Sachsen und Sachsen-Anhalt sollen sich die Sparkassen *„nur"* in ihrem Geschäftsgebiet betätigen[51] und auch in den Sparkassengesetzen von Berlin, Niedersachsen, Rheinland-Pfalz und Schleswig-Holstein ist lediglich von (territorial bestimmten) Geschäftsgebieten die Rede,[52] bei denen es sich nach Lage der Dinge nur um diejenigen des Trägers han-

---

47 BVerfGE 67, 299 (321); 104, 249 (264 ff.). Vgl. aber auch *Oebbecke*, in: Isensee/Kirchhof, HStR Bd. VI, 3. Aufl. 2008, § 136 Rn. 10.

48 Näher dazu *Henneke/Ritgen*, Kommunales Energierecht, 2. Aufl. 2013, S. 89 ff., 99 ff. (mit Ausführungen zum Örtlichkeitsprinzip); *Burgi* (Fn. 18); vgl. § 102 VII 2 GO BW; Art. 87 II 2 Bay GO, 2. Aufl. 2013; §§ 121 V Nr. 2 Satz 2 HGO (im Falle gesetzlich liberalisierter Tätigkeiten); 107a III 2 GO NRW; 85 II 2 GemO RhPf; 108 IV Nr. 2 KSVG (im Falle gesetzlich liberalisierter Tätigkeiten); 101 II 2 GO SH (bei im Wettbewerb wahrgenommenen Aufgaben); 71 V 2 Thür KO (im Falle gesetzlich liberalisierter Tätigkeiten).

49 Kritisch *Henneke/Ritgen* (Fn. 48), S. 99 ff.; *Attendorn/Schweizer*, NWVBl. 2013, 13 ff. – jeweils mit w. Nachw.

50 §§ 68 II 3 KV MV; 128 III 1 KVG LSA (bei Wahrung der berechtigten Interessen der betroffenen Kommunen).

51 §§ 5 I 2 Bbg SpG; 5 I 2 SPG MV; 5 II Sächs SpG; 5 I 2 SpG LSA.

52 §§ 1 II 1 SpG Berl; 4 I 2 SpG Nds; 2 Satz 1 SpG SH (zur Rechtslage bei Gebietsänderungen vgl. § 29).

deln kann. Die anderen Sparkassengesetze erlauben zwar ein Handeln außerhalb des Trägergebietes, aber nur *ausnahmsweise*[53] oder *in besonderen Fällen*[54]. In anderen Formulierungen der Sparkassengesetze ist von der Region als *vorrangigem* Geschäftsgebiet[55], dem Trägergebiet als *grundsätzlichem* Geschäftsgebiet[56] oder ähnlichen Wendungen die Rede. Somit sind die Sparkassen ganz oder im Wesentlichen auf das Regionalprinzip festgelegt.

V. Rechtspolitischer Handlungsbedarf?

Die sehr unterschiedlichen Regelungen des einfachen Gesetzesrechts zeigen, dass es an der Zeit ist, erneut über den Ordnungsrahmen der Kommunalwirtschaft in territorialer Hinsicht nachzudenken. Drei Vorschläge seien hier zur Diskussion gestellt, die sich primär als rechtspolitische Empfehlungen verstehen, jedenfalls teilweise aber zugleich normativ unterfangen sind.

1. Normierung eines Ausnahmecharakters von Gebietsüberschreitungen

Zunächst bedarf der Klärung, wohin die Reise gehen soll. Nicht angängig ist es, je nachdem wie es gerade passt, eine Rosinenpickerei zu betreiben, also das eine Mal das Örtlichkeits- oder Regionalprinzip hochzuhalten, das andere Mal darauf abzustellen, dass sich die Kommunalwirtschaft in einem Wettbewerb mit der Privatwirtschaft befände und es ihr deshalb ebenso wie dieser erlaubt sein müsse, zu expandieren. Stellt man in Rechnung, dass es sich bei den Kommunen um dezentrale *Gebiets*körperschaften handelt und ihnen eine Erweiterung des territorialen Wirkungskreises durch Verwaltungskooperation im Wege einer interkommunalen Zusammenarbeit ohnehin offensteht, spricht alles dafür, jedenfalls normativ zu regeln, dass darüber hinausgehende Gebietsüberschreitungen – wenn sie überhaupt für zulässig erachtet werden – die Ausnahme bleiben müssen. Das Sparkassenrecht kann insoweit Vorbild für das allgemeine kommunale Wirtschaftsrecht

53 § 3 I lit b SpG NRW.
54 Art. 2 I 2 Bay SpG.
55 § 6 I 1 SpG BW.
56 § 6 I 2 Thür SpG.

sein. Eine Angleichung des allgemeinen kommunalen Wirtschaftsrechts an das Sparkassenrecht hätte den Vorteil, dass zwischen Grundsatz und Ausnahme unterschieden werden müsste, die Geltendmachung einer Ausnahme mit einer Begründungslast verbunden wäre und der Weg versperrt würde, in *Carl Schmitt*'scher Manier ständig vom Extremfall her zu argumentieren und damit weitere Gebietsüberschreitungen zu rechtfertigen.

2. Erfordernis einer Vereinbarung

Wie erwähnt, sehen fast alle Kommunalordnungen von den ebenfalls schon genannten Ausnahmen in Bereichen der Strom-, Gas- und Wasserversorgung abgesehen vor, dass die wirtschaftliche Betätigung außerhalb des Kommunalgebiets nur zulässig ist, wenn die berechtigten Interessen der betroffenen kommunalen Gebietskörperschaften gewahrt sind. Im Sparkassenrecht fehlen solche Berücksichtigungsklauseln, wenn ein Tätigwerden außerhalb des Trägergebiets ausnahmsweise zugelassen wird. Insoweit bietet sich eine Anknüpfung des Sparkassenrechts an das allgemeine Kommunalwirtschaftsrecht an. Soweit ersichtlich, kommt der Notwendigkeit, die berechtigten Interessen zu wahren, jedoch kaum eine disziplinierende Wirkung zu. Es scheint das Motto zu gelten: *qui tacet consentire videtur.* Vielfach nehmen die betroffenen Kommunen nicht einmal zur Kenntnis, dass eine andere Kommune auf ihrem Gebiet tätig wird. Teilweise sieht das Kommunalrecht immerhin vor, dass die Zielkommunen oder betroffenen Sparkassen *rechtzeitig vor Aufnahme* der grenzüberschreitenden Tätigkeit informiert werden müssen.[57] Wird diese verfahrensrechtliche Sicherung missachtet, dürfte dies allerdings keine rechtlichen Konsequenzen haben. Soll einem allzu leichtfertigen Handeln extra muros entgegengewirkt werden, bietet es sich stattdessen an, die im brandenburgischen Kommunalwirtschaftsrecht getroffene Regelung zu verallgemeinern, wonach ein Ausgreifen auf fremdes Territorium nur „im Rahmen von Vereinbarungen oder Konzessionen der betroffenen Gemeinden" zulässig ist.[58] Eine ähnliche Regelung enthält das saarländische Sparkassenrecht.[59] Möglicherweise lässt sich dies bereits *de lege lata* verallgemeinern.[60] Wird an dem Erfordernis einer Vereinbarung

57 §§ 128 III 4, IV 4 KVG LSA; 101 II 3 GO SH.

58 § 91 IV 1 2. Spiegelstrich BbgKVerf.

59 § 1 IV 3 SpG Saarl.

60 *Brosius-Gersdorf*, AöR Bd. 130 (2005), S. 392 (401) mit Hinweis auf die Treuepflicht der Gemeinden.

angeknüpft, hätte dies zugleich den Vorteil, dass man sich auf gesichertem Terrain befindet, weil im Falle des Abschlusses einer Vereinbarung eine (jedenfalls grundsätzlich) erlaubte interkommunale Zusammenarbeit vorliegt.

3. Sicherstellung ausreichender Haftungsgrundlagen

Jede wirtschaftliche Betätigung ist mit erheblichen Risiken verbunden. In der Privatwirtschaft zieht eine Zahlungsunfähigkeit die Eröffnung eines Insolvenzverfahrens über das Vermögen des betroffenen Unternehmens nach sich. Was aber gilt für die öffentliche Hand, die auch dann, wenn sie wirtschaftet, Staatsaufgaben erfüllt bzw. zu erfüllen hat? Auf dem letzten Professorengespräch des Deutschen Landkreistages ist über die Kommunalinsolvenz *pro futuro* und die Sicherung der Kreditwürdigkeit von Kommunen diskutiert worden.[61] Hierbei wurde aber nicht darauf eingegangen, wie mit den wirtschaftlichen Unternehmen der Kommunen im Falle einer Zahlungsunfähigkeit zu verfahren ist – obwohl ein solcher Eintritt sehr viel näher liegt. Die Problemstellung betrifft nicht nur die expandierende Kommunalwirtschaft, wirkt sich aber auf diese in besonderer Weise aus, weil sich in der Praxis gezeigt hat, dass sich das Risiko und damit die Gefahr eines Scheiterns in dem Ausmaß erheblich vergrößert, in dem sich eine Kommune von ihrem Heimatmarkt entfernt. Schon nach der hergebrachten Schrankentrias des kommunalen Wirtschaftsrechts dürfen die Kommunen wirtschaftliche Unternehmen nur errichten, übernehmen oder wesentlich erweitern, wenn das Unternehmen nach Art und Umfang in einem angemessenen Verhältnis zur Leistungsfähigkeit der Gemeinde und zum voraussichtlichen Bedarf steht.[62] Wird – wie in der Praxis regelmäßig – eine Organisationsform des Privatrechts gewählt, schreiben die Gesetze vor, dass die Haftung auf einen bestimmten Betrag zu begrenzen ist und die Einzahlungsverpflichtung der Kommune ein angemessenes Verhältnis zu ihrer Leistungsfähigkeit aufweisen muss.[63] Damit sollen die Kommunen geschützt werden.

Bei dieser Betrachtungsweise wäre es für die Kommunen rational, möglichst flächendeckend Gesellschaften mit beschränkter Haftung zu gründen, diese mit einem Stammkapital von 25.000 € auszustatten (§ 5 I GmbHG) und im Falle einer Überschuldung oder einer drohen-

61 *Von Lewinski* sowie *Josten*, in: Henneke (Hrsg.), Gesicherte Kommunalfinanzen trotz Verschuldungs- und Finanzkrise, 2014, S. 205 ff., 227 ff.
62 Vgl. bereits § 67 I Nr. 2 DGO v. 30.1.1935.
63 Vgl. z. B. § 108 I Nr. 3, 4 GO NRW.

den Zahlungsunfähigkeit die Gesellschaft insolvent werden zu lassen.[64] Das Risiko wäre begrenzt, die Kommune im Falle einer Insolvenzeröffnung kaum tangiert. Diese Art der Risikobegrenzung könnte man dann auch für die besonders gefährdete expandierende Kommunalwirtschaft nutzen. Dies würde indessen der kommunalen Verantwortung in keiner Weise gerecht werden. Zu denken wäre zwar nicht an eine finanzielle Instandhaltungspflicht der Kommune, aber doch an eine haftungsrechtliche Gewährträgerverpflichtung.[65] Doch widerspräche diese oberhalb der *de-minimis*-Regelungen dem Beihilferecht der Europäischen Union, weil sich diese an dem Verhalten eines *private investors* orientiert und ein vernünftig handelnder Kaufmann in der Regel nicht bereit sein wird, überschuldeten Unternehmen die Schulden abzunehmen.[66] Deshalb muss eine Stufe vorher angesetzt und von vornherein für eine angemessene, auch den Interessen der potenziellen Schuldner gerecht werdende Kapitalausstattung der Kommunalunternehmen gesorgt werden. Die für die Kreditinstitute einschließlich der Sparkassen inzwischen in das europäische Recht umgesetzten „Basel III"-Vorgaben[67] zeigen, dass dies nicht dem Unionsrecht widerspricht. Zwar würden für die Kommunen außerhalb der Kreditwirtschaft dann höhere Vorgaben als für die Privatwirtschaft gelten, doch abgesehen davon, dass diese mit einem höheren Vertrauensvorschuss und einer höheren Kreditwürdigkeit einhergingen, sind an die Träger von Staatsgewalt nun einmal höhere Anforderungen zu stellen. Wünschenswert wären gesetzgeberische Klarstellungen. Bereits jetzt könnte die Kommunalaufsicht die Kommunen – in Grenzen – aber zu einem verantwortungsvollen Handeln anhalten.

---

64 Sonderregelungen gelten für Kapitalanlegegesellschaften, andere Kreditinstitute und Unternehmensbeteiligungsgesellschaften (vgl. §§ 25 I Nr. 1 lit a), 10 f., 33 I Nr. 1 KWG, 2 IV UBGG). Im Übrigen genügen für eine GmbH 25.000 € Stammkapital. Eine Angemessenheitsprüfung findet nicht statt, es sei denn, die GmbH wurde offensichtlich zum Zweck der sittenwidrigen Gläubigerschädigung gegründet (*Schwandtner,* in: MüKoGmbHG, § 5 GmbHG Rn. 33). Nach h. M. begründet die Unterkapitalisierung auch noch keine Haftung der Gesellschafter (BGH, NJW 2008, 2437). Die Haftung bestimmt sich allein nach § 826 BGB.

65 Vgl. *Ehlers*, Verwaltung in Privatrechtsform 1984, S. 321 f.

66 Demensprechend haben sich die EU-Kommission und die Bundesrepublik Deutschland am 17.7.2001 darauf verständigt, die Gewährträgerhaftung für die Landesbanken und Sparkassen bis zum 18.7.2005 abzuschaffen und die Anstaltslast so zu modifizieren, dass sie sich nicht von einer normalen marktwirtschaftlichen Eigentümerbeziehung unterscheidet. Allgemein zum private investor respektive Market-Economy-Investor-Test und zur daran anknüpfenden Altmark Trans-Rechtsprechung des EuGH *Kühling*, in: Ehlers/Fehling/Pünder (Fn. 19), § 29 Rn. 35 f.

67 VO (EU) Nr. 575/2013; RL 2013/36/EU.

VI. Schlussbemerkung

Bevor auf Einzelheiten eingegangen werden kann, ist es erforderlich, das Grundsätzliche zu klären. Nach der hier vertretenen Auffassung sollte, ja muss prinzipiell am Örtlichkeits- oder Regionalprinzip festgehalten werden. Ob die hier unterbreiteten rechtspolitischen Vorschläge auf fruchtbaren Boden fallen werden, ist alles andere als zweifelsfrei. Dies sollte Wissenschaftler aber nicht davon abhalten, darüber nachzudenken.

Florian Becker

Das sparkassenrechtliche Regionalprinzip

I. Einleitung

1. Das Regionalprinzip als Grundsatz kommunaler Funktionsausübung

Die Rechtsverhältnisse der kommunalen Sparkassen entfalten sich in einem Spannungsverhältnis zwischen gesetzlich fixiertem öffentlichen Auftrag[1] und dessen Erfüllung in nahezu ausschließlich privatrechtlicher Art und Weise. Der privatrechtliche Handlungsmodus der Institute hat zur Folge, dass diese aus Sicht des einzelnen Kunden von einem privaten oder genossenschaftlichen Finanzdienstleistungsunternehmen kaum unterschieden werden können. Diese Diagnose verstellt indes den Blick darauf, dass die Differenzen zwischen den verschiedenen Institutstypen des deutschen kreditwirtschaftlichen Gruppenwettbewerbs[2] hinsichtlich ihrer rechtlichen Fundamente und hinsichtlich der gesetzlichen Vorgaben für organisatorische und geschäftliche Entscheidungen erheblich sind. Während im Bereich der privaten und genossenschaftlichen Finanzdienstleistungen grundrechtliche Freiheit obwaltet, sind Geschäftstätigkeit und Organisation staatlicher wie auch kommunaler Institute durch ihre kompetenzrechtliche Fundierung und Begrenzung charakterisiert, die sie von ihren Errichtungskörperschaften gleichsam in die Wiege gelegt bekommen haben[3].

Zentrale Konsequenz dieser kompetenzrechtlichen Fundierung ist neben der Notwendigkeit eines „öffentlichen Auftrags“ zur sachlichen Beschreibung der Sparkassenfunktionen in räumlicher Hinsicht das sparkassenrechtliche Regionalprinzip, das eine territorial-sachliche Verbindung zwischen dem jeweiligen Institut und der hinter ihm stehenden Gebietskörperschaft konstituiert.

---

1 Hierzu ausführlich *F. Becker*, Die Vernetzung der Landesbanken, 1998, S. 27 ff., 80 ff., 93 ff.

2 Vgl. *F. Becker*, Landesbanken (Fn. 1), S. 22 ff.

3 Zu diesen polaren Legitimationsgrundlagen *Isensee*, Der Staat Bd. 20 (1981), S. 161 (162 ff.).

Während der private oder genossenschaftliche Marktteilnehmer grundsätzlich frei ist, sich seine Kunden und sein Geschäftsgebiet im In- und europäischen Ausland zu suchen, ist den kommunalen Sparkassen beides durch das oft gesetzlich normierte, in jedem Fall aber verfassungsrechtlich fundierte Regionalprinzip vorgegeben.

Das Regionalprinzip ist zwar im Sparkassenrecht praktisch besonders bedeutsam geworden, prägt aber auch darüber hinaus trotz zunehmender Aufweichung das kommunale Wirtschaftsrecht. Diese schleichende Erosion durch den Gesetzgeber[4] und die Praxis der Unternehmen ist nicht allein auf geschickte Lobbyarbeit der jeweiligen Verbände, sondern auch auf die völlige Einigkeit dahingehend zurückzuführen, dass eine Gebietskörperschaft und ihre jeweiligen Unternehmen durch das Regionalprinzip nicht auf dem Gemeindegebiet „eingesperrt" sein dürfen. Aus der Anwendung der Verbandskompetenz kann nicht folgen, dass die Handlungsbefugnis einer Anstalt oder gar ihre Existenz an der Grenze des Territoriums der Errichtungskörperschaft enden.[5]

Die strikte Deckungsgleichheit zwischen Territorium und räumlicher Existenz der Gebietskörperschaft hätte zwar den Charme einer einfachen Abgrenzbarkeit, würde aber nicht dem Charakter einer Gebietskörperschaft entsprechen, die sich über räumliche und personale Beziehungen definiert. Die verfassungsrechtliche Kompetenzzuweisung an die Gebietskörperschaften stellt zwar den räumlichen Bezugspunkt in den Vordergrund, beschränkt sich aber nicht auf ihn.

2. Expansionsstreben gemeindlicher Wirtschaftstätigkeit

Sparkassen und andere kommunale Unternehmen greifen bei ihrer Geschäftstätigkeit vielfach über das Gebiet ihrer Trägerkörperschaften hinaus.

Die Motive für dieses geschäftliche und organisatorische Expansionsstreben sind bei den Sparkassen vielfältig.[6] In erster Linie sollen im Errichtungsgebiet gewonnene heimische Kunden auch außerhalb dieses Gebiets geschäftlich begleitet werden. Des Weiteren entsprechen bisweilen in den Randbereichen von Metropolregionen sozio-kulturelle Zusammenhänge nicht den politischen Grenzen der kommunalen

4 Vgl. nur *F. Becker*, DÖV 2000, 1032 ff.
5 Siehe zunächst nur BVerwGE 67, 321 (324 f.).
6 Vgl. *Kühling*, NJW 2001, 177 (177).

Selbstverwaltung, sodass die städtischen Unternehmen ein natürliches Expansionsstreben in das Umland („Speckgürtel") entfalten. Damit eng zusammenhängend dürfte das natürliche Streben nach geschäftlichem Wachstum und der damit verbundenen Umsatz- und Gewinnsteigerung sein.

Das eingesetzte Kapital wird durch Skalenerträge besser genutzt. Auch die veränderte Wettbewerbssituation in den klassischen Feldern der Daseinsvorsorge, der sich kommunale Unternehmen im liberalisierten Binnenmarkt ausgesetzt sehen, kann zu einem erhöhten Effizienzstreben führen und damit eine Ursache für unternehmerische Expansion bilden.[7]

Es besteht insbesondere für die geschäftlich erfolgreiche Sparkasse die natürliche Tendenz, Überschüsse in die Ausdehnung ihres Geschäftsgebiets zu übersetzen, wenn der heimische Markt sich als zu klein oder das dortige Geschäft als zu wenig margenträchtig erweist.

Die öffentlichen Unternehmen streben dabei die Herstellung einer Wettbewerbsgleichheit mit ihren privaten Wettbewerbern an, denen geschäftliche Aktivitäten außerhalb ihres Satzungssitzes und auch im Ausland natürlich erlaubt sind. Sie möchten nicht mehr der „Player mit Handicap" sein[8].

3. Die territorialen Bezugspunkte von Sparkassenorganisation und -geschäft

Das Spannungsverhältnis der beiden Aussagen, dass das Regionalprinzip zwar einerseits von einer Deckungsgleichheit des kommunalen Territoriums und des Wirkungskreises der kommunalen Sparkassen ausgeht, es aber andererseits auch möglich bleiben soll, dass einzelne Sparkassengeschäfte das kommunale Territorium transzendieren, lässt sich analytisch durch das Nebeneinander verschiedener „Gebietskategorien" abbilden, in denen kommunale Gebietskörperschaften und ihre Sparkassen existieren und agieren.[9]

Das *Hoheitsgebiet* der kommunalen Gebietskörperschaft ist der räumlich abgegrenzte Bereich, in dem diese über eine hoheitliche Handlungszuständigkeit verfügt und für dessen Einwohner sie primär verantwortlich ist.

7 *Wolff*, DÖV 2011, 721 (722).
8 *Löwer*, VVDStRL Bd. 60 (2001), S. 416 (436 f.).
9 Hierzu und dem folgenden *P. Kirchhof*, DVBl. 1983, 921 (923 f.).

Das *Errichtungsgebiet* der Sparkasse ist das Gebiet, in dem die Sparkasse Haupt- und Zweigstellen errichten darf; es ist grundsätzlich mit dem Hoheitsgebiet identisch. Es findet seine genaue Ausprägung in dem *Sparkassenorganisationsrecht*, das sich mit der Errichtung von Haupt- und Zweigstellen befasst.[10]

Demgegenüber wird als *Bestandsgebiet* derjenige Bereich bezeichnet, in dem die Errichtungskörperschaften ihre Errichtungsbefugnis durch die Errichtung von Haupt- und Zweigstellen tatsächlich wahrgenommen haben. Insbesondere in der Folge von kommunalen Neugliederungen können Errichtungs- und Bestandsgebiet auseinanderfallen.

Das *Geschäftsgebiet* der kommunalen Sparkassen umgrenzt den räumlichen Bereich, in dem kommunale Sparkassen ihre Tätigkeit als Finanzinstitut entfalten dürfen – das kreditwirtschaftliche Handlungsgebiet.[11] Die Reichweite dieses Gebiets wird durch das *Sparkassengeschäftsrecht* bestimmt.

Das sparkassenrechtliche Regionalprinzip wird in dem Normalfall abgebildet, in dem die kommunale Sparkasse in einer geschäftlichen Niederlassung auf dem Gebiet ihrer Errichtungskörperschaft mit einem Einwohner dieser Gemeinde ein Geschäft abschließt.

Greifen hingegen das Geschäfts- oder gar Errichtungsgebiet über das Hoheitsgebiet der Errichtungskörperschaft hinaus, reibt sich dies am sparkassenrechtlichen Regionalprinzip und ist nicht mehr ohne weitere Rechtfertigung hinzunehmen.

Wählt man das Territorium derjenigen Gebietskörperschaft, die die kommunale Sparkasse errichtet hat bzw. sie trägt, als Ausgangspunkt der Betrachtung, kann ein Marktaustritt des Unternehmens auf zweierlei Weise erfolgen: zum einen durch den Abschluss von Geschäften mit einem Bezugspunkt außerhalb des Hoheitsgebiets der Errichtungskörperschaft(en); zum andern durch ein organisatorisches Ausgreifen über dieses Gebiet hinaus durch Zweigstellen, Außenstellen oder Unternehmensgründungen und -beteiligungen.

Im ersten Fall gewinn die geschäftsrechtliche, im zweiten Fall die organisationsrechtliche Dimension des Regionalprinzips Bedeutung.

---

10 *Kolm*, Das sparkassenrechtliche Regionalprinzip, 2011, S. 98.
11 *P. Kirchhof*, DVBl. 1983, 921 (924).

II. Sparkassengesetzliche Normierung des Regionalprinzips

Ältere Sparkassengesetze enthielten und enthalten keine ausdrückliche Normierung des Regionalprinzips,[12] da – so die Erklärung – die Begrenzung der Tätigkeit kommunaler Einrichtungen auf das Hoheitsgebiet des kommunalen „Muttergemeinwesens" eine Selbstverständlichkeit darstellt.[13]

Allerdings enthalten jedenfalls die meisten der jüngeren Gesetze Vorschriften zu unterschiedlichen Facetten des Regionalprinzips.

Hierbei ist zu unterscheiden zwischen einerseits dem Sparkassengeschäftsrecht, das die Zulässigkeit von Geschäften, die zumindest auch einen Bezugspunkt außerhalb des Hoheitsgebiets aufweisen, festlegt, und andererseits dem Sparkassenorganisationsrecht, das sich mit der Errichtung von Haupt- und Zweigstellen befasst.

1. Sparkassengeschäftsrecht

§ 1 Abs. 2 Satz 1 Berliner SpkG erklärt etwa, dass der „Geschäftsbereich" der Berliner Sparkasse auf das Land Berlin auszurichten ist. Die Norm hat aber zugleich auch einen organisationsrechtlichen Gehalt, da das Institut nach Satz 2 auch berechtigt ist, Zweigstellen zu errichten – ohne dass es insoweit ausdrücklich auf Berlin beschränkt wäre.

§ 3 SpkG NRW bezieht sich ebenfalls auf das Regionalprinzip; konkretisiert es dann aber sogleich im Sinn einer geschäftsrechtlichen Beschränkung.

Hiernach sind Kreditvergaben ohne Einschränkung nur zulässig an Personen mit Sitz oder Niederlassung innerhalb des Träger- und des Satzungsgebietes eines Instituts.

Außerhalb dieses Gebiets ist eine Kreditvergabe nur ausnahmsweise zulässig. Es muss sichergestellt bleiben, dass die regionale Aufgabenerfüllung als Schwerpunkt des Instituts erhalten bleibt.

---

12 *Stern/Nierhaus*, Das Regionalprinzip im öffentlich-rechtlichen Sparkassenwesen, 1991, S. 11.

13 OVG Münster, Urt. v. 20.10.1965, III A 630/64, in: *Weides/Bosse*, Rechtsprechung zum Sparkassenrecht, Erste Folge, 1981, S. 447 (460).

Außerhalb der EU ist eine Kreditvergabe sogar nur zulässig, „wenn die Kredite in unmittelbarem Zusammenhang mit der kreditwirtschaftlichen Versorgung der Bevölkerung und der Wirtschaft im Satzungsgebiet stehen (Anknüpfungsgrundsatz)".

Mit Blick auf das Passivgeschäft wurde dem Regionalprinzip die Geltung abgesprochen, da Sparkassen traditionell und gewohnheitsmäßig berechtigt und verpflichtet seien, von „jedermann", d. h. ohne territoriale Beschränkung, Spareinlagen anzunehmen.[14]

Dementsprechend finden sich auch hier nur wenige Regelungen in den Sparkassengesetzen. Da es sich bei den die Sparkasse errichtenden Gemeinden um Gebietskörperschaften mit Gebietshoheit[15] handelt, ist auch das Geschäft mit dem Gebietsfremden im Hoheitsgebiet grundsätzlich materiell unproblematisch.

2. Sparkassenorganisationsrecht

Im Hinblick auf das Sparkassenorganisationsrecht machen die Sparkassengesetze aber nicht nur deutlich, dass der sparkassenrechtliche Normalfall die Kongruenz von Hoheitsgebiet der Gebietskörperschaften und Errichtungsgebiet der Sparkasse ist, sondern auch, dass die Errichtung (oder Erhaltung) von Zweigstellen außerhalb des Trägergebietes möglich bleiben soll.

Fast allen Sparkassengesetzen ist die Option zu entnehmen, von der territorialen Beschränkung eines streng verstandenen Regionalprinzips abzuweichen.

Das nordrhein-westfälische Sparkassenrecht legt etwa fest, dass bei Vorliegen *besonderer Umstände* die Aufsichtsbehörde nach Anhörung der betroffenen Sparkasse, ihres Trägers und des Sparkassen- und Giroverbandes Ausnahmen vom Grundsatz des grundsätzlichen Verbots der Zweigstellenerrichtung außerhalb des Hoheitsgebietes der eigenen Kommune zulassen kann. Allerdings wird die Genehmigungsbefugnis an tatbestandliche Voraussetzungen gebunden, die einen unbestimmten Gesetzesbegriff umfassen.

---

14 *Stern/Nierhaus* (Fn. 12), S. 200.

15 BVerfGE 52, 95 (116 f.); s.a. *Schmidt-Aßmann/Röhl*, Kommunalrecht, in: Schmidt-Aßmann/Schoch (Hrsg.), Besonderes Verwaltungsrecht, 14. Aufl. 2008, Rn. 10.

3. Rechtfertigung

Wie lassen sich diese beiden – die geschäftliche und die organisatorische – Formen des Ausgreifens über das Hoheitsgebiet der Errichtungskörperschaft mit den Grundsätzen der aus der kommunalen Selbstverwaltungsgarantie abgeleiteten Verbandskompetenz vereinbaren?

a) Übergreifen als Angelegenheit der örtlichen Gemeinschaft

Art. 28 Abs. 2 GG lässt jedenfalls die Ausdehnung der Funktionsausübung mit Wirkung auf andere Hoheitsgebiete zu, wenn diese im Ergebnis immer noch den Angelegenheiten der örtlichen Gemeinschaft dient.

Sobald aber der Geschäftspartner der Sparkasse einer anderen kommunalen Selbstverwaltungskörperschaft angehört oder sein Geschäft bzw. sein Eigentum dort liegt, ist die Selbstverwaltungsaufgabe dieser Gemeinde betroffen, da die Angelegenheit nun auch die örtliche Gemeinschaft ihres Hoheitsgebiets berührt.

Hier gerät die ausgreifende Sparkasse in eine Gemengelage der Angelegenheiten zweier örtlicher Gemeinschaften, die auf der Grundlage des Art. 28 Abs. 2 GG beigegebenen Gesetzesvorbehalts aufzulösen ist.

Wie jeder Gesetzesvorbehalt stellt indes auch dieser den betroffenen Schutzbereich nicht umfänglich zur Disposition des einfachen Gesetzgebers.

In der Regel genügt es aber in einer solchen Gemengelage als rechtfertigende Legitimation, dass die mit ihrer Geschäftstätigkeit ausgreifende Gemeinde *auch* Angelegenheiten ihrer örtlichen Gemeinschaft erledigt. Dies ist etwa bei sozio-ökonomischen Verflechtungen zwischen dem Hoheitsgebiet der Sparkasse und dem Zielort ihrer Expansion der Fall.[16]

Eine entsprechende sozio-ökonomische Verflechtung kann aber als Rechtfertigung nur dort von Bedeutung sein, wo das Ausgreifen der Sparkassen einen Rückbezug zu ihrer örtlichen Gemeinschaft aufweist.

Aber selbst bei einer solchen Verflechtung darf das Tätigwerden mit Anknüpfung an fremdes Territorium nicht zum Zwecke der dortigen Geschäfts- und Geschäftspartnerakquise erfolgen, sondern nur zur

16 VGH Baden-Württemberg, Urt. v. 17.2.1982, X 1442/79, in: *Weides/Bosse* (Fn. 13), II, 1984, S. 214 (220).

Begleitung von Geschäften und Geschäftspartnern, die ebenfalls auf dieses Territorium ausgreifen.

Andernfalls läge hier kein Rückbezug auf die Angelegenheiten der örtlichen Gemeinschaft der Trägerkörperschaft, sondern lediglich der unabhängig vom öffentlichen Auftrag erfolgende Versuch einer verfassungsrechtlich untersagten Gewinnmaximierung vor.

Bei der Frage nach der Rechtfertigung von Abweichungen von dem sparkassenrechtlichen Regionalprinzip ist zudem zwischen einem geschäftlichen und einem organisatorischen Ausgreifen zu differenzieren, weil es sich bei Letzterem – etwa durch eine Zweigstellenerrichtung – um einen deutlich nachhaltigeren Eingriff in fremde Selbstverwaltungsangelegenheiten handelt als bei der Eingehung einzelner Geschäfte mit Bezug zu fremdem Gebiet.

Ein organisatorisches Ausgreifen dürfte daher typischerweise auch dann nicht gerechtfertigt sein, wenn durch dieses auch Angelegenheiten der eigenen örtlichen Gemeinschaft wahrgenommen werden.

b) Keine Anknüpfung mehr an die Angelegenheiten der örtlichen Gemeinschaft

Eine Regelung zu gebietsübergreifender geschäftlicher Betätigung oder organisatorischem Ausgreifen lässt sich hingegen dann nicht mehr aus der Garantie der kommunalen Selbstverwaltung legitimieren, wenn diese an Sachverhalte anknüpft, die keinerlei Bezug mehr zu den Angelegenheiten der ausgreifenden örtlichen Gemeinschaft aufweisen.

Hier bedarf es nicht nur der auf den Gesetzesvorbehalt gestützten Aufgabenerweiterung durch den Landesgesetzgeber, sondern auch einer – gegenüber dem soeben genannten Fall verstärkten – Berücksichtigung der Selbstverwaltungsbefugnisse der ebenfalls betroffenen kommunalen Selbstverwaltungskörperschaft, die bereits in abstrakt-genereller Weise in dem ermächtigenden Gesetz gewürdigt sein müssen.

Außerhalb des hier nicht weiter relevanten unantastbaren Kerns der kommunalen Selbstverwaltungsgarantie[17] hat der Gesetzgeber bei der Beschränkung kommunaler Aufgaben und Handlungsbefugnisse vor allem das Prinzip dezentraler Aufgabenverteilung zu respektieren.[18]

---

17 BVerfGE 7, 358; 22, 219; BVerwGE 6, 41; vgl. *Tettinger/Schwarz*, in: v. Mangoldt/Klein/Starck (Hrsg.), Grundgesetz Bd. 2, 6. Aufl. 2010, Art. 28 Abs. 2 Rn. 191 ff.

18 Hierzu und dem Folgenden v.a. BVerfGE 79, 127 (150 ff.); s.a. *Ossenbühl*, FS Lerche 1993, S. 151 (161); *Schmidt-Aßmann*, FS Sendler 1991, S. 121 (137); *Schoch*, VerwArch Bd. 81 (1990), S. 18 (26 ff.).

Hiernach soll eine Angelegenheit der örtlichen Gemeinschaft grundsätzlich von *der* Gebietskörperschaft wahrgenommen werden, die für diese räumlich-sachlich zuständig ist. Der Gesetzgeber darf Angelegenheiten mit örtlich relevantem Charakter den Gemeinden nur aus Gründen des Gemeininteresses und unter erheblicher Darlegungslast entziehen, wenn anders die ordnungsgemäße Aufgabenerfüllung nicht sicherzustellen wäre. Verwaltungspraktische Gründe oder allgemeine Wirtschaftlichkeitsüberlegungen genügen hierfür nicht.

Das Aufgabenverteilungsprinzip war zunächst allein auf vertikale Wanderungsprozesse zugeschnitten worden, bietet aber in demselben Maße auch Schutz gegen horizontale Aufgabenverschiebungen[19], da der Schutzgehalt der kommunalen Rechtsinstitutionsgarantie nicht nur gegen Eingriffe staatlicher Institutionen, sondern auch – interkommunal – gegen Beeinträchtigungen durch andere Träger der kommunalen Selbstverwaltung wirkt[20].

Um all dem zu genügen, muss der Gesetzgeber, der eine Ermächtigung für unternehmerisches Handeln ohne Anknüpfung an die Angelegenheiten der örtlichen Gemeinschaft erteilen möchte, die einer Beschränkung des Garantiegehalts motivierenden Gründe benennen und mit den Interessen des Inhabers der Garantie – also der Zielgemeinde und ihrer Sparkasse – abwägen.

Der Gesetzesvorbehalt kann nicht Grundlage für die Erweiterung der *sachlichen* Begrenzung von verfassungsrechtlich ihrerseits begrenzten Wahrnehmungsbefugnissen sein. Soweit es dem Staat und den Kommunen aus verfassungsrechtlichen Gründen untersagt ist, rein erwerbswirtschaftlich, d. h. ohne Anbindung an einen legitimen öffentlichen Zweck, tätig zu werden, kann eine solche Ermächtigung auch nicht durch einfaches Gesetz den verfassungsrechtlich fundierten Handlungsbefugnissen der Gebietskörperschaften ergänzend hinzugefügt werden; auch eine bestehende Handlungsermächtigung (der Betrieb von Sparkassen) kann nicht um Aspekte erweitert werden, die keinem legitimen öffentlichen Zweck dienen.

Das bedeutet, dass eine Zubilligung von geschäftlichen oder organisatorischen Freiheiten stets der Rückkopplung an einen verfassungsrechtlich erforderlichen öffentlichen Auftrag bedarf, der dann zwar nicht mehr zwingend örtlich radiziert bzw. auf die Angelegenheiten

---

19 *Brosius-Gersdorf*, AöR Bd. 130 (2005), S. 392 (418 ff.).

20 BVerwGE 84, 209 (214 f.); *Burmeister*, in: Püttner (Hrsg.), Handbuch der kommunalen Wissenschaft und Praxis, Bd. V, 2. Aufl. 1984, S. 3 (42); *Nierhaus*, in: Sachs (Hrsg.), Grundgesetz, 6. Aufl. 2011, Art. 28 Rn. 34.

der örtlichen Gemeinschaft bezogen sein muss, aber auch nicht die Selbstverwaltungsgarantie der Zielgemeinde verletzen darf.

c) Rechtfertigungsgründe

Bedenkt man, dass die Erfüllung des auf die örtliche Gemeinschaft bezogenen öffentlichen Auftrags auch durch die gesetzliche Ermächtigung sachlich nicht erweiterbar ist, fällt es schwer, legitimierende Gründe für ein geschäftliches Übergreifen in die Angelegenheiten fremder örtlicher Gemeinschaften zu finden, wenn dabei nicht auch zugleich die eigenen Angelegenheiten bedient werden. Ein solches Übergreifen kann letztlich nur durch die Optimierung von Ertragschancen motiviert sein.

Die Leistungsfähigkeit der einzelnen Sparkassen wird auch von den Landesgesetzgebern als wichtiges Anliegen erkannt. Das Streben nach Leistungsfähigkeit ist die natürliche Folge der Verpflichtung zur Wahrnehmung des öffentlichen Auftrags. Dies setzt die Wettbewerbs- und Leistungsfähigkeit des kommunalen Instituts voraus.

Rein wirtschaftlichen Aspekte im Sinne einer *ecomomy of scale* können aber grundsätzlich nicht als besondere Umstände anerkannt werden, die zu einer Genehmigung für eine Zweigstellenerrichtung führen. Dies dient dann nicht mehr dem originären öffentlichen Auftrag, so dass ein Verbot einer nicht auf die Erfüllung des originären öffentlichen Zwecks rückbezogenen Steigerung von Leistungs- und Wettbewerbsfähigkeit der Sparkassen durch Expansion extra muros festzustellen ist.

Wenn aber bereits ein geschäftliches Ausgreifen nicht legitimierbar ist, gilt dies erst recht für ein organisatorisches. Aber auch dort, wo dieses noch vordergründig durch die Erledigung eigener Angelegenheiten motiviert sein könnte – etwa bei der Zweigniederlassung einer städtischen Sparkasse im Speckgürtel der Stadt –, ist eine organisatorische Verstetigung des Ausgreifens nicht erforderlich.

4. Ergebnis

Abschließend ist Folgendes festzuhalten:

Kommunale Sparkassen können ohne Berührung der Angelegenheiten fremder Gebietskörperschaften auf der Grundlage von Art. 28 Abs. 2 GG ohne Weiteres Geschäfte treiben und Zweigstellen errichten.

Soweit sie dabei *auch* die Angelegenheiten fremder örtlicher Gemeinschaften berühren, ist dies zwar durch Art. 28 Abs. 2 GG grundsätzlich legitimiert, bedarf aber als Eingriff in auch fremde Angelegenheiten der gesetzlichen Ermächtigung. Dem Gesetzgeber obliegt es dabei, einen angemessenen Ausgleich der beteiligten Interessensphären zu gewährleisten.

Das Ausgreifen einer Sparkasse, das auch die Angelegenheiten einer fremden örtlichen Gemeinschaft berührt, lässt sich im Regelfall auf der Grundlage einer entsprechenden gesetzlichen Ermächtigung legitimieren, wenn *zugleich* die Angelegenheiten der eigenen örtlichen Gemeinschaft berührt sind.

Dies gilt in jedem Fall bei einer Überschreitung des Regionalprinzips im geschäftsrechtlichen Sinne. Das organisationsrechtliche Hinausgreifen über das eigene Territorium ist aber auch unter diesem Gesichtspunkt kaum zu rechtfertigen, weil für die Pflege der eigenen Angelegenheiten eine Niederlassung auf fremdem Territorium nicht erforderlich ist.

Eine gesetzliche Ermächtigung von geschäftlichem Übergreifen in Angelegenheiten einer fremden örtlichen Gemeinschaft oder erst recht von organisatorischem Übergreifen auf fremdes Territorium ohne Anknüpfung an die Erledigung von Angelegenheiten der eigenen örtlichen Gemeinschaft ist hingegen in Ermangelung relevanter Gründe für die Legitimation eines solchen Übergreifens kaum denkbar.

Die Befugnis der Wahrnehmung von Sparkassenaufgaben extra muros aufgrund landesgesetzlicher Ermächtigungen endet in jedem Falle an der Grenze des ermächtigenden Bundeslandes.

III. Regionalprinzip und Grundfreiheiten

Das Regionalprinzip beschränkt die Geschäftstätigkeit kommunaler Sparkassen in geschäftlicher wie organisatorischer Hinsicht aus verfassungsrechtlich zwingenden Gründen.

Das wichtigste unionsrechtliche Instrument zur Erweiterung der Handlungsmöglichkeiten der europäischen Wirtschaftsakteure sind die Grundfreiheiten des AEUV (vgl. Art. 26 Abs. 2 AEUV). Dementsprechend stellt auch das Unionsrecht, insoweit es der Überwindung von zwischenstaatlichen Handelshemmnissen und -beschränkungen dient, eigene Legitimationsanforderungen an das Regionalprinzip.

1. Relevanz und Schutzbereiche der Grundfreiheiten

Im Hinblick auf die durch das Regionalprinzip realisierten Begrenzungen der kommunalen Sparkassen in geschäftlicher Hinsicht sind vor allem die Dienstleistungs-, die Niederlassungs- und die Kapitalverkehrsfreiheit von Belang (vgl. Art. 56 ff., 49 ff., 63 ff. AEUV).

Diese schützen zwar grundsätzlich auch gegen Maßnahmen des eigenen Mitgliedstaats – also die Sparkassen gegen den staatlichen Gesetzgeber –, aber auch in einem solchen Fall bedarf es des zwischenstaatlichen Bezugs einer Maßnahme. Dies ist aber von vornherein nur dann der Fall, wenn das Regionalprinzip die Sparkasse an einem geschäftlichen Kontakt oder einem organisatorischen Ausgreifen in das europäische Ausland hindert. Die entsprechende Begrenzung des Aktionsradius ist aber von vornherein nur für Großsparkassen oder Institute im Grenzgebiet von Belang.

Dabei fällt die Niederlassungsfreiheit als Maßstab für Beschränkungen des Sparkassenorganisationsrechts weitgehend aus – zumindest soweit es um einen formwahrenden Wegzug geht. Die Niederlassung kann primärer (Neugründung eines Unternehmens in einem fremden Mitgliedstaat oder aber „unternehmerische" Beteiligung an einem ausländischen Unternehmen) oder sekundärer Natur (Gründung einer Zweigniederlassung) sein.

Eine rein innerstaatliche Niederlassungsbeschränkung weist aber schon keine unionsrechtliche Relevanz auf. Sie verlangt eine dauerhafte Ortsveränderung bzw. Eingliederung in die Rechts- und Wirtschaftsordnung eines anderen Mitgliedstaates.[21]

Aber auch darüber hinaus kann die Niederlassungsfreiheit kein Maßstab einer Überprüfung organisationsrechtlicher Beschränkungen des Regionalprinzips sein. Die Niederlassungsfreiheit steht Rechtsvorschriften nicht entgegen, „die es einer nach dem nationalen Recht dieses Mitgliedstaats gegründeten Gesellschaft verwehren, ihren Sitz in einen anderen Mitgliedstaat zu verlegen und dabei ihre Eigenschaft als Gesellschaft des nationalen Rechts des Mitgliedstaats, nach dessen Recht sie gegründet wurde, zu behalten"[22].

Damit können sich die kommunalen Sparkassen bei dem Versuch Zweigstellen außerhalb ihres Geschäftsgebiets zu errichten, unabhängig von der Frage, ob die Grundfreiheiten auch schwerpunktmäßig

---

21 *Kluth*, in: Calliess/Ruffert (Hrsg.), EUV/AEUV, 4. Aufl. 2011, Art. 57 AEUV Rn. 1.
22 EuGH, Rs. C-210/06, Slg. 2008, I-09641, Rn. 105 ff., 124.

innerstaatlich wirkende Beschränkungen verhindern wollen, nicht auf die Niederlassungsfreiheit berufen.

2. Grundfreiheitsfähigkeit kommunaler Sparkassen

Unabhängig von dem Schutzbereich einzelner Grundfreiheiten ist aber die zentrale Frage, ob das Unionsrecht tatsächlich auch für sich in Anspruch nimmt, den geschäftlichen Aktionsradius solcher Unternehmen zu bestimmen bzw. zu erweitern, die von staatlichen Gebietskörperschaften errichtet und diesen organisationsrechtlich zugeordnet sind und deren beschränkter Aktionsradius sich daraus ergibt, dass sie in der Verfassungsordnung des Mitgliedstaates als Verwaltungsträger eingeordnet werden?

a) Art. 54 Abs. 2 AEUV

Bei den Grundfreiheiten handelt sich um primär an die Mitgliedstaaten und nur in zweiter Linie an Private und die EU selbst adressierte Behinderungsverbote. Aus dieser Perspektive ist es nicht zwingend, dass organisatorische Untergliederungen der Mitgliedstaaten, die ebenso wie die Mitgliedstaaten selbst verpflichtet sind, die Grundfreiheiten zu respektieren, zugleich auch berechtigt sind, sich ihrerseits auf die Grundfreiheiten zu berufen.

Nach Art. 54 Abs. 2 AEUV scheint das Unionsrecht im Hinblick auf die Berechtigung, die Grundfreiheiten in Anspruch zu nehmen, grundsätzlich keinen Unterschied zwischen privaten und öffentlichen Unternehmen zu treffen.[23] Fraglich erscheint aber, ob diese Gleichsetzung umfassend ist oder ob sie nicht nur dann gelten soll, wenn nationale Bestimmungen die Grundfreiheiten öffentlicher Unternehmen *anderer* Mitgliedstaaten beschränkten.

Sicherlich sollen sich staatliche Unternehmen als Begünstigte der Grundfreiheiten im Rahmen ihrer wirtschaftlichen Tätigkeit auf diese berufen können, wenn das Unternehmen durch Maßnahmen eines anderen Mitgliedstaats an der Ausübung seiner wirtschaftlichen Mobilität gehindert sieht. Allerdings führt eine solche Berufung auch nicht zu einer Konsolidierung von Grundfreiheitsberechtigung und -verpflichtung; vielmehr befindet sich das öffentliche Unternehmen in einer ähnlichen Lage wie jedes private Unternehmen.[24]

---

23 EuGH, Rs. C-174/04, Slg. 2005, I-4933, Rn. 32.

24 Schlussanträge *Generalanwältin Kokott*, Rs. C-174/04, Slg. 2005, I-04933, Rn. 23.

Wenn hingegen eine deutsche kommunale Sparkasse aufgrund deutschen Sparkassenrechts daran gehindert ist, im EU-Ausland tätig zu werden, liegt ein Fall der Konsolidierung von Rechten und Pflichten vor, da die Mitgliedstaaten aus Sicht des Unionsrechts funktional als Einheit betrachtet werden.[25] Es erscheint daher zumindest diskutabel (und ist im Ergebnis abzulehnen), ob die Grundfreiheiten in einem solchen Falle durch ein staatliches Unternehmen gegenüber dem eigenen Mitgliedstaat bzw. seinem Gesetzgeber durchzusetzen sind.

Unabhängig davon, ob sich den Grundfreiheiten selbst bereits eine solche immanente Beschränkung entnehmen lässt, spricht jedoch auch Art. 106 AEUV für die Befugnis des mitgliedstaatlichen Gesetzgebers, öffentlich-rechtlichen Unternehmen derartige Beschränkungen aufzulegen.

b) Art. 106 AEUV

Während Art. 345 AEUV die Mitgliedstaaten ermächtigt, über Art und Maß ihrer Beteiligung an dem wirtschaftlichen Wettbewerb zu entscheiden, markiert Art. 106 AEUV Maßstab und Grenze für eine rechtliche und tatsächliche Privilegierung staatlicher oder privater gemeinwohlorientierter Wirtschaftstätigkeit.

Diese Vorschrift verfolgt nach Ansicht des EuGH zwei hier relevante Ziele.

Zum einen soll sie sicherstellen, dass (auch) die Unternehmen, „für deren Verhalten die Staaten aufgrund des Einflusses, den sie auf dieses Verhalten ausüben können, besondere Verantwortung tragen", an „sämtliche Vorschriften des Vertrages" gebunden sind. Die Norm verpflichtet damit „die Mitgliedstaaten zur Einhaltung dieser Vorschriften in ihren Beziehungen zu diesen Unternehmen"[26] und dient damit der Verhinderung mittelbarer Vertragsverletzungen.[27]

Zum andern wird aus Art. 106 Abs. 1 AEUV der Grundsatz der Gleichbehandlung privater und öffentlicher Unternehmen abgeleitet.[28] Dies hat zur Folge, dass Mitgliedstaaten, soweit sie sich durch Unternehmen am wirtschaftlichen Wettbewerb beteiligen, dafür Sorge zu tragen haben, dass sich diese den Wettbewerbsvorschriften ebenso wenig ent-

---

25 *Wolff*, DÖV 2011, 721 (727).

26 EuGH, verb. Rs. 188 bis 190/80, Slg. 1982, 2545, Rn. 12.

27 *Jung*, in: Calliess/Ruffert (Fn. 21), Art. 106 AEUV Rn. 17.

28 *Badura*, Wirtschaftsverfassung und Wirtschaftsverwaltung, 2005, S. 108; vgl. auch *Hellermann*, Örtliche Daseinsvorsorge und gemeindliche Selbstverwaltung, 2000, S. 82 f.; *Storr*, Der Staat als Unternehmer, 2001, S. 272 f.

ziehen können wie ihre privaten Konkurrenten. Ihre Wettbewerbsposition darf nicht schon allein aufgrund der staatlichen oder kommunalen Inhaberschaft, erst recht nicht aufgrund ungerechtfertigt verliehener Sonderrechte gegenüber privaten oder ausländischen Marktteilnehmern privilegiert sein.

Als solche Maßnahmen im Sinne von Art. 106 Abs. 1 AEUV gelten vor allem nationale Gesetze und Verordnungen, die öffentliche Unternehmen direkt oder mittelbar privilegieren.[29] Art. 106 Abs. 1 AEUV enthält ein Verbot der Besserstellung öffentlicher Unternehmen, aber nach richtiger Ansicht kein Gleichbehandlungsgebot zu deren Gunsten.

Art. 345 AEUV legitimiert die staatliche Teilnahme am Markt und Art. 106 Abs. 1 GG verbietet es nicht, dass ein öffentliches Unternehmen durch den Gesetzgeber in seiner wirtschaftlichen Entscheidungsfreiheit beschränkt und damit benachteiligt wird.[30]

Da Art. 106 Abs. 1 AEUV es den Mitgliedstaaten somit erlaubt, den Wirkungskreis ihrer eigenen Unternehmen zu beschränken, könnte selbst eine mögliche Berechtigung dieser Unternehmen, den Schutz von Grundfreiheiten in Anspruch zu nehmen, durch den staatlichen Gesetzgeber reduziert werden.

Danach ist davon auszugehen, dass aber der nationale Gesetzgeber durchaus in der Lage ist, seine ihm durch Art. 106 und Art. 345 AEUV belassenen Kompetenzen zum Erlass von Regelungen zu nutzen, die den staatlichen und kommunalen Unternehmen diese Handlungsfreiheit von vornherein nehmen.

3. Rechtfertigung von Beschränkungen

Soweit dennoch in der Normierung und Durchsetzung des Regionalprinzips eine Beschränkung der anwendbaren Grundfreiheiten gesehen wird, besteht die Möglichkeit, diese Beschränkung auf der Grundlage der geschriebenen wie der ungeschriebenen Rechtfertigungsmöglichkeiten in verhältnismäßiger Weise zu legitimieren.

Die Ausnahmen von den Grundfreiheiten erschöpfen sich nicht in den ausdrücklich im AEUV geregelten Schranken, vielmehr wurden weitere ungeschriebene Schranken der Grundfreiheiten entwickelt, um

29 EuGH, Rs. C-41/90, Slg. 1991, I-1979, Rn. 27; EuGH, Rs. C-260/89, Slg. 1991, I-2925, Rn. 3; EuGH, Rs. C-179/90, Slg. 1991, I-5889, Rn. 3, 4; EuGH, Rs. C-18/88, Slg. 1991, I-5941, Rn. 5–7, 15; EuGH, Rs. C-320/91, Slg. 1993, I-2533, Rn. 3.
30 *J. Wolff*, DÖV 2011, 721 (726).

der restriktiven Auslegung der Ausnahmen und der Fortentwicklung der Diskriminierungsverbote zu Beschränkungsverboten Rechnung zu tragen.

In Betracht kommen hier insbesondere ungeschriebene Rechtfertigungsoptionen, die auf alle Grundfreiheiten gleichermaßen anwendbar sind: Mitgliedstaatliche Hemmnisse müssen hingenommen werden, soweit sie notwendig sind, um zwingenden Erfordernissen gerecht zu werden.[31]

Die entscheidende Frage ist mithin ob das sparkassenrechtliche Regionalprinzip als immanente Schranke der Grundfreiheiten zu qualifizieren ist, ob es also einen zwingenden Grund des Allgemeininteresses darstellt.

Das Regionalprinzip schützt die gleichmäßige Wahrnehmung des auf die Angelegenheiten der örtlichen Gemeinschaft bezogenen öffentlichen Auftrags. Jedenfalls die flächendeckende Gewährleistung der finanzwirtschaftlichen Versorgung der Bevölkerung, der ortsansässigen Unternehmen und der Kommunen liegt im Allgemeininteresse. Kommunale Sparkassen erbringen ihre Leistungen auch dort, wo lediglich an der Gewinnerzielung orientierte Institute aufgrund mangelnder Gewinnchancen nicht vertreten sind.[32]

Das Regionalprinzip verhindert Kapitaltransfers und Investitionen in fremden Gebieten, was zur Folge hat, dass das Kapital im Satzungsgebiet nicht zur Verfügung steht und durch ein erhöhtes Risiko in Folge schwer zu kalkulierender Risiken eventuell auch langfristig verloren geht. Folglich unterstützen die dem Regionalprinzip innewohnenden Beschränkungen die Versorgung der örtlichen Gemeinschaft.

Ein Blick auf die gravierenden Folgen, die ein etwaiger Ausfall der Sparkassen im Trägergebiet für die kommunalen, mittelständischen und privaten Wirtschaftsakteure hätte, zeigt die angemessene Relation des Verbots zu dem Ziel der Versorgung der örtlichen Gemeinschaft und der Risikobegrenzung.

Mithin handelt es sich bei dem Regionalprinzip, das die kommunalen Sparkassen zur Konzentration auf die Erfüllung ihres öffentlichen Auftrags der kreditwirtschaftlichen Versorgung anhält und damit den Drang nach Gewinnoptimierung kanalisiert, um einen verhältnismäßig durchgesetzten zwingenden Grund des Allgemeininteresses.

31 EuGH, Rs. 120/78, Slg. 1979, 649, Rn. 8.

32 *Lohmiller*, Kapitalbeteiligungsgesellschaften der Sparkassen: Eine Untersuchung über die Rechtsgrundlagen der Beteiligungsfinanzierung durch kommunale Sparkassen, 2000, S. 128.

4. Ergebnis

Abschließend ist Folgendes festzuhalten.

Ob das Regionalprinzip als Eingrenzung des organisatorischen und geschäftlichen Ausgreifens kommunaler Sparkassen über ihr Geschäftsgebiet überhaupt am Maßstab der unionsrechtlichen Grundfreiheiten gemessen werden kann, erscheint bereits fragwürdig.

Die Niederlassungsfreiheit ist schon von ihrem Schutzbereich her nicht anwendbar. Inländische Sachverhalte werden auch im Übrigen von den Grundfreiheiten nicht erfasst. Auch im Übrigen verbietet Art. 106 Abs. 1 AEUV dem Mitgliedstaat nicht eine Schlechterstellung der eigenen öffentlichen Unternehmen.

Aber auch soweit eine Anwendbarkeit der Grundfreiheiten angenommen wird, ist deren nicht-diskriminierende Beschränkung angesichts der mit dem Regionalprinzip verfolgten Ziele als „zwingendes Erfordernis“ zu rechtfertigen.

Frauke Brosius-Gersdorf

Regionalprinzip für Sparkassen als unzulässiges Gebietskartell?

I. Der Stein des Anstoßes: Das XX. Hauptgutachten der Monopolkommission

Wenn es noch eines Beweises für die Notwendigkeit intra- und interdisziplinärer Zusammenarbeit bedurft hätte, wäre dieser Beweis mit dem XX. Hauptgutachten der Monopolkommission[1] erbracht. Die Monopolkommission äußert darin durchgreifende Bedenken gegen die in fast allen Bundesländern vorzufindende gesetzliche Regelung des Regionalprinzips für die (öffentlich-rechtlichen) Sparkassen. Nach Ansicht der Monopolkommission verstößt das sparkassenrechtliche Regionalprinzip gegen europäisches Recht. Sie sieht darin ein unzulässiges „gesetzlich angeordnetes Gebietskartell“, weil es die „Geschäftsgebiete der Sparkassen und damit die Freiheit der Sparkassen einschränk[t]..., ihre Geschäftspolitik selbstständig zu gestalten und aktiv in den Wettbewerb untereinander und mit anderen gebietsfremden Banken um neue Kunden einzutreten.“[2]

Während die Monopolkommission einer wirtschaftlichen Betätigung der öffentlichen Hand sonst eher kritisch bis ablehnend gegenübersteht, fordert sie im Bereich der Kreditwirtschaft Wettbewerb zwischen Sparkassen und deshalb die Aufhebung der gesetzlichen Beschränkung des Geschäftsfeldes der Sparkassen auf das Gebiet ihres jeweiligen kommunalen Trägers.[3]

Diese Forderung der Monopolkommission ist dabei nicht frei von Widersprüchen. Sie empfiehlt einerseits, den gesetzlichen Auftrag der Sparkassen präziser zu regeln und hierbei die Ziele auf das „Gebiet ihres Trägers“ zu beschränken.[4] Andererseits plädiert sie dafür, die

1 *Monopolkommission,* Eine Wettbewerbsordnung für die Finanzmärkte, XX. Hauptgutachten gemäß § 44 Abs. 1 Satz 1 GWB – 2012/2013 –, 2014.
2 *Monopolkommission* (Fn. 1), Tz. 1923.
3 *Monopolkommission* (Fn. 1), Tz. 1923 ff.
4 *Monopolkommission* (Fn. 1), Tz. 1803.

gesetzliche Beschränkung des Tätigkeitskreises der Sparkassen auf das Gebiet ihrer örtlichen Gemeinschaft aufzuheben.[5] Damit ist letztlich gemeint, den gesetzlichen Auftrag der Sparkassen auf exterritoriale Tätigkeiten zu erstrecken, was sich mit der Forderung der Monopolkommission, den gesetzlichen Auftrag der Sparkassen auf das jeweilige Gemeindegebiet zu beschränken, kaum verträgt.

Mit ihrer zentralen Forderung nach Abschaffung des Regionalprinzips richtet sich die Monopolkommission dabei nicht oder wenigstens nicht in erster Linie an die Sparkassen, sondern an den Gesetzgeber. Nach Ansicht der Monopolkommission ist zwischen dem Regionalprinzip als Element einer individuellen Strategie von Sparkassen und seiner gesetzlichen Vorgabe zu unterscheiden. Die Monopolkommission betont, dass das Regionalprinzip durchaus Element einer rationalen Geschäftsstrategie der Sparkassen sein könne.[6] Insbesondere bei kleineren Instituten, die wegen ihrer Kostenstruktur nur begrenzt wachsen könnten, sei es nachvollziehbar, wenn sie im Zuge einer Risikoeinschätzung zu dem Ergebnis gelangten, nur in solchen Märkten tätig zu werden, die sie gut überblicken könnten.[7] Die Monopolkommission schließt sich damit dem Sachverständigenrat zur Begutachtung der gesamtwirtschaftlichen Entwicklung an, der gegen das Regionalprinzip als Element der Geschäftsstrategie von Sparkassen und Genossenschaftsbanken keine Einwände erhoben hat.[8] Die Festschreibung des Regionalprinzips durch den Gesetzgeber sei hingegen wegen Verstoßes gegen das EU-Kartellrecht unzulässig.

II. Ordnungspolitischer Hintergrund des XX. Hauptgutachtens der Monopolkommission

Ordnungspolitisch ist die gebietliche Beschränkung des Kreditgeschäftes der Sparkassen der Monopolkommission vor allem deshalb ein Dorn im Auge, weil bei der Vergabe von Krediten auf kommunaler Ebene nur in begrenztem Maße Wettbewerb herrscht. In dem Drei-Säulen-System der deutschen Bankenlandschaft[9] verfolgen die Banken der einzelnen Säulen regelmäßig verschiedene Geschäftsmodelle, wobei

5 *Monopolkommission* (Fn. 1), Tz. 1923 ff.
6 *Monopolkommission* (Fn. 1), Tz. 1924 f.
7 *Monopolkommission* (Fn. 1), Tz. 1925.
8 Nachweis bei *Monopolkommission* (Fn. 1), Tz. 1924 Fn. 734.
9 Dazu *Monopolkommission* (Fn. 1), Tz. 1781 ff.

Unterschiede vor allem zwischen kleinen und großen Instituten bestehen. Die Geschäftsmodelle der größeren Institute umfassen in erheblichem Umfang auch Kapitalmarktaktivitäten. Kleinere Institute wie Sparkassen, Kreditgenossenschaften und Regionalbanken finanzieren sich dagegen in erster Linie über Einlagen ihrer Kunden, die sie bündeln und als Kredite an andere Kunden weiterreichen.[10] Hinzu kommt, dass von den Genossenschaftsbanken nur begrenzt Wettbewerb ausgeht. Die Volks- und Raiffeisenbanken (VR-Banken) bieten lediglich eine örtlich begrenzte Kreditversorgung an, wenngleich das Regionalprinzip für sie – anders als für die Sparkassen – nicht gesetzlich vorgeschrieben ist, sondern auf autonomen Entscheidungen der VR-Banken beruht.[11] In dem Kernsegment des öffentlichen Auftrages der Sparkassen, der Sicherung der kreditwirtschaftlichen Versorgung der Bevölkerung, des gewerblichem Mittelstandes und der öffentlichen Hand,[12] sind die Sparkassen nur eingeschränkt Wettbewerb ausgesetzt.

Hinzu kommt, dass die gesetzliche Regelung des Regionalprinzips für die Sparkassen eine Anomalie im Bereich der wirtschaftlichen Betätigung der Kommunen darstellt.[13] Für die Tätigkeit der Sparkassen ist das Regionalprinzip in nahezu sämtlichen Bundesländern gesetzlich vorgeschrieben.[14] Die Sparkassengesetze beschränken das Geschäftsgebiet der öffentlich-rechtlichen Sparkassen grundsätzlich auf das Gebiet ihres kommunalen Trägers. Das heißt: Die Sparkassen dürfen sich ausschließlich oder zumindest vorrangig in dem Gebiet ihres kommunalen Trägers kreditwirtschaftlich betätigen und grundsätzlich nur dort Zweigstellen errichten oder Beteiligungen erwerben. Die Aufsichtsbehörden können allerdings Ausnahmen erlauben.[15]

Ganz anders stellt sich die Situation außerhalb des Sparkassenwesens dar. Außerhalb des Sparkassenwesens ist den Kommunen in 14 der 16 Bundesländer die gemeindegebietsübergreifende wirtschaftliche Betätigung unter gewissen Voraussetzungen landesgesetzlich erlaubt.[16] Unter den allgemeinen Bedingungen für die Wirtschaftstätigkeit der Kommunen innerhalb ihres Gebietes und (regelmäßig) der Wahrung

10 *Monopolkommission* (Fn. 1), Tz. 1338.

11 *Monopolkommission* (Fn. 1), Tz. 1337.

12 Vgl. etwa § 4 Abs. 1 NSpG.

13 Zum Verhältnis zwischen Gemeindeordnungsrecht und den Sparkassengesetzen allgemein *M. C. Kerber*, JZ 2014, 1044 (1047).

14 Zu den Regelungen in den einzelnen Bundesländern *Monopolkommission* (Fn. 1), Tz. 1927.

15 Vgl. etwa § 4 Abs. 2 NSpG.

16 Zu den Regelungen in den einzelnen Bundesländern *Gaß*, in: Wurzel/Schraml/Becker (Hrsg.), Rechtspraxis der kommunalen Unternehmen, 3. Aufl. 2015, Rn. 51.

der berechtigten Interessen der betroffenen kommunalen Gebietskörperschaften, in deren Gebiet die überörtliche Wirtschaftstätigkeit stattfindet, dürfen die Gemeinden mit ihren Unternehmen auch außerhalb ihres Gebietes tätig werden.[17] Abgesehen vom Sparkassenwesen haben die Landesgesetzgeber durch die Gestattung der kommunalwirtschaftlichen Betätigung außerhalb des Gemeindegebietes somit das Örtlichkeitsprinzip des Art. 28 Abs. 2 Satz 1 GG deutlich gelockert. Ausnahmen bilden die Bundesländer Niedersachsen und der Freistaat Sachsen, deren Kommunalverfassungsgesetz bzw. Gemeindeordnung keine entsprechende Regelung zur übergebietlichen Wirtschaftstätigkeit der Kommunen kennen.

III. Regionalprinzip für Sparkassen als Verstoß gegen Kartellrecht?

Das zentrale Argument der Monopolkommission gegen die Zulässigkeit des sparkassenrechtlichen Regionalprinzips besteht darin, dass es gegen das EU-Kartellrecht verstoße, weil es ein nach Art. 101 Abs. 1 lit. c) AEUV unzulässiges Gebietskartell darstelle.[18] Die Monopolkommission zieht insofern die Parallele zu der vom Bundesgerichtshof im Jahr 2008 entschiedenen Rechtssache „Deutscher Lotto- und Totoblock“[19]. Die deutschen Lotto- und Totounternehmen hatten sich verpflichtet, die von ihnen veranstalteten Lotterien und Sportwetten nur in dem Land zu vertreiben, in dem sie über eine Erlaubnis verfügten. Das Bundeskartellamt sah in dieser Verpflichtung einen Kartellverstoß und wies den Einwand, die gebietliche Beschränkung der Lottogesellschaften sei durch den damaligen Lotteriestaatsvertrag gesetzlich angeordnet, zurück. Nach Ansicht des Bundeskartellamts war die entsprechende Vorschrift des Lotteriestaatsvertrages mit der Verpflichtung der Mitgliedstaaten, alle staatlichen Maßnahmen zu unterlassen, welche die Wirksamkeit der EU-Wettbewerbsregeln beeinträchtigen, unvereinbar.

Der Bundesgerichtshof bestätigte diese Auffassung des Bundeskartellamtes und entschied, dass „[e]twaige territoriale Beschränkungen […] durch […] staatliche Maßnahmen […] unerheblich [wären], weil solche

17 S. etwa § 102 Abs. 7 GemO BW, Art. 87 Abs. 2 BayGO, § 121 Abs. 5 HGO, § 107 Abs. 3 GO NRW, § 85 Abs. 2 GemO RhPf.

18 *Monopolkommission* (Fn. 1), Tz. 1931 ff.

19 BGH, Beschluss vom 14.8.2008, KVR 54/07, WM 2008, 1983.

Regelungen ihrerseits als Verstärkung der wettbewerbsbeschränkenden Wirkung" des zwischen den Lottogesellschaften vereinbarten Regionalprinzips gegen Art. 101 AEUV (damals: Art. 10 in Verbindung mit Art. 81 EGV) verstießen.[20]

Diese Argumentation des Bundesgerichtshofs und entsprechend der Monopolkommission darf bezweifelt werden.

1. Verstoß der Sparkassengesetze gegen das Gesetz gegen Wettbewerbsbeschränkungen?

Eine Kollision des landesgesetzlichen Regionalprinzips für die Sparkassen mit dem – nicht von der Monopolkommission, wohl aber vom Schrifttum[21] ins Feld geführten – nationalen Kartellrecht ist ausgeschlossen. Das Sparkassenrecht der Länder und das Gesetz gegen Wettbewerbsbeschränkungen (GWB) finden zwar grundsätzlich nebeneinander Anwendung. Die landesgesetzlichen Regelungen des Regionalprinzips für Sparkassen geraten aber mit dem GWB nicht in Konflikt, weil Normadressat der Kartellverbote des GWB nur Unternehmen und Unternehmensvereinigungen sind, nicht hingegen der Gesetzgeber (s. §§ 1, 130 Abs. 1 GWB).[22] Am Maßstab des nationalen Kartellrechts wären zwar Vereinbarungen zwischen Sparkassen zu messen, durch die sie ihr Geschäftsgebiet selbst auf die Versorgung der örtlichen Gemeinschaft beschränkten und dementsprechend auf eine exterritoriale Betätigung verzichteten.[23] Gegen durch Bundes- oder Landesrecht begründete Kartelle bietet das GWB indes keinen Schutz. Als (bundes-)rechtlicher Maßstab für die landesgesetzliche Regelung des Regionalprinzips für die Sparkassen scheidet das GWB daher aus.

2. Verstoß der Sparkassengesetze gegen EU-Kartellrecht?

Anders liegen die Dinge bei dem von der Monopolkommission und dem Bundesgerichtshof bemühten EU-Kartellrecht. Art. 101 AEUV gilt in Verbindung mit Art. 106 Abs. 1 AEUV nicht nur für Unterneh-

20 BGH, Beschluss vom 14.8.2008, KVR 54/07, Rn. 91, WM 2008, 1983 (1992).
21 S. etwa *M. C. Kerber*, JZ 2014, 1044 ff.
22 *Kolm*, Das sparkassenrechtliche Regionalprinzip, 2011, S. 150 f.
23 Vgl. *Röhl*, in: Schoch (Hrsg.), Besonderes Verwaltungsrecht, 15. Aufl. 2013, 1. Kap., Rn. 182.

men und Unternehmensvereinigungen, sondern auch für die Mitgliedstaaten.[24] Während sich Art. 106 Abs. 2 AEUV an die mit Dienstleistungen von allgemeinem wirtschaftlichem Interesse betrauten Unternehmen wendet und diesen die Einhaltung der EU-Wettbewerbsregeln aufgibt, nimmt Art. 106 Abs. 1 AEUV die Mitgliedstaaten in die Pflicht. Art. 106 Abs. 1 AEUV untersagt den Mitgliedstaaten, in Bezug auf öffentliche Unternehmen Maßnahmen zu treffen oder beizubehalten, die den europäischen Verträgen und insbesondere den Wettbewerbsregeln der Art. 101 ff. AEUV widersprechen.[25]

Sparkassen sind ohne Zweifel öffentliche Unternehmen im Sinne des Art. 106 Abs. 1 AEUV.[26] Das landesgesetzliche Regionalprinzip für die Sparkassen stellt rein begrifflich auch die Anordnung eines Gebietskartelles nach Art. 101 Abs. 1 lit. c) AEUV dar. Der (Landes-)Gesetzgeber untersagt den Sparkassen wirtschaftliche Aktivitäten außerhalb des Gebiets ihres kommunalen Trägers und teilt damit Märkte im Sinne des Art. 101 Abs. 1 lit. c) AEUV auf.[27] Ob die weiteren tatbestandlichen Voraussetzungen des Art. 101 Abs. 1 lit. c) in Verbindung mit Art. 106 Abs. 1 AEUV erfüllt sind, ist schwieriger zu beurteilen.[28] Problematisch ist insbesondere, ob die gesetzliche Regelung des Regionalprinzips geeignet ist, den Handel zwischen den Mitgliedstaaten zu beeinträchtigen.[29] Die Monopolkommission bejaht die Eignung zwar mit der Begründung, dass die Sparkassen durch die gesetzliche Festschreibung des Regionalprinzips gehindert seien, Kunden in anderen Mitgliedstaaten zu werben und ihnen Finanzprodukte zu verkaufen.[30] Das Regionalprinzip beschränkt indes in erster Linie den Wettbewerb der Kommunen untereinander. Dass dieses Verbot der exterritorialen wirtschaftlichen Betätigung der Sparkassen in anderen kommunalen Gebietskörperschaften innerhalb der Bundesrepublik Deutschland auch den zwischenstaatlichen Handel beeinträchtigt, scheint zumindest nicht ohne Weiteres dargetan.

Letztlich kommt es hierauf gar nicht an. Entscheidend für die Frage, ob das gesetzliche Regionalprinzip für die Sparkassen gegen das EU-Kartellrecht verstößt, ist nicht – wie die Monopolkommission annimmt[31] –,

---

24 So auch *Kolm* (Fn. 22), S. 124 f.; a. A. *Henneke*, Der Landkreis 2014, 527 (534); *ders.*, ZVglRWiss Bd. 113 (2014), S. 535 (549).
25 *Monopolkommission* (Fn. 1), Tz. 1931.
26 So auch *Monopolkommission* (Fn. 1), Tz. 1931.
27 Vgl. *Monopolkommission* (Fn. 1), Tz. 1933.
28 Vgl. dazu *Wolff*, DÖV 2011, 721 (726); *Kolm* (Fn. 22), S. 14 ff.
29 Dazu *Kerber*, JZ 2014, 1044 ff.
30 *Monopolkommission* (Fn. 1), Tz. 1944.
31 *Monopolkommission* (Fn. 1), Tz. 1931 ff.

ob die einzelnen tatbestandlichen Voraussetzungen des Art. 101 Abs. 1 lit. c) in Verbindung mit Art. 106 Abs. 1 AEUV erfüllt sind. Maßgeblich ist vielmehr die vorgelagerte Frage, ob das EU-Wettbewerbsrecht auf die gesetzliche Regelung des Regionalprinzips für die Sparkassen überhaupt Anwendung findet.

Um das Ergebnis vorwegzunehmen: Ein Verstoß des Regionalprinzips für die Sparkassen gegen das EU-Wettbewerbsrecht scheidet bereits deswegen aus, weil die Wettbewerbsregeln der Union nur *nach Maßgabe der Zuständigkeitsordnung der Mitgliedstaaten* gelten, nicht aber eine die mitgliedstaatlichen Kompetenzen erweiternde Funktion haben. Zumindest aber ist die Zuweisung von Kompetenzen an die Sparkassen beschränkt auf das Gebiet ihres kommunalen Trägers durch Art. 4 Abs. 2 EUV gerechtfertigt. Die gesetzliche Regelung des Regionalprinzips für die Sparkassen begründet daher kein unzulässiges Gebietskartell im Sinne des Art. 101 Abs. 1 lit. c) AEUV.

Dieses Ergebnis folgt aus zwei aufeinander aufbauenden Erwägungen: *Erstens:* Das Örtlichkeitsprinzip für die Sparkassen ist nicht nur einfachgesetzlich geregelt, sondern auch verfassungsrechtlich durch Art. 28 Abs. 2 Satz 1 GG begründet (s. lit. a). *Zweitens:* Das Prinzip des Anwendungsvorrangs des Unionsrechts vor nationalem Recht macht zwar auch vor Verfassungsrecht nicht Halt.[32] Das verfassungsrechtliche Örtlichkeitsprinzip für die Kommunen ist aber nicht nur Bestandteil des Verfassungsrechts, sondern auch des Unionsrechts, sodass eine Kollision zwischen dem Örtlichkeitsprinzip für die Kommunen und dem EU-Wettbewerbsrecht ausgeschlossen ist. Das Örtlichkeitsprinzip für die Kommunen gehört außerdem zu den die Identität der Bundesrepublik prägenden verfassungsmäßigen Strukturen, die das Unionsrecht achtet und daher unberührt lässt (s. lit. b).

a) Verfassungsrechtliche Grundlagen des Örtlichkeitsprinzips für die Sparkassen

Zunächst zu den verfassungsrechtlichen Grundlagen des Örtlichkeitsprinzips und seinen Konsequenzen für die Kommunen und den Gesetzgeber.

---

32 Grundlegend EuGH, Rs. 6/64 (Costa/ENEL), Urt. v. 15.7.1964, NJW 1964, 2371 (2372); zu den Einschränkungen nach der Judikatur des BVerfG BVerfGE 37, 271 ff.; 73, 339 (374 ff.); 123, 267 (354).

aa) Meinungsstand im Schrifttum

Im Schrifttum werden zu den verfassungsrechtlichen Fundamenten des Örtlichkeitsprinzips für die Wirtschaftstätigkeit der Kommunen im Wesentlichen drei verschiedene Ansätze vertreten.

(1) Einem ersten Ansatz zufolge ist kategorial zwischen hoheitlicher Verwaltung einerseits und (privat-)wirtschaftlicher Betätigung der öffentlichen Hand andererseits zu differenzieren. Bund, Länder und Kommunen sollen im Rahmen ihrer wirtschaftlichen Betätigung – anders als bei der Wahrnehmung hoheitlicher Aufgaben – nicht an die Kompetenzgrenzen des Art. 30 bzw. des Art. 28 Abs. 2 Satz 1 GG gebunden sein. Deshalb dürften sich kommunale Unternehmen auch außerhalb ihres Gemeindegebietes bundesweit und im Ausland betätigen.[33]
Auf der Grundlage dieses Ansatzes stellte die gesetzliche Regelung des Regionalprinzips für die Sparkassen ein unzulässiges Gebietskartell im Sinne des EU-Kartellrechts dar. Fehlten verfassungsrechtliche Vorgaben für die exterritoriale wirtschaftliche Betätigung der Kommunen, wäre ein gesetzliches Gebietskartell kaum zu rechtfertigen. Das gewiss zum Schutz der Kommunen entwickelte Konzept der Ausklammerung der Wirtschaftstätigkeit der öffentlichen Hand aus dem Anwendungsbereich des Art. 30 bzw. des Art. 28 Abs. 2 Satz 1 GG wendet sich im Fall der Sparkassen gegen die Kommunen und erweist sich damit für das kommunale Sparkassenwesen als „Bärendienst".

(2) Diametral zu diesem ersten Ansatz verhält sich der zweite auszumachende Standpunkt[34], wonach Art. 28 Abs. 2 Satz 1 GG für sämtliche – hoheitlichen ebenso wie wirtschaftlichen – Tätigkeiten der Kommunen gelte und dabei für die Kommunen Legitimation und

---

33 In diesem Sinne *Hellermann*, Örtliche Daseinsvorsorge und gemeindliche Selbstverwaltung, 2000, S. 157; *Moraing*, WiVerw 1998, 233, 243 ff; kritisch zu diesem Ansatz *Ehlers*, Empfiehlt es sich, das Recht der öffentlichen Unternehmen im Spannungsfeld von öffentlichem Auftrag und Wettbewerb national und gemeinschaftsrechtlich neu zu regeln?, Gutachten E zum 64. Deutschen Juristentag, 2002, E 43; *Dünchheim/Schöne*, DVBl. 2009, 146 (152); *Guckelberger*, BayVBl. 2006, 293 (294); *Brosius-Gersdorf*, AöR Bd. 130 (2005), S. 392 (411); jeweils m. w. N.

34 S. nur *Lux*, NWVBl. 2000, 7 (9); in diese Richtung auch *Löwer*, VVDStRL Bd. 60 (2001), S. 416 (437 f.); *Meyer*, LKV 2000, 321 (322 ff.); *Nierhaus*, in: Mann/Püttner (Hrsg.), Handbuch der kommunalen Wissenschaft und Praxis, Bd. 2: Kommunale Wirtschaft, 3. Aufl. 2011, § 40 Rn. 42 f.; kritisch zu diesem Ansatz *Dünchheim/Schöne*, DVBl. 2009, 146 (152 f.); *Burmeister/Staebe*, EuR 2004, 810 (811); jeweils m. w. N.

Limitierung zugleich sei. Art. 28 Abs. 2 Satz 1 GG ermächtige die Kommunen zur Selbstverwaltung ihrer Angelegenheiten der örtlichen Gemeinschaft, beschränke aber auch das Recht der Kommunen auf diese örtlichen Angelegenheiten.
Unter Zugrundelegung dieses Standpunktes wäre nicht die gesetzliche Regelung des Örtlichkeitsprinzips – wie im Sparkassenwesen –, sondern im Gegenteil jede Lockerung des Örtlichkeitsprinzips für die wirtschaftliche Betätigung der Kommunen – wie sie außerhalb des Sparkassenwesens in fast allen Kommunalverfassungen bzw. Gemeindeordnungen der Länder vorzufinden ist – unzulässig. Legitimierte und limitierte Art. 28 Abs. 2 Satz 1 GG die Gemeinden, ausschließlich Angelegenheiten der örtlichen Gemeinschaft wahrzunehmen, wäre die überörtliche Betätigung der Gemeinden jenseits ihres Gebietes wegen Verstoßes gegen Art. 28 Abs. 2 Satz 1 GG unzulässig.

(3) Nach dritter Ansicht[35] ist das Selbstverwaltungsrecht der Gemeinden nach Art. 28 Abs. 2 Satz 1 GG zwar ebenfalls grundsätzlich auf den Bereich der örtlichen Gemeinschaft bezogen und beschränkt. Der Landesgesetzgeber soll aber berechtigt sein, die Gemeinden mit Aufgaben zu betrauen, die keinen Bezug zur örtlichen Gemeinschaft haben. Der Landesgesetzgeber dürfe daher den Kommunen die wirtschaftliche Betätigung auch außerhalb ihres Hoheitsgebietes gestatten.

bb) Stellungnahme und eigener Ansatz

Gegen den ersten Ansatz, demzufolge Art. 30 und Art. 28 Abs. 2 Satz 1 GG auf die Wirtschaftstätigkeit von Staat und Kommunen keine Anwendung finden, sodass der wirtschaftlichen Betätigung der öffentlichen Hand keine verfassungsrechtlichen Grenzen gesetzt seien, spricht bereits, dass Art. 30 GG nach der – zutreffenden – Rechtsprechung des Bundesverfassungsgerichts[36] auch für die Erfüllung öffentlicher Aufgaben in privatrechtlichen Organisationsformen gilt. Außerdem unterliegen die von der öffentlichen Hand beherrschten gemischtwirtschaftlichen Unternehmen in Privatrechtsform ebenso

35 S. nur *Winnik*, Die abfallwirtschaftliche Betätigung der Gemeinden. Eine vergleichende Untersuchung zum deutschen Kommunalrecht, 2009, S. 161 f.; *Dünchheim/Schöne*, DVBl. 2009, 146 (153) m. w. N.; in diese Richtung deutet auch *Ehlers* (Fn. 33), E 94 ff.

36 S. nur BVerfGE 12, 205 (244); dazu auch *Heintzen*, NVwZ 2000, 743 (744).

wie im Alleineigentum der öffentlichen Hand stehende öffentliche Unternehmen einer unmittelbaren Grundrechtsbindung.[37]

Doch selbst sofern die Kompetenzordnung des Grundgesetzes für die privatwirtschaftliche Betätigung des Staates nicht gälte, wäre damit die Frage nach der Legitimation der Wirtschaftstätigkeit des Staates nicht beantwortet. Bei der Suche nach den verfassungsrechtlichen Grundlagen der kommunalen Wirtschaftstätigkeit ist zwischen der Legitimation und den Grenzen der wirtschaftlichen Betätigung der öffentlichen Hand zu unterscheiden.

Der auf einer Differenzierung zwischen hoheitlicher Verwaltung und (privat-)wirtschaftlicher Betätigung der öffentlichen Hand beruhende erste Ansatz lässt die Frage nach der verfassungsrechtlichen Legitimationsgrundlage für die Wirtschaftstätigkeit der öffentlichen Hand unbeantwortet und vermengt die Legitimation mit der föderalen Limitierung der wirtschaftlichen Betätigung der öffentlichen Hand. Ebenso wie das Grundgesetz zwischen Staat und Gesellschaft unterscheidet, differenziert es zwischen grundrechtlicher und kompetenzieller Legitimation.[38] Während sich der Einzelne kraft grundrechtlicher Freiheiten in räumlicher und sachlich-inhaltlicher Hinsicht „naturwüchsig“ privatautonom entfalten kann, ist der Tätigkeitskreis der öffentlichen Hand von vornherein begrenzt.[39] Der Staat ist nicht Träger der Grundrechte, er genießt keine Grundrechtssubjektivität, sondern ist als Adressat der Grundrechte an diese gebunden. Er bezieht seine Legitimation nicht aus den Grundrechten, sondern aus Kompetenzbestimmungen.

Diese staatsrechtlichen Grundsätze gelten auch für die kommunalen Gebietskörperschaften als Teil der mittelbaren Landesstaatsverwaltung. Die Kommunen besitzen keine grundrechtsabgeleitete allumfassende Handlungsfreiheit. Sie sind sektorale Aufgabenträger, die in Wahrnehmung ihnen zugewiesener Kompetenzen tätig werden.[40] Zu diesen Kompetenzzuweisungen gehört zum einen die verfassungsunmittelbare Kompetenznorm des Art. 28 Abs. 2 GG (s. Ziff. 1) und zählen zum anderen – jenseits des Art. 28 Abs. 2 Satz 1 GG – einfachgesetzliche Regelungen auf Landesebene (s. Ziff. 2).

(1) Kraft der verfassungsrechtlichen Kompetenznorm des Art. 28 Abs. 2 Satz 1 GG sind die Gemeinden berechtigt, sämtliche – hoheitlichen und wirtschaftlichen – Angelegenheiten der örtlichen Gemein-

37 BVerfGE 128, 226 (Leitsatz 1, 244); kritisch *Suerbaum*, in: Ehlers/Fehling/Pünder (Hrsg.), Besonderes Verwaltungsrecht I, 3. Aufl. 2012, § 13 Rn. 40 ff.

38 Vgl. *Henneke*, ZVglRWiss Bd. 113 (2014), S. 535 (547).

39 In diese Richtung auch *Dünchheim/Schöne*, DVBl. 2009, 146 (152).

40 Näher *Brosius-Gersdorf*, AöR Bd. 130 (2005), S. 392 (408 f.).

schaft eigenverantwortlich zu regeln. Landesgesetzliche Regelungen, die dieses verfassungsrechtliche Selbstverwaltungsrecht der Kommunen ausgestalten und konkretisieren, sind lediglich deklaratorischer Natur, weil die Sachlegitimation der Kommunen zur Regelung ihrer örtlichen Angelegenheiten bereits aus Verfassungsrecht folgt.[41]

Diese verfassungsrechtliche Legitimation der Gemeinden ist auf die Angelegenheiten der örtlichen Gemeinschaft bezogen und hierdurch begrenzt. Das bedeutet allerdings nicht, dass jedes Tätigwerden der Gemeinden außerhalb ihres räumlichen Bereiches nicht von Art. 28 Abs. 2 Satz 1 GG gedeckt wäre. So bewegt sich zum Beispiel interkommunale Zusammenarbeit in öffentlich-rechtlichen und privatrechtlichen Organisationsformen im Rahmen des Art. 28 Abs. 2 Satz 1 GG.[42] Sub specie des Art. 28 Abs. 2 Satz 1 GG ist maßgeblich, dass die jeweilige Tätigkeit der Gemeinde einen hinreichenden Bezug zu den Angelegenheiten der örtlichen Gemeinschaft, d. h. zu dem Gemeindegebiet und den Gemeindeeinwohnern, aufweist.[43] Ist dieser Bezug gegeben, sind die Gemeinden kraft der Ermächtigung des Art. 28 Abs. 2 GG berechtigt, auch außerhalb des räumlichen Bereiches der örtlichen Gemeinschaft tätig zu werden.

(2) Werden Gemeinden hingegen innerhalb oder außerhalb ihres Gebietes zur Erfüllung von Aufgaben tätig, die nicht in der örtlichen Gemeinschaft wurzeln und hierauf keinen spezifischen Bezug haben, bewegen sie sich außerhalb des Gewährleistungsbereichs der Selbstverwaltungsgarantie des Art. 28 Abs. 2 Satz 1 GG. Solche nicht-örtlichen Tätigkeiten sind nur zulässig, wenn sich die Gemeinden auf eine andere Kompetenzzuweisung außerhalb des Art. 28 Abs. 2 Satz 1 GG stützen können.[44] Da sich die Gemeinden im Gegensatz zu Trägern von Grundrechten nicht autonom und räumlich unbegrenzt entfalten können, sind sie auf eine Legitimation durch Kompetenzzuweisung angewiesen.[45] Scheidet Art. 28 Abs. 2 Satz 1 GG als Kompetenzzuweisung aus, bleibt nur das Gesetz als Ermächtigung für eine (exterritoriale) Betätigung der Gemeinden. Das einfache Gesetz entfaltet insoweit konstitu-

41 Vgl. statt vieler *Winnik* (Fn. 35), S. 162.

42 So auch *Ehlers*, in: Wurzel/Schraml/Becker (Hrsg.), Rechtspraxis der kommunalen Unternehmen, 3. Aufl. 2015, Teil B Rn. 62.

43 Vgl. BVerfGE 8, 122 (134); 50, 195 (201); 79, 127 (151 f.); BVerfG, 2 BvL 2/13 vom 19.11.2014, Rn. 45; näher *Brosius-Gersdorf*, AöR Bd. 130 (2005), S. 392 (404).

44 Vgl. *Dünchheim/ Schöne*, DVBl. 2009, 146 (153).

45 Vgl. *Heintzen*, NVwZ 2000, 743 (744).

tive Wirkung.[46] Ohne gesetzliche Grundlage handeln die Kommunen jenseits ihrer Angelegenheiten der örtlichen Gemeinschaft ultra vires.[47]

Art. 28 Abs. 2 Satz 1 GG steht einer einfachgesetzlichen Kompetenzzuweisung für überörtliche Tätigkeiten der Gemeinden nicht entgegen. Er entfaltet keine abschließende Wirkung in dem Sinne, dass der Gesetzgeber den Gemeinden jenseits der verfassungsrechtlich gewährleisteten Selbstverwaltungsautonomie keine weiteren Aufgaben übertragen dürfte.[48] Der Gesetzgeber kann im Rahmen seiner Kompetenzen prinzipiell frei entscheiden, mit welchen Aufgaben er juristische Personen des öffentlichen Rechts betraut. In Bezug auf die Gemeinden als Gebietskörperschaften gilt prinzipiell nichts anderes. Dem entspricht es, dass den Gemeinden durch Landesgesetz (unter den bekannten Voraussetzungen des Ausgleichs der damit verbundenen Lasten[49]) auch überörtliche Aufgaben der Länder übertragen werden dürfen – wie der Vollzug von Landesgesetzen in ihrem Gebiet.[50] Entsprechend ist es dem Gesetzgeber gestattet, den Tätigkeitskreis der Gemeinden in horizontaler Hinsicht zu erweitern und sie zur wirtschaftlichen Betätigung außerhalb ihres Gebiets zu ermächtigen.[51]

Gestattet der Landesgesetzgeber den Gemeinden, exterritorial tätig zu werden, unterliegt er allerdings Bindungen, die sich in vertikaler Hinsicht unter dem Gesichtspunkt bundes- bzw. länderfreundlichen Verhaltens (Art. 20 Abs. 1 GG) und in horizontaler Hinsicht aus dem Gebot kommunalfreundlichen Verhaltens (Art. 28 Abs. 2 Satz 1 GG) ergeben.[52] Wie weit diese Bindungen im Einzelnen reichen, kann hier nicht erörtert werden. In horizontaler Beziehung dürfte maßgeblich sein, ob und mit welcher Intensität die Selbstverwaltungsgarantie der von dem „Export" betroffenen Gemeinde berührt ist. Die Betroffenheit des Selbstverwaltungsrechts dürfte eine gewisse Spürbarkeit aufweisen müssen, damit aus der horizontalen Gewährleistungsdimension des Art. 28 Abs. 2 Satz 1 GG prozedurale und materielle Schutzansprüche der betroffenen Gemeinde resultieren können.

---

46 So auch *Winnik* (Fn. 35), S. 162.

47 Vgl. dazu *Monopolkommission* (Fn. 1), Tz. 1980.

48 So im Ansatz auch *Oebbecke*, ZHR Bd. 164 (2000), S. 375 (387 f.), allerdings mit der Einschränkung, dass der Gesetzgeber nur zu „durch Gemeinwohlgründe gerechtfertigten" Regelungen berechtigt sei; ähnlich *Heintzen*, NVwZ 2000, 743 (745).

49 S. etwa Art. 57 Abs. 4 NV; näher *Waechter*, in: Epping/Butzer/Brosius-Gersdorf u. a. (Hrsg.), Hannoverscher Kommentar zur Niedersächsischen Verfassung, 2012, Art. 58 Rn. 1, 11.

50 Vgl. nur BVerfGE 79, 127 (152).

51 *Geiger/Aßmann*, DVBl. 2012, 1276 (1281).

52 Vgl. *Dünchheim/ Schöne*, DVBl. 2009, 146 (153 f.).

Zusammengefasst gilt: Die Legitimationsquellen der Kommunen speisen sich im Hinblick auf die örtlichen Angelegenheiten verfassungsrechtlich aus Art. 28 Abs. 2 Satz 1 GG und einfachgesetzlich aus den die verfassungsrechtliche Selbstverwaltungsgarantie konkretisierenden Landesgesetzen, denen, wenn sie das verfassungsrechtliche Örtlichkeitsprinzip für die Kommunen bestätigen, lediglich deklaratorische Bedeutung zukommt. Außerhalb des Wirkungskreises des Art. 28 Abs. 2 Satz 1 GG können die Kommunen dagegen ausschließlich kraft landesgesetzlicher Ermächtigung tätig werden. Gestattet der Gesetzgeber den Kommunen eine Betätigung außerhalb ihres Gebietes, entfaltet das Landesgesetz konstitutive Wirkung, weil erst mit ihm die für ein übergebietliches Handeln der Kommunen erforderliche gesetzliche Grundlage vorliegt.

(3) Unter Zugrundelegung dieser Grundsätze gilt für die einfachgesetzlichen Regelungen des Regionalprinzips für die Sparkassen, dass der Landesgesetzgeber nichts beschränkt hat, was an sich erlaubt wäre. Er konkretisiert nur das, was auch ohne Gesetz schon von Verfassungs wegen – gem. Art. 28 Abs. 2 Satz 1 GG – gälte.[53] Die gesetzliche Regelung des Örtlichkeitsprinzips für die Sparkassen ist daher keine konstitutive Anordnung eines Gebietskartells, sondern nur die deklaratorische Feststellung des Zustandes, der auch ohne Gesetz bestünde: dass Kommunen ohne gesetzliche Ermächtigung zur exterritorialen wirtschaftlichen Betätigung nicht legitimiert sind.[54] Dementsprechend richtet sich der Vorwurf der Monopolkommission, das Regionalprinzip für die Sparkassen begründe ein unzulässiges Gebietskartell, bei Lichte betrachtet nicht gegen den Landesgesetzgeber, sondern gegen das Grundgesetz der Bundesrepublik Deutschland.

b) Konsequenzen für die Anwendbarkeit des EU-Wettbewerbsrechts auf das gesetzliche Regionalprinzip für die Sparkassen

Unter Zugrundelegung dieser Grundsätze ist die Ausgangsfrage zu beantworten, ob die landesgesetzliche Regelung des Regionalprinzips für die Geschäftstätigkeit der Sparkassen ein unzulässiges Gebietskartell i. S. d. Art. 101 Abs. 1 lit. c) in Verbindung mit Art. 106 Abs. 1 AEUV begründet. Welche Konsequenzen ergeben sich aus der verfassungsrechtlichen Verankerung des Örtlichkeitsprinzips und den entsprechenden staatsorganisationsrechtlichen Vorgaben für die Kom-

53 *Berger*, Niedersächsisches Sparkassengesetz (NSpG), Kommentar, 2. Aufl. 2006, § 4 Rn. 10.

54 Ähnlich ohne Bezug speziell auf die Sparkassen *Oebbecke*, ZHR Bd. 164 (2000), S. 375 (382).

munen dafür, ob das EU-Wettbewerbsrecht auf die gesetzliche Beschränkung der Geschäftstätigkeit der Sparkassen auf das Gebiet ihres Trägers anwendbar ist?

Die verfassungsrechtliche Fundierung des Örtlichkeitsprinzips für die Sparkassen hat für sich genommen, wie bereits erwähnt, keinen Einfluss auf die (Un-)Anwendbarkeit des EU-Wettbewerbsrechts. Das Prinzip des Anwendungsvorrangs des Unionsrechts vor nationalem Recht beansprucht – in den Grenzen des Art. 79 Abs. 3 GG – auch Vorrang vor nationalem Verfassungsrecht.[55] Nur sofern das Örtlichkeitsprinzip auch unionsrechtlich Anklang findet oder das Unionsrecht ausnahmsweise Rücksicht nimmt auf die deutschen Verfassungsstrukturen, vermag es das EU-Wettbewerbsrecht zu verdrängen.

Der teilweise zu beobachtende Versuch, das Örtlichkeitsprinzip unionsrechtlich unter Hinweis auf Art. 345 AEUV zu legitimieren,[56] überzeugt kaum. Gem. Art. 345 AEUV lassen die Europäischen Verträge die Eigentumsordnung in den verschiedenen Mitgliedstaaten unberührt. Das Örtlichkeitsprinzip betrifft indes nicht – wie von Art. 345 AEUV vorausgesetzt – die Teilnahme des Staates am Wettbewerb, sondern im Gegenteil die Nichteröffnung von Wettbewerb zwischen den Sparkassen.

Der Hinweis, dass das Örtlichkeitsprinzip für die Sparkassen der Verwirklichung des Prinzips demokratischer Legitimation (Art. 20 Abs. 2 GG) diene,[57] da zumindest aus Sicht der Kommune, in deren Gebiet andere Kommunen tätig werden, das Handeln der „exportierenden“ Kommunen nicht durch das Gemeindevolk der „importierenden“ Kommune legitimiert ist, dürfte die Frage nach der Anwendbarkeit des EU-Kartellrechts ebenfalls nicht beantworten – oder vielleicht besser: nicht mehr beantworten. Es ist mit einer gewissen Resignation festzustellen, dass sich konkrete Organisationsanforderungen aus dem Prinzip demokratischer Legitimation kaum mehr gewinnen lassen. Zumindest nach der Judikatur des Bundesverfassungsgerichtes sollen bekanntlich die herkömmlichen strengen Organisationsvorgaben des Prinzips demokratischer Legitimation nur noch für die unmittelbare Staatsgewalt und für die kommunale Selbstverwaltung, nicht hingegen für die funktionale Selbstverwaltung sowie weitere Formen der mittel-

55 Vgl. die Nachweise in Fn. 32.

56 S. etwa *Marten*, Ein konzeptioneller Ansatz zur Konkretisierung des öffentlichen Zweckes. Darstellung und Untersuchung anhand § 107 Abs. 1 Satz 1 GO NRW, 2014, S. 136 ff.; *Kolm* (Fn. 22), S. 127 f.; *Kerber*, JZ 2014, 1044 (1047).

57 Vgl. nur *Henneke*, Der Landkreis 2014, 527 (532 ff.); *ders.*, ZVglRWiss Bd. 113 (2014), S. 535 (539 ff.); *Winnik* (Fn. 35), S. 163 ff.; *Brosius-Gersdorf*, AöR Bd. 130 (2005), S. 392 (422 ff.).

baren Staatsverwaltung gelten.[58] Da die Kommunen Teil der mittelbaren Landesverwaltung sind, steht dieses Konzept abgestufter Legitimationsanforderungen zwar auf tönernen Füßen. Außerdem sei der Hinweis gestattet, dass es in Art. 20 Abs. 2 Satz 1 GG heißt: „Alle Staatsgewalt geht vom Volke aus" und nicht „Alle unmittelbare Staatsgewalt und Kommunalverwaltung geht vom Volke aus".[59] Aber gleichwohl: Angesichts der Erosion der Baustruktur des Prinzips demokratischer Legitimation durch das Bundesverfassungsgericht erscheint es „ambitioniert", aus diesem Strukturprinzip noch verlässliche Direktiven für die exterritoriale wirtschaftliche Betätigung der Kommunen ableiten zu wollen.

Hinzu kommt: Das Demokratieprinzip ist zwar nicht nur verfassungsrechtlich fundiert, sondern auch Bestandteil der Unionsrechtsordnung (s. Art. 2 EUV) – aber nicht in jeder Erscheinungsform und Ausprägung wie in den Mitgliedstaaten. Der EuGH hat sich mit dem deutschen Verständnis des Demokratieprinzips im Sinne einer hierarchischen, durch Weisungsgebundenheit gekennzeichneten Verwaltung beschäftigt und diese Konzeption verworfen. Nach Ansicht des EuGH bedeutet das – in Art. 2 EUV und den gemeinsamen Verfassungsüberlieferungen der Mitgliedstaaten wurzelnde – Demokratieprinzip nicht, „dass es außerhalb des klassischen hierarchischen Verwaltungsaufbaus keine öffentlichen Stellen geben kann, die von der Regierung […] unabhängig sind."[60] Es ist daher zweifelhaft, ob die Begründung von Gebietskartellen unter Berufung auf das Demokratieprinzip vor dem EuGH Gehör fände.

Das Örtlichkeitsprinzip für die Sparkassen verstößt aber deswegen nicht gegen das EU-Wettbewerbsrecht, weil das Unionsrecht auf der verfassungsrechtlichen Kompetenzordnung der Mitgliedstaaten aufsetzt. Das Unionsrecht gilt nur nach Maßgabe und im Rahmen der Kompetenzordnung der Mitgliedstaaten, entfaltet jedoch keine die mitgliedstaatlichen Kompetenzen erweiternde Wirkung.[61] Es ist nicht nur ein staatsrechtlicher Grundsatz, sondern zugleich Bestandteil des Unionsrechts, dass juristische Personen des öffentlichen Rechts nicht über Grundrechtssubjektivität verfügen, kraft derer sie sich autonom entfalten können. Auch unionsrechtlich sind juristische Personen des öffentlichen Rechts nur kompetenziell legitimiert. Das heißt, sie können nur

---

58 BVerfGE 107, 59 (91); BVerfG, 2 BvR 1139/12 u. a. vom 6.5.2014, Rn. 169, NVwZ 2014, 1306 (1313).

59 Vgl. *Brosius-Gersdorf*, AöR Bd. 130 (2005), S. 392 (426).

60 EuGH, Urt. v. 9.3.2010, Rs. C-518/07 (Kommission/Deutschland), Rn. 42, NJW 2010, 1265 (1267) bezogen auf die Unabhängigkeit des Datenschutzbeauftragten für den gewerblichen Unternehmensbereich.

61 Vgl. *Ehlers*, in: Rechtspraxis (Fn. 42), Teil B Rn. 12.

im Rahmen zugewiesener Kompetenzen tätig werden. Die Differenzierung zwischen grundrechtlicher und kompetenzieller Legitimation ist Bestandteil des Unionsrechts selbst.

Das EU-Wettbewerbsrecht verpflichtet die Mitgliedstaaten daher bereits tatbestandlich nicht, ihren öffentlichen Unternehmen eine über den jeweiligen Hoheitsbereich hinausgehende, exterritoriale wirtschaftliche Betätigung zu erlauben und Wettbewerb zwischen öffentlichen Unternehmen zu ermöglichen.[62] Entscheidet sich ein Mitgliedstaat, einer von ihm getragenen juristischen Person bestimmte Kompetenzen nicht zuzuweisen, liegt darin keine an den EU-Wettbewerbsregeln zu messende Wettbewerbsbeschränkung. Eine Kollision zwischen der kompetenziellen Beschränkung des Tätigkeitskreises einer mitgliedstaatlichen juristischen Person und dem Unionsrecht ist ausgeschlossen. Die Bundesländer dürfen daher zwar Wettbewerb zwischen den Sparkassen verschiedener Kommunen ermöglichen; sie sind hierzu aber unionsrechtlich (ebenso wie verfassungsrechtlich) nicht verpflichtet.

Davon abgesehen gilt: Selbst sofern die Differenzierung zwischen grundrechtlicher und kompetenzieller Legitimation sowie entsprechend die Betätigung juristischer Personen des öffentlichen Rechts nur nach Maßgabe ihnen zugewiesener Kompetenzen kein anerkannter Grundsatz des Unionsrechts wäre, sodass das Unionsrecht nicht aus sich heraus eine entsprechende immanente Begrenzung erführe (*Tatbestandslösung*), wäre die Zuweisung von Kompetenzen an die Sparkassen beschränkt auf das Gebiet ihres kommunalen Trägers durch Art. 4 EUV gerechtfertigt – es gälte eine *Rechtfertigungslösung.* Der Tatbestand des Art. 106 Abs. 1 in Verbindung mit Art. 101 Abs. 1 lit. c) AEUV wäre zwar auf die gesetzliche Begrenzung der Geschäftstätigkeit der Sparkassen auf das Gebiet ihres kommunalen Trägers anwendbar, diese wäre aber durch die verfassungsrechtliche Strukturentscheidung der Bundesrepublik zugunsten des Örtlichkeitsprinzips für die Kommunen gem. Art. 4 Abs. 2 EUV gerechtfertigt.[63] Gem. Art. 4 Abs. 2 Satz 1 EUV achtet die Union die nationale Identität der Mitgliedstaaten, die in ihren grundlegenden verfassungsmäßigen Strukturen (einschließlich der regionalen und lokalen Selbstverwaltung[64]) zum Aus-

62 Vgl. dazu *Guckelberger*, BayVBl. 2006, 293 (299 f.).

63 Ähnlich zu Art. 4 EUV *Henneke*, Der Landkreis 2014, 527 (534), der allerdings bereits Art. 106 Abs. 1 i. V. m. Art. 101 Abs. 1 lit. c) AEUV für nicht einschlägig erachtet.

64 Ob mit dieser Bezugnahme nur das Recht der Selbstverwaltung der Kommunen unionsrechtlich geschützt ist oder auch das Recht, die kommunale Selbstverwaltung auf den örtlichen Wirkungskreis zu beschränken, ist ungeklärt.

druck kommt. Zu diesen „verfassungsmäßigen Strukturen“ zählt die Berechtigung der Mitgliedstaaten, den Funktionskreis juristischer Personen des öffentlichen Rechts näher auszugestalten.

Bezogen auf die föderale, vertikal und horizontal gegliederte Ordnung der Bundesrepublik Deutschland bedeutet dies, dass die Europäische Union die Strukturentscheidung des Grundgesetzes, wonach Bund, Länder und Kommunen grundsätzlich nur im Rahmen ihnen zugewiesener Kompetenzen tätig werden dürfen, achtet.[65] Dass juristische Personen des öffentlichen Rechts (von Ausnahmen abgesehen) nicht Träger von Grundrechten sind, sondern ihre Legitimation aus verfassungsrechtlichen und einfachgesetzlichen Kompetenzzuweisungen beziehen, gehört zu den verfassungsmäßigen Strukturen der Mitgliedstaaten, die das Unionsrecht achtet und unberührt lässt.

Dementsprechend lässt das Unionsrecht das verfassungsrechtliche Örtlichkeitsprinzip für die Kommunen, welches der Landesgesetzgeber für die Sparkassen lediglich wiedergibt, unberührt. Die Sparkassengesetze konkretisieren nur das für juristische Personen des öffentlichen Rechts im Allgemeinen und für Kommunen nach Art. 28 Abs. 2 Satz 1 GG im Besonderen bestehende verfassungsrechtliche Prinzip, dass juristischen Personen des öffentlichen Rechts die (wirtschaftliche) Betätigung außerhalb ihres Hoheitsgebietes grundsätzlich untersagt und lediglich auf der Grundlage eines Gesetzes gestattet ist.

IV. Schluss

Im Ergebnis irrt die Monopolkommission daher, wenn sie meint, die landesgesetzliche Regelung des Regionalprinzips für die Sparkassen begründe ein unzulässiges Gebietskartell. Die EU-Wettbewerbsregeln setzen auf der Zuständigkeitsordnung der Mitgliedstaaten auf und haben keine die mitgliedstaatlichen Kompetenzen erweiternde Funktion. Sie zwingen die Bundesländer daher nicht, den Sparkassen über die Versorgung der örtlichen Gemeinschaft hinaus die Expansion in andere Hoheitsgebiete zu gestatten. Zumindest aber gehört das verfassungsrechtliche Prinzip, dass juristische Personen des öffentlichen Rechts nur nach Maßgabe zugewiesener Kompetenzen tätig werden

---

65 Vgl. *Berger*, Niedersächsisches Sparkassengesetz (NSpG), Kommentar, 2. Aufl. 2006, § 4 Rn. 22, dessen Ansicht zufolge das Regionalprinzip sogar „Ausdruck der nach Art. 79 Abs. 3 GG unantastbaren Organisationsgewalt der Bundesländer“ ist.

dürfen – in Sonderheit das Örtlichkeitsprinzip für die Kommunen –, zu den die Identität der Bundesrepublik prägenden verfassungsmäßigen Strukturen, die das Unionsrecht achtet und unberührt lässt. Die gesetzliche Festlegung der Zuständigkeit der Sparkassen nur für das Gebiet ihres kommunalen Trägers ist daher durch Art. 4 Abs. 2 EUV rechtfertigt.

Das XX. Hauptgutachten der Monopolkommission ist damit, wie eingangs erwähnt, ein gutes Beispiel für die allerorts angemahnte Notwendigkeit intra- und interdisziplinärer Zusammenarbeit – nur richtet sich die Mahnung dieses Mal nicht an die Adresse der Öffentlichrechtler, sondern an die Adresse der Monopolkommission, die dem Verfassungs- und dem Unionsrecht nicht genügend Beachtung schenkt.

Hans-Günter Henneke

Gebietliche Begrenzung kommunaler Aufgabenerfüllung durch Landesgesetze (Bericht über die Diskussion)

Schlebusch hob hervor, dass den Anlass für die Diskussion um das Regional- bzw. Örtlichkeitsprinzip das XX. Hauptgutachten der Monopolkommission geliefert habe. Dabei habe die Monopolkommission die stabilisierende Tätigkeit der Sparkassen und Volksbanken gerade in der Finanzmarktkrise zunächst deutlich herausgestellt. Sodann sei aber alles infrage gestellt worden, was die Besonderheiten der Sparkassentätigkeit ausmache. *Schlebusch* erachtete die Argumentation der Monopolkommission für in sich nicht konsistent. Die Sparkassentätigkeit werde durch das Regionalprinzip bereits begrenzt. Ansonsten verfolge die Monopolkommission stets die Tendenz, einer Ausweitung öffentlicher Betätigung entgegenzutreten, während sie hier plötzlich ausgeweitet werden solle. In einem anderen Teil des Gutachtens werde eine verstärkte Privatisierung eingefordert. Die Forderungen der Monopolkommission stellten mithin Grundelemente der Sparkassenstruktur und damit etwas, was uns in Deutschland in der Finanzkrise ausgezeichnet habe, infrage. Das mache ihn sehr stutzig, da die Monopolkommission den Eindruck erwecke, sich für eine Stärkung des Sparkassenwesens einzusetzen, realiter aber mit ihren Vorschlägen dazu beitrage, die Grundpfeiler dieses stabilisierenden Elements in unserer Finanzarchitektur zum Einsturz zu bringen.

Brosius-Gersdorf teilte die Kritik am Vorgehen der Monopolkommission. Diese sei zu dem ordnungspolitischen Ausgangsbefund gekommen, dass es in Deutschland in bestimmten Bereichen der Kreditversorgung insbesondere des Mittelstandes und der sozial schwächeren Bevölkerung nicht zu wirksamem Wettbewerb komme. Die Monopolkommission schlage dann als Instrument vor, dass die Sparkassen für diesen Wettbewerb sorgen sollten – und zwar unter Bruch von Gebietsgrenzen. Zu fragen sei, warum gerade öffentliche Unternehmen und nicht private Geschäftsbanken Wettbewerbsdefizite im Bereich der Kreditversorgung – etwa durch Einführung von Universaldienstleistungen – kompensieren sollten. Auf anderen Feldern ziehe man sich demgegenüber immer darauf zurück, dass die Zuständigkeitsordnung in den Mitgliedstaaten, wozu auch die kompetenzielle Zuweisung an und Begrenzung von Unternehmen gehöre, durch Unionsrecht unberührt bleibe, was auch der guten Tradition der Rechtsprechung des EuGH entspreche.

Europarechtliche Fragestellungen wurden nur knapp erörtert. *Waldhoff* plädierte dafür, die Rechtfertigungsanforderungen vor der EU und dem EuGH zu schärfen. *Röhl* unterstützte die von *Brosius-Gersdorf* vorgetragene Rechtfertigungslösung und äußerte zugleich Zweifel, ob man mit verfassungsrechtlichen Strukturentscheidungen auf der europäischen Ebene Gehör finde. Demgegenüber seien Entscheidungen des Gesetzgebers, Risiken regional abzufedern, wie dies bei den Sparkassen unter Geltung des Regionalprinzips gelungen sei, ein gutes Rechtfertigungselement für gesetzliche Regelungen, weil man so gegenüber der EU gut begründen könne, dass man durch die gesetzliche Vorgabe eines Regionalprinzips eine bessere Risikostruktur hinbekomme.

Hellermann unterstützte die Auffassung, dass das europäische Kartellrecht nicht verlange, gesetzliche Gebietsbeschränkungen aufzuheben. Die Binnenorganisation der Mitgliedstaaten sei für das EU-Recht tabu – und zwar auch insoweit, wie die Mitgliedstaaten Unternehmensträger seien. Der Umstand, dass in Deutschland gesetzliche Begrenzungen der kommunalwirtschaftlichen Betätigung bestünden, beruhe darauf, dass es sich um einen Bundesstaat mit verfassungsrechtlich garantierter kommunaler Selbstverwaltung handele. Bei einem Einheitsstaat bedürfte es der gesetzlichen Regelungen nicht. Aus der Tatsache, dass Deutschland ein Bundesstaat sei, könne für die EU kein Zugriff auf gesetzliche Zuständigkeitsverteilungen innerhalb der staatlichen Unternehmensträgerschaft eröffnet werden.

Ehlers unterstützte diese Argumentation. Wenn es keine verfassungsrechtlich geschützten Kommunen gäbe, könne der Staat immer sagen: Wir wollen nicht ins Ausland gehen und beschränken uns auf ein (Teil-)Gebiet. Das akzeptiere das europäische Recht fraglos. Der Umstand, dass Deutschland den Staat verfassungsrechtlich untergliedert habe, könne nicht dazu führen, dass die Länder den Kommunen keine Gebietsbegrenzungen auferlegen dürften. Entgegen der Annahme der Monopolkommission widerspreche das Regionalprinzip also nicht europäischem Unionsrecht. Ergänzend hob *Ehlers* hervor, dass die von der Monopolkommission gezogene Parallele zum früheren Lotterievertrag, heute: Glücksspiel-Staatsvertrag, argumentativ ebenfalls nicht tragfähig sei. Zwar habe der BGH insoweit entschieden, dass es sich dabei um ein verbotenes Gebietskartell gehandelt habe. Daraus könnten aber nicht ohne Weiteres Schlussfolgerungen für die Kommunalwirtschaft abgeleitet werden. Zu fragen sei bereits, ob es sich dabei um wirtschaftliche Betätigung handele. Nach herrschender Meinung handele es sich nämlich um Ordnungsverwaltung. Außerdem seien die Lotteriegesellschaften reine Monopole, während im Sparkassenwesen nicht zuletzt durch das Online-Banking effektiver Wettbewerb herrsche. Die Situation zwischen Lotterievertrag einerseits und Sparkassenwesen und Kommunalwirtschaft andererseits sei daher nicht vergleichbar.

Die Diskussion zum Örtlichkeits- bzw. Regionalprinzip war sodann zunächst sowohl von der Frage des Auseinanderfallens von Recht und Realität in der Kommunalwirtschaft, als auch von der Diskrepanz zwischen der Lockerung des Örtlichkeitsprinzips in der allgemeinen Kommunalwirtschaft einerseits und der Striktheit des Regionalprinzips im Sparkassenrecht andererseits geprägt.

Ritgen unterstrich am Beispiel der Betätigung von Kommunen im Telekommunikationssektor, dass die Kommunalwirtschaft ihre eigenen Rechtsgrundlagen unterwandere, wenn sie sich so verhalte, wie sich private Unternehmer verhielten. So habe die Liberalisierung des Telekommunikationswesens das Auftreten privater Anbieter fördern wollen, nicht aber die extraterritoriale Betätigung von Stadtwerken. Dafür sei sogar das Grundgesetz geändert worden (Art. 87 f Abs. 2 GG).

Umgekehrt könne der Telekommunikationssektor auch als Beispiel für eine legitime kommunalwirtschaftliche Betätigung angeführt werden. Aufgrund des Technologiewechsels müsse das alte Kupfernetz flächendeckend durch ein Glasfasernetz ersetzt werden, dadurch stoße die private Leistungserbringung inzwischen vielfach an ihre Grenzen. Die Telekom und andere private Anbieter sähen sich nicht in der Lage, flächendeckend die entsprechende neue Infrastruktur zur Verfügung zu stellen. Da hier ein Fall von Marktversagen vorliege, seien die Kommunen, namentlich die Kreise, legitimiert, diesen Infrastrukturausbau i.S.e. Wertschöpfung selbst vorzunehmen und bereitzustellen. Für die Kreise sei hier also neben den Sparkassen und der Abfallwirtschaft ein legitimes Feld wirtschaftlicher Betätigung entstanden.

Schlebusch kritisierte ebenfalls das Gebaren im Einzelfall. Schwierigkeiten entstünden auch im Verhältnis zur Europäischen Union nicht, solange man in der Struktur sauber bleibe. Verlasse man hingegen die vorgegebenen Strukturen, träten sofort Schwierigkeiten in tatsächlicher wie in rechtlicher Hinsicht auf. Das beste Beispiel seien insoweit die Landesbanken. Sie seien aufgrund ihres Gebarens sowohl in wirtschaftliche Schwierigkeiten als auch in Konflikt mit der EU geraten. Daher müsse man fordern, stärker zur Einhaltung des Regionalprinzips zurückzukehren und etwa auf den Energiemärkten die wirtschaftliche Betätigung der Kommunen außerhalb des eigenen Gebiets infrage stellen.

Hellermann vertrat die Auffassung, dass sich die Bereiche Sparkassenwesen und allgemeine Kommunalwirtschaft historisch überkommen deutlich voneinander unterschieden. Bis in die 90er Jahre sei die Regelung gebietsüberschreitender Betätigung kommunaler Unternehmen kein Thema gewesen. Die Kommunalwirtschaft habe in der Regel unter Monopolbedingungen und im Modus von Verwaltung stattgefunden. Entweder sei die Leistungserbringung defizitär oder rechtlich geschützt gewesen. In dem Moment, in welchem monopolartig geschützte Betätigungen geöffnet worden seien, sei es s.E. richtig gewesen, die Betätigung auch gebietlich für kommunale Unternehmen zu öffnen. Er halte dies sogar im Grundsatz für verfassungsrechtlich geboten.

Im Sparkassenwesen seien die Verhältnisse schon immer anders gewesen. Es habe sich von jeher um einen rentablen Bereich gehandelt, bei dem man 1931 entschieden habe, dass er sich nach eigenen Spielregeln entwickeln solle. Gründe dafür seien die Sicherstellung der Versorgung der Bevölkerung mit Finanzdienstleistungen, aber auch die Risikovorsorge für die Kommunen gewesen.

Karmasin warf die Frage auf, ob auch in Fusionen unzulässige Grenzüberschreitungen erblickt werden könnten, was *Brosius-Gersdorf* für den Regelfall der Versorgung des eigenen Gebiets klar verneinte. Nur für den Fall, dass es etwa um Fusionen gehe, die zur Versorgung ausländischer Märkte getätigt würden, könne es Probleme geben.

Brüning zeigte Brüche zwischen der Praxis und der Rechtsdogmatik an zwei Beispielen auf. Zum einen verwies er auf Schachtelkonstruktionen in der Kommunalwirtschaft. Hier verliere sich die Verfolgung eines öffentlichen Zwecks und auch die Steuerung seitens der einzelnen Kommunen mit jeder Beteiligungsstufe. Als Beispiel nannte *Brüning* die EAM, die damit werbe, zu 100% kommunales Unternehmen zu sein. Anteilseigner seien indes zwölf Landkreise aus Hessen, Niedersachsen, Ostwestfalen und Thüringen sowie 110 Städte und Gemeinden. Die Unternehmensentscheidungen, die auf der zweiten oder einer weiteren Beteiligungsstufe erfolgten, könnten nicht mehr an einzelne Kommunen zurückgebunden werden. Daher müsse man über die Zweckverfolgung bei mittelbaren Beteiligungen intensiver nachdenken. Rechtspolitisch könne man nur auf der ersten Stufe ansetzen, da dann die Reichweite des öffentlichen Rechts ende.

Eine weitere Bruchstelle sei dadurch entstanden, dass in manchen Gemeindeordnungen den Gemeinden bestimmte Bereiche wirtschaftlicher Betätigung einfach freigestellt würden, indem das Vorliegen eines öffentlichen Zwecks gesetzlich fingiert werde, etwa mit der Begründung, die Energiewende und der Klimaschutz seien gesamtstaatliche

Aufgaben, wofür alles aktiviert werden müsse, was über Verwaltungskraft verfüge. Auch dem sei entgegenzutreten.

Brosuis-Gersdorf stimmte *Brüning* in seinem Befund zu, verwies aber darauf, dass über den öffentlichen Zweck nicht einfachgesetzlich disponiert werden könne, sondern dieser verfassungsrechtlich bindend in Art. 28 Abs. 2 GG angelegt sei.

Lange warf die Frage auf, ob die Sparkassengesetze dann, wenn das Örtlichkeitsprinzip aus Art. 28 Abs. 2 GG folge, nicht doch eine Einschränkung der Betätigung enthielten, da durch sie eine Kreditvergabe an Kunden außerhalb des Geschäftsgebiets nicht gedeckt sei, während das verfassungsrechtliche Örtlichkeitsprinzip nicht ausschließe, dass Kommunen in gewissem Maße über ihr Gebiet hinauswirken könnten, wenn der Schwerpunkt ihrer Aktivitäten im eigenen Gebiet liege. Wenn die Sparkassen Einlagen in ihrem Gebiet entgegennähmen, sie vor Ort aber nicht ausleihen könnten, müssten sie, um überhaupt die Wirtschaftlichkeit ihres Instituts erhalten zu können, imstande sein, Kredite an Externe zu vergeben.

Meinel warf die Frage auf, ob man angesichts anderweitiger Restriktionen nicht einen Sinn kommunaler Selbstverwaltung als Identifikationsangebot für bürgerschaftliches Engagement auch in der erwerbswirtschaftlichen Betätigung einer Kommune erblicken könne, da im Bereich sozialer Aufgaben die Präsenz des Bundes überwältigend und erdrückend sei, die Daseinsvorsorge durch die zunehmende Liberalisierung kaum noch Identifikationsangebote für kommunale Selbstverwaltung bereitstelle und große Infrastrukturprojekte spätestens mit Stuttgart 21 auf der kommunalen Ebene zumindest riskant, wenn nicht prekär geworden seien.

Oebbecke vertrat die Auffassung, dass die Regionalität der Kommunalwirtschaft ein „absterbendes Thema" sei. Für den Sparkassensektor hielt er die von *Becker* vorgeschlagene Abgrenzung zwischen Geschäfts- und Organisationsrecht in ihrer Tragfähigkeit für zweifelhaft. Im Organisationsrecht solle es den Sparkassen nicht erlaubt sein, außerhalb des Trägergebiets Geschäftsstellen zu eröffnen oder Geldautomaten aufzustellen. Das sei angesichts der gegenwärtigen Situation, wo es darum gehe, Kosten in den Griff zu bekommen, weil man keine Antwort auf die veränderte Zinssituation gefunden habe und die Regulierung zu Mehrkosten führe, aber gar nicht das zentrale Problem, da es derzeit eher darum gehe, Geschäftsstellen zu schließen und Geldautomaten abzubauen.

Überdies seien die Verhältnisse im Sparkassenwesen alles andere als konsistent. Man verfüge über jede Menge Ausnahmen durch Verträge, insbesondere infolge von Gebietsreformen früherer Jahrzehnte. Ein durchgehendes System sei nicht zu erkennen. Hinzu kämen neue Fragestellungen etwa aufgrund des Online-Bankings.

Oebbecke bezweifelte aufgrund dessen, ob man ausländischen Juristen in der EU klarmachen könne, dass es sich um eine deutsche Verfassungsstrukturentscheidung handeln solle, dass Kommunen nur in ihrem Gebiet tätig werden und Sparkassen exterritorial keine Geldautomaten aufstellen dürften, das Führen großer Passivkonten aber erlaubt sei. Die Kontoführung durch Sparkassen sei nur deshalb eine hoheitliche Aufgabe, weil das Gesetz dies behaupte und nur solange es dies behaupte.

Nach der Gesetzeslage in Thüringen könnten die kommunalen Körperschaften sogar selbst entscheiden, ob eine kommunalwirtschaftliche Betätigung hoheitlich erfüllt werde oder nicht, sodass sie dann anderen Regeln unterliege. Eine solche Strukturentscheidung werde also nicht konsistent durchgehalten.

Mit seiner Äußerung stieß *Oebbecke* auf deutlichen Widerspruch. *Schmidt-Aßmann* vertrat die Ansicht, dass man sehr wohl die grundlegenden Prinzipien der Kommunalwirtschaft auch nicht-deutschen Juristen erklären könne. Man habe es mit öffentlicher Verwaltung zu tun, die demokratisch legitimiert sein müsse. Verantwortung müsse zurechenbar sein. Jede Kommune verfüge mit ihrer Vertretungskörperschaft über ein zentrales Legitimationsorgan, welches Verantwortung zu tragen habe. Wenn der Gesetzgeber aber Regelungen strukturell darauf anlege, die Möglichkeiten der demokratischen Kontrolle durch die Vertretungskörperschaft dadurch zu verzerren, dass die Betätigungsmöglichkeiten in einer Weise räumlich mit der Folge ausgeweitet würden, dass niemand mehr realiter eine Vorstellung von dem habe, was er kontrollieren solle, dann werde in elementarer Weise gegen einen Mechanismus verstoßen, der zu den Grundlagen der Demokratie gehöre. Daher könne man die territoriale Begrenzung durch den deutschen Gesetzgeber ohne Weiteres erklären.

Röhl ergänzte, man müsse dann aber auch aufzeigen, wie in den kommunalen Unternehmen demokratische Kontrolle gerade durch den Gemeinderat als Vertretungskörperschaft konkret funktioniere.

Brosius-Gersdorf schloss sich *Schmidt-Aßmann* an. Die im Recht der Kommunalwirtschaft geltenden Grundsätze seien ohne Weiteres zu erklären. Art. 28 Abs. 2 GG erfasse die gesamte hoheitliche und wirtschaftliche Betätigung der Kommunen, soweit sie auf Angelegenheiten der örtlichen Gemeinschaft bezogen sei. Davon umfasst würden die Versorgung der eigenen Bevölkerung auf eigenem Gebiet, Randnutzungen und die interkommunale Zusammenarbeit. Der örtliche Wirkungskreis könne gebietlich jenseits der Gemeindegrenzen liegen, soweit der Bezug zu den Angelegenheiten der örtlichen Gemeinschaft gewahrt bleibe. Die Ausgestaltung obliege dem Gesetzgeber, der seinerseits durch die Selbstverwaltung der betroffenen Gemeinden, bei denen die außerörtliche Betätigung stattfinde, begrenzt sei. Grundsätzlich Einigkeit bestand darin, dass Art. 28 Abs. 2 GG ein Abwehrrecht der Kommunen beinhalte, dass andere Kommunen nicht in ihre Angelegenheiten hineinregieren dürfen (*Brosius-Gerdorf, Becker*). *Meinel* fügte hinzu, dass damit das Recht auf bürgerschaftliches Engagement umgedeutet werde in ein Recht auf hoheitlichen Funktionsschutz. *Pünder* machte insoweit einen Wertungswiderspruch zu Art. 12 GG aus, der nicht vor Wettbewerb schütze, während Art. 28 Abs. 2 GG vor dem Wettbewerb mit anderen Kommunen schützen solle.

Brosius-Gerdorf hob im Übrigen hervor, dass sich eine zweite verfassungsrechtliche Grenze aus dem Demokratieprinzip ergebe, dessen Kernelement die Herstellung eines Verantwortungszusammenhangs zur kommunalen Vertretungskörperschaft sei.

Ob man mit *Schlebusch* wieder zu klareren Strukturen i.S.e. strikten Einhaltung des Örtlichkeitsprinzips kommen solle, entscheide letztlich der Gesetzgeber, der insoweit über einen erheblichen Ausgestaltungsspielraum verfüge. Genau dieser Spielraum habe allerdings das Agieren der Monopolkommission bei ihren Forderungen angetrieben, da sie bei Beobachtung der Felder der Kommunalwirtschaft zu dem Befund gekommen sei, dass den Kommunen nahezu überall in stärkerem Maße freie Hand für außerörtliche Betätigung gelassen werde, bei den Sparkassen aber nicht. *Brosius-Gerdorf* folgerte daraus, dass diese Diskrepanz die Monopolkommission zu ihren Vorschlägen animiert habe.

Wohltmann hielt das Agieren der Monopolkommission dagegen für inkonsistent, da sie bei den Sparkassen durchaus das Vorliegen eines öffentlichen Auftrags anerkannt und die örtliche Begrenzung nicht infrage gestellt habe, sodann aber zwischen der Erfüllung eines gebietsbegrenzten öffentlichen Auftrags einerseits und der rein erwerbswirtschaftlichen Betätigung andererseits differenziert habe, wodurch in der Weichenstellung ein falscher Weg eingeschlagen worden sei.

Becker ergänzte, man müsse wenigstens versuchen, die wirtschaftliche Betätigung mit den rechtsdogmatischen Grundlagen in den Griff zu bekommen. Dabei dürfe man sich nicht im „Klein-Klein“ verlieren. Die Grundlagen seien aber durchaus in Europa erklärbar. Die wirtschaftliche Betätigung von Kommunen sei ein Element staatlich-kommunaler Funktionsausübung und damit letztlich eine Frage der Staatsorganisation. Überall in Europa bestehe ein vergleichbares Gefühl für die Regelung von Zuständigkeiten. Aus der verfassungsrechtlichen Perspektive sei dabei das Sparkassenrecht Teil des öffentlichen Wirtschaftsrechts; es kämen die gleichen Grundregeln in unterschiedlichen Wirtschaftsbereichen zur Anwendung.

Ehlers mahnte, auf Dauer dürften Recht und Wirklichkeit nicht zu sehr auseinanderklaffen, wenn die normative Kraft des Rechts nicht leiden solle. Der EuGH schaue dabei auf die realen Verhältnisse. Zu beobachten und zu bedauern sei, dass das einfache Gesetzesrecht in der Kommunalwirtschaft zerfasere. Außerdem komme es zu einem Auseinanderklaffen von Sparkassenrecht und allgemeinem kommunalen Wirtschaftsrecht. Insoweit müsse es darum gehen, wieder eine gemeinsame Linie und Leitvorstellung zu finden, die man dann nach außen überzeugend vertreten könne. Von dort aus könne man dann über Ausnahmen nachdenken, die jeweils legitimierungsbedürftig seien.

Ehlers machte deutlich, dass das Örtlichkeits- und Regionalprinzip ebenso wie das Erfordernis eines öffentlichen Zwecks grundsätzlich verfassungsrechtlich fundiert sei. Für Gebietsüberschreitungen komme primär die interkommunale Zusammenarbeit in Betracht. Weitergehende Gebietserweiterungen bedürften einer gesetzlichen oder staatsvertraglichen Grundlage, müssten aber jeweils die Ausnahme bleiben, die im Einzelfall gerechtfertigt werden könne. Das allgemeine Wirtschaftsrecht könne sich hier am Sparkassenrecht orientieren.

Ehlers kritisierte massiv, dass im einfachen Gesetzesrecht das Erfordernis der Erfüllung eines öffentlichen Zwecks erodiere. Zuzugeben sei, dass die öffentliche Zwecksetzung, verstanden als Gemeinwohlbindung, per se bereits extrem weit sei. Selbst die Wettbewerbsbeeinflussung zähle dazu, dennoch müsse es irgendwo eine fixe Grenze geben. Die einzige Grenze, über deren Bestehen man sich entgegen vereinzelter Annahmen, etwa von *Böckenförde*, einig sei, sei das Verbot reiner Erwerbswirtschaft. Diese Grenze gelte von Verfassungs wegen.

Ehlers warnte, sofern man diese Linie verließe, sei eine begrenzende Wirkung durch das Erfordernis eines öffentlichen Zwecks nicht mehr zu erzielen. Damit könne sich die Kommunalwirtschaft verhalten wie jeder Private. Mit dem Agieren des Staates sei die kommunalwirtschaftliche Begrenzung nicht ohne Weiteres zu vergleichen, da Staaten mehr zuzubilligen sei als dezentralen Verwaltungsträgern, um die es sich bei Kommunen handele.

Hellermann gab demgegenüber noch einmal die von ihm vertretene Gegenauffassung zu Protokoll, wonach Verwaltung, die wirtschafte, keine Verwaltung, sondern Wirtschaft sei und die wirtschaftliche Betätigung von Art. 28 Abs. 2 GG als solche genauso wenig geschützt werde, wie Art. 28 Abs. 2 GG insoweit eine Gebietsbegrenzung enthalte.

Martin Burgi

Fazit

Wir haben heute als Verantwortliche für das Gesprächsfazit die Situation, dass man noch nie so wenig Zeit hatte für die Vorbereitung des Fazits, aber noch nie so viel Zeit, es vorzutragen. Das werde ich natürlich ausnutzen, weil ich ungeachtet dessen, dass Herr *Ehlers* soeben den Versuch der Versteinerung unserer bisherigen Diskussion unternommen hat, glaube, dass es eine ganze Reihe von Aspekten gibt, die wir bisher nicht angesprochen haben, vor allem, wenn man mehr noch als auf den Sparkassenbereich auf die anderen Felder schaut. Ich bin zunächst dankbar, dass Herr *Henneke* uns überhaupt auf das Gutachten der Monopolkommission gestoßen hat, das nach meinem Eindruck bisher in der rechtswissenschaftlichen Welt nicht übermäßig breit rezipiert worden ist. Ich verhehle auch nicht, dass ich wie die meisten anderen hier zum wiederholten Male zu diesem Thema spreche und genauso wie die bisherigen Redner nicht gewillt bin, bisherige Positionen nun über Bord zu werfen.

I. Vorbemerkung

Eigentlich ist das ja ein Dauerbrennerthema, das wir in den 15 Jahren, denen ich jetzt diesem Kreis angehöre, mehrfach behandelt haben. Und es dreht sich immer um die drei Parameter „Öffentlicher Auftrag“, „Gebietsbezug“ und „Wettbewerb“, wobei die Gewichte jedes Mal unterschiedlich verteilt sind. Jedes Mal stellen wir aber fest, dass sich in der Gesetzeswirklichkeit, insbesondere in den Gemeinde- und Kreisordnungen, nichts Wesentliches verändert hat. Das heißt, wir haben es hier mit einem Gebiet zu tun, das offenbar durch hohe politische Zufriedenheit geprägt ist. Diejenigen, die in der Demokratie zur Gesetzgebung berufen sind, sind mit der Rechtslage zufrieden, sonst würden sie sie ändern. Und auch die Bürger sind damit zufrieden, Herr *Meinel* hat das erwähnt. Ich glaube, es gibt kaum einen Bereich, in dem man mit so eindeutiger Prognose in ein Bürgerbegehren gehen kann, als wenn man fragen würde: Sollen wir das eigene Stadtwerk verkaufen oder die Sparkasse aufgeben? Hier wird man eine 90%ige Mehrheit dagegen finden, und zwar völlig parteiübergreifend.

Nun zunächst einige grundsätzliche Überlegungen vorweg (II.), dann zu dem Thema „Sachverstand als politischer Impulsgeber“ (III.). Im Anschluss geht es um die nochmalige Überprüfung der Grenzen (IV.). Schließen möchte ich mit einer eher perspektivischeren Betrachtung: Wo besteht vielleicht doch Reformbedarf und wie ist dieser rechtswissenschaftlich anzuleiten (V. und VI.)?

II. Grundsätzliche Überlegungen

Jenseits aller Details muss man doch klar festhalten, dass das, mit dem wir es hier zu tun haben, die Nutzung eines bestimmten Instruments durch den Staat bzw. die Kommunen ist, nämlich des Instruments der öffentlichen Unternehmen. Staat bzw. Kommunen handeln hier als Unternehmer, wechseln also in einen anderen Modus; man könnte auch sagen in eine Parallelwelt, in die Parallelwelt des Unternehmerischen. Diese Welt ist geprägt durch Innovation, durch tägliche Anpassung an wechselnde Verhältnisse, durch Flexibilität. Das irritiert uns alle, weil es ungewohnt ist für den Öffentlichrechtler, der sich vielfach in starren, zuständigkeitssortierten Rahmenbedingungen bewegt. Aber wenn wir grundsätzlich sagen, es ist legitim, dass der Staat unternehmerisch handelt, dann müssen wir von vornherein auch eine gewisse Offenheit gegenüber den Veränderungen pflegen, die in dieser Parallelwelt ablaufen. Und dementsprechend müssen wir auch damit leben, dass in dieser Welt größere Risiken bestehen als in der hoheitlichen Welt. Es kann zu Fehlschlägen kommen und zu erheblichen finanziellen Verlusten, und vor allem darauf müssen Reformvorschläge zielen.

III. Die Reformvorschläge der Monopolkommission

Kritsch muss man sicherlich die eine oder andere Passage in diesen Gutachten (es sind mehrere) betrachten. Das Gutachten trägt den Gesamttitel „Wettbewerb auf den Finanzmärkten“. Unter dieser Überschrift finden sich die Passagen über das Regionalprinzip, die wir ausführlich behandelt haben. Es finden sich unter dieser Überschrift aber auch 80 Seiten zum sonstigen kommunalen Wirtschaftsrecht und 40 Seiten zur Reform des Kinder- und Jugendhilferechts. Es finden sich nicht wenige vorurteilsgetränkte Ausführungen darin, in den Fußnoten sind zum Teil veraltete Literatur- und Rechtsprechungsstellen dokumentiert und im Finanzteil ist so eine Art Paternalismus zugunsten der Großbanken zu spüren. Denn namentlich die Deutsche Bank wird ja nicht durch das Sparkassenrecht daran gehindert, in der Fläche tätig zu werden, sondern sie selbst hat sich zurückgezogen und ist mittlerweile offenbar an anderen (juristischen) Fronten gebunden.

Ein letzter kritischer Punkt: Wir sprechen heute viel über ultra vires/ ultra muros. Daher muss es erlaubt sein, auch an die Monopolkommission die Frage zu richten, ob sie eigentlich die Legitimation besitzt, Vorschläge zur Reform des *Landes*rechts zu machen. Denn sie ist eingesetzt auf der Grundlage von § 44 GWB und hat den Auftrag, den Bund in dessen Kompetenzraum zu beraten. Vorschläge für die Reform von Landesgesetzen könnte man daher durchaus kritisch sehen, aber wir als Wissenschaftler sollten uns eher freuen, dass hier ein Dokument auf dem Tisch liegt, in dem – und jetzt komme ich zum positiven Teil – sehr viel Befruchtendes und Weiterführendes steht und – Frau *Brosius-Gersdorf* hat darauf hingewiesen – viel Inter- und Intradisziplinäres.

IV. Nochmalige Überprüfung der Grenzen der wirtschaftlichen Betätigung und des Regionalprinzips

1. Grundgesetz

Alle drei Referenten haben das Grundgesetz in den Mittelpunkt gestellt, das eine Art Comeback erlebt, während wir doch in den früheren Veranstaltungen stärker mit dem Europarecht gearbeitet haben. Ich möchte mit Blick auf das Grundgesetz nur auf Art. 28 Abs. 2 GG eingehen: Natürlich schützt dieser nicht die überörtliche Aktivität. Der Gesetzgeber aber ist, so wie er in sachlicher Hinsicht Fremdaufgaben übertragen kann, auch nicht daran gehindert, ein Tätigwerden zu ermöglichen, das örtlich in die Fremde weist. Beides ist ihm innerhalb gewisser Grenzen möglich, die aber bisher – wenn ich Sie recht verstanden habe – noch nicht überschritten sind. Insbesondere ist es kein Eingriff in die Selbstverwaltungsgarantie von Frankfurt, wenn die Mannheimer Versorgungsbetriebe dort an Stromkunden herantreten.

Denn die Mannheimer verbieten es der Stadt Frankfurt ja nicht, dieses ihrerseits zu tun, sondern sie sind ein weiterer Mitbewerber, der versucht, die Stromkunden für sich einzunehmen. Und deswegen ist die

Konstellation wie bei Art. 12 GG: Der Wettbewerb wird vergrößert, ein weiterer Akteur tritt auf den Plan, aber den anderen Anbietern wird dadurch nichts genommen, es sei denn, sie schaffen es nicht, diese Kunden an sich zu binden, weil sie möglicherweise das schlechtere Angebot machen.

2. Europarecht

Nun zum Europarecht, bezüglich dessen heute ein großes Maß an Einvernehmen erzielt worden ist. So bilden zunächst die Grundfreiheiten keinen Gegenbelang zu den Begrenzungsvorschriften für das überörtliche Tätigwerden. Die EU-Kommission hat sich dahingehenden Überlegungen zu keinem Zeitpunkt angeschlossen. Eine neue Front wird nun durch die Monopolkommission in Gestalt des EU-Kartell- und Wettbewerbsrechts eröffnet. Auch hier gibt es keine Belege dafür, dass die Kommission oder gar die europäischen Gerichte das so sehen würden.

3. Beihilferecht und Vergaberecht

Abschließend ein paar Worte zu den beiden europarechtlichen Materien, die heute gar nicht vorgekommen sind, nämlich zum Beihilferecht und zum Vergaberecht, die bei den früheren Tagungen im Mittelpunkt gestanden haben. Warum sind sie jetzt nicht mehr vorgekommen? Weil es dort gelungen ist, den Besonderheiten der wirtschaftlichen Betätigung von Kommunen Rechnung zu tragen. Dies geschieht vor allem über die Regelungen zu den „DAWI", d. h. den Dienstleistungen von allgemeinem wirtschaftlichen Interesse. Durch sie ist die „Daseinsvorsorge" in Europa angekommen und dort zum Rechtsbegriff geworden, was sie in Deutschland ja gar nie gewesen ist. Und Ähnliches gilt für das Vergaberecht. Hier wird durch die aktuelle Reform der sog. Inhouse-Bereich, d. h. die Vergaberechtsfreiheit bei Zusammenarbeit mit eigenen Töchtern und Enkeln usw. eher noch weiter ausgebaut. Das beruht auf gewachsener Wertschätzung für die öffentliche Wirtschaft. Umgekehrt sehen die europäischen Institutionen in den öffentlichen Unternehmen zusätzliche Wettbewerber, die das Marktgeschehen beleben können, so erst wieder in einer Entscheidung des EuGH vom 18.12.2014.

Nach all dem ist die Ziehung oder Beseitigung von Grenzen primär eine Frage der landespolitischen Einschätzung und der Einschätzung durch die kommunalpolitisch zuständigen Akteure. Sollte es zu katastrophalen Pleiten kommen, dann droht den Verantwortlichen eben die Abwahl – das ist die Sanktion des politischen Raumes.

V. Empfehlungen aus Sicht der Rechtswissenschaft

Das führt nun für uns als Wissenschaftler zu der Frage: Gibt es Empfehlungen, Wegzehrungen gewissermaßen, die wir der Landes- und Kommunalpolitik mitgeben können? Bevor ich selbst drei Empfehlungen oder zumindest Diskussionsfelder nennen möchte, sei noch eine Beobachtung zwischengeschaltet, die an das Thema „Verallgemeinerung oder Sektoralisierung" anknüpft. Mehrere Redner, Herr *Schlebusch*, Herr *Becker* und auch Herr *Ehlers* mit seinem Vorschlag, eine Art übergreifende Klausel zum Ausnahmecharakter von Gebietsüberschreitungen zu schaffen, haben den Weg einer allgemeinen, d. h. für alle Sektoren gleichermaßen geltenden Steuerung beschritten. An dieser Stelle möchte ich Widerspruch einlegen, und zwar weil ich der Überzeugung bin, dass die tatsächliche Lage in den einzelnen Sektoren, aber auch die außerkommunalrechtlichen Rahmenbedingungen doch so unterschiedlich sind, dass das zu einem Komplexitätsverlust führen würde, wenn man alles über einen kommunalrechtlichen Leisten schlagen wollte. Ich will das an einigen Beispielen belegen. Fangen wir an mit dem Sektor Energie. Es ist – glaube ich – eine Binsenweisheit, dass dieser sich von der Energiewende-Kontextsituation her fundamental von der des Sparkassensektors unterscheidet. Hinzu kommen intensive außerkommunalrechtliche Rahmenbedingungen, nämlich die Liberalisierungsrichtlinen des Energiebinnenmarkts und des EnWG. Auch Herr *Hellermann* hat diese Besonderheiten der einzelnen Sektoren betont. Das hat übrigens unterschiedliche Konsequenzen. Im Energiebereich z. B. sollte man die überörtliche Betätigung – glaube ich – nicht mehr eindämmen. Freilich bestehen hier klar wettbewerbliche Rahmenbedingungen, weswegen somit bei der Konzessionsvergabe nach § 46 Abs. 2 EnWG eben keine Inhouse-Privilegien und auch sonst keine kommunalpolitischen Gestaltungsmöglichkeiten bestehen, weshalb der Bewerber „eigenes Stadtwerk" den gleichen Regeln unterliegt wie die anderen. Das ist mittlerweile durch die BGH-Rechtsprechung jedenfalls für die Praxis erst einmal geklärt.

Ich möchte an der Stelle noch zwei Sektoren ansprechen, die wir heute Morgen gar nicht behandelt haben, die Telekommunikation und den Kreislaufwirtschaftsbereich. Letzterer ist ein ganz großer Bereich der kommunalwirtschaftlichen Betätigung. Er ist auch wieder durch ganz andere fachgesetzliche Rahmenbedingungen geprägt, nämlich durch das Kreislaufwirtschaftsgesetz, wo insbesondere für die gewerblichen Sammlungen ein sehr spezielles Regime errichtet worden ist. Das Gleiche gilt für die Telekommunikation, die Sie, Herr *Ritgen*, am Schluss noch eingebracht haben. Auch dort besteht eine andere Faktenlage (Stichwort: Glasfaserbedarf). Und auch ein anderer rechtlicher Hintergrund, weil dort früher eben ein Bundesmonopolist tätig war und Art. 87 f GG nur diesen und nicht das zukünftige Verhalten der Kommunen im Blick gehabt hat.

VI. Aufträge an den Landesgesetzgeber

Von dieser Beobachtung ausgehend – große sektorale Unterschiede, daher eher Zurückhaltung gegenüber allgemeinen Vorgaben – lautet im letzten Teil die Frage: Gibt es doch wenigstens einige allgemeine übergreifende Aufträge, die wir als Rechtswissenschaftler dem Landesgesetzgeber, dessen Spielraum ich so betont habe, an die Hand geben können? Und da finden wir einige Anstöße in dem Gutachten der Monopolkommission. Ich möchte drei zusammenstellen.

1. Transparenz

Der erste Ansatz betrifft das Verfahren – Stichwort: Transparenz. Wir haben die meiste Zeit diskutiert über die Schrankentrias und die Überörtlichkeit, also über materielle Aspekte. Der neuere Ansatz zielt auf eine eher verfahrensmäßige Steuerung, d. h. durch Transparenzvorgaben. Die Monopolkommission macht hier ganz konkrete Vorschläge, indem sie die Entscheider und die Bürger besser informieren möchte vor und während des Eingehens eines unternehmerischen Engagements, d. h. vor dem Eintritt in jene Parallelwelt. Mehrfach wurde heute festgestellt, dass es dort aber auch risikoreich ist. Daher ist es gut, wenn diejenigen, die sie betreten wollen, zuvor darüber informiert werden. Es wird also konkret vorgeschlagen, die bisherigen Beteiligungsberichte zu erweitern und mit Informationen für politische Entscheider anzureichern. Ich darf auf Seite 469 des Monopolkommissionsberichts verweisen: Erfassung aller Beteiligungen unabhängig von der Rechtsform oder der Höhe, wichtige Erfolgskennziffern dieser Beteiligung (Überschuss, Verlust), Darstellung der Vermögenssituation, Offenlegung sämtlicher Finanzbeziehungen kommunaler Unternehmen zur Kommune und von Zwischenbeteiligungen untereinander – das knüpft an den Hinweis von Herrn *Brüning* an, dass auch in Schachtelkonstellationen deutlich mehr Information gewährleistet werden müsse. Und es knüpft auch an das an, was Sie, Herr *Schmidt-Aßmann*, mit „Accountability" bezeichnet haben. Denn das setzt ja erst einmal voraus, dass Informationen vorhanden sind, um dann diese Verantwortlichkeit auch entsprechend gestalten zu können. All dies führt zu einer Art demokratierechtlichen Aufladung des Rechnungslegungswesens, das bisher doch stärker auf die Bedürfnisse privatwirtschaftlicher Anteilseignerschaft orientiert ist, anstatt auf die Bedürfnisse einer politischen Anteilseignerschaft.

2. Organisation

Vom Verfahren ist meist der Weg zur Organisation nicht weit, und so ist es kein Zufall, dass der zweite Vorschlag für künftige Reformdiskussionen die Organisation betrifft. Er stammt nicht von der Monopolkommission, sondern ist von Herrn *Ehlers* eingebracht worden, mit seiner Forderung nach Sicherstellung ausreichender Haftungsgrundlagen. Auch dies bedeutet, dass die üblichen GmbH-rechtlichen Rahmenbedingungen, wie sie das Gesellschaftsrecht zur Verfügung stellt, für die kommunalen Träger modifiziert werden, um breitere Haftungsgrundlagen zum Schutz potenzieller Gläubiger der öffentlichen Unternehmen schaffen zu können.

3. Gebührenerhebung

Damit komme ich zum dritten und letzten Reformtopos, den wir heute nicht angesprochen haben, weil die Fokussierung auf den Sparkassen- und Energiebereich (wo regelmäßig ja privatrechtliche Entgelte gezahlt werden) das Thema Gebührenerhebung verdeckt hat. Im Gutachten der Monopolkommission nimmt es erheblichen Raum ein und betrifft v.a. die Bereiche Wasserversorgung und Entsorgung. Wir als Öffentlichrechtler müssen durchaus beschämt vor dem Umstand stehen, dass der gebührenrechtliche Weg vielfach zu einem – im Ergebnis jedenfalls – schwächeren Schutz der Bürger führt als der privatrechtliche Entgeltweg. Das hat mit Schwächen der Kommunalaufsicht zu tun und auch mit Schwächen der verwaltungsgerichtlichen Kontrolle, nicht weil die Verwaltungsgerichte schlecht kontrollieren würden, sondern weil sie nur das kontrollieren können, was die Kommunalabgabengesetze der

Verwaltung auftragen. Und der Eindruck, dass in den wenigen Monaten, in denen sich die Kartellbehörden mit dieser Thematik befasst haben, die Bürgerinnen und Bürgern tendenziell besser geschützt vor überhöhten Entgelten waren, ist nicht von der Hand zu weisen: Teilweise findet leider eine Flucht ins Öffentliche Recht statt. Deswegen müssen wir jedem Ansatz, der einen Beitrag dazu leistet, auch im öffentlichen Gebührenrecht stärkere Kontrollfaktoren einzuziehen, aufgeschlossen gegenüberstehen. Solche Ansätze finden sich in diesem Gutachten.

VII. Schluss

Die Aufgabe der Zukunft für die Rechtswissenschaft besteht nach alledem darin, Stellschrauben zu drehen, nicht aber das große Rad, das offenbar politischerseits nicht gedreht werden soll. Das müssen wir als Demokraten akzeptieren. Es gibt freilich mehrere Stellschrauben, mit denen Verbesserungen erreicht werden können, und zwar im intra- und interdisziplinären Zusammenwirken.

Zweiter Abschnitt

Landesaufsicht sowie Finanzkontrolle durch den Bundesrechnungshof und Bundesministerien

Ariane Berger

Finanz- und Kontrollverantwortung zwischen Bund und Kommunen

I. Aktuelle Reformdiskussion

Im Koalitionsvertrag für die 18. Legislaturperiode haben sich CDU, CSU und SPD darauf geeinigt, die Finanzbeziehungen zwischen Bund, Ländern und Kommunen bis spätestens 2019 neu zu ordnen.[1] Mit Ablauf des Jahres 2019 stehen verschiedene rechtliche Veränderungen an. So werden das Maßstäbegesetz[2], das Maßstäbe für die bundesstaatliche Finanzverteilung vorgibt, und das Finanzausgleichsgesetz, das die grundgesetzlichen Regelungen über die Aufteilung des Steueraufkommens zwischen Bund, Ländern und Kommunen regelt, außer Kraft treten (§ 15 MaßStG und § 20 FAG). Zugleich läuft der sogenannte Solidarpakt II zur Unterstützung der ostdeutschen Länder aus. Von 2020 an müssen zudem alle Länder die neue Schuldenbremse ohne Einschränkung einhalten, d. h. ihr strukturelles Haushaltsdefizit auf Null reduziert haben.[3] Der Bund und die Länder haben daher im Sommer 2014 Verhandlungen über die zukünftige Ausgestaltung der Finanzverteilung zwischen Bund, Ländern und Kommunen aufgenommen.

Ein Ziel dieser Reformen ist eine finanzielle Entlastung der Kommunen im Bereich der sozialen Infrastruktur. Das meint insbesondere die für die kommenden Jahrzehnte überaus relevanten Bereiche der Grundsicherung im Alter und der Hilfe zur Pflege, aber auch z. B. Eingliederungshilfen für Menschen mit Behinderung.[4] Aus Sicht der Länder

1 Deutschlands Zukunft gestalten. Koalitionsvertrag zwischen CDU, CSU und SPD, 18. Legislaturperiode, insbes. S. 94 f., abrufbar unter www.bundesregierung.de.

2 Gesetz über verfassungskonkretisierende allgemeine Maßstäbe für die Verteilung des Umsatzsteueraufkommens, für den Finanzausgleich unter den Ländern sowie für die Gewährung von Bundesergänzungszuweisungen (Maßstäbegesetz – MaßStG) v. 9.9.2001, BGBl. I, 2302, zul. geä. durch Art. 2 des Gesetzes v. 15.7.2013, BGBl. I, 2401.

3 Art. 143d Abs. 1 i. V. m. Art. 109 Abs. 3 GG.

4 Zu den sieben von der Kommunalfinanzreformkommission identifizierten bundesgesetzlich normierten kostenträchtigen Aufgaben: *Henneke*, Föderale Aufgaben- und Finanzbeziehungen ab 2020. Kommunale Erwartungen, 2014, S. 96. Vgl. zur

soll der Bund in Zukunft verstärkt zur Finanzierung kommunaler Aufgabenwahrnehmung herangezogen werden. Aus Sicht des Bundes erscheint es tunlich, die Mittelverwendung durch die Kommunen selbst zu kontrollieren.[5] Es stellt sich also die Frage, ob und, wenn ja, wie diese Finanzierung und Kontrolle des Bundes gegenüber den Kommunen verfassungsrechtlich umgesetzt werden kann.

Dem Grundgesetz ist eine Finanzierung der Kommunen durch den Bund grundsätzlich fremd. Die Aufgaben-, Kontroll- und Finanzverantwortung von Bund und Kommunen sind vielmehr regelmäßig wie folgt verteilt: Der Bundesgesetzgeber regelt eine Aufgabe im Rahmen seiner Sachkompetenz. Die Länder führen diese Aufgaben gemäß Art. 83, 84 GG selbst aus oder übertragen die Ausführung auf die Kommunen. Den Ländern obliegt in diesem Fall die Aufsicht und die Rechnungsprüfung. Aufgrund von Art. 104a Abs. 1 GG finanzieren die Länder und Kommunen ihre Aufgabenwahrnehmung selbst.[6] Die Aufgabenfinanzierung und Aufgabenkontrolle folgen also grundsätzlich der Aufgabenverantwortung.[7] Eine Aufgabenfinanzierung der Kommunen durch den Bund ist grundsätzlich nicht vorgesehen.

Ausnahmen enthalten zum einen Art. 104a Abs. 3 GG und zum anderen – neben Art. 106 Abs. 8 GG[8] – der hier interessierende Art. 91e Abs. 2 GG.[9] Gemäß Art. 104a Abs. 3 Satz 1 GG können Bundesgesetze,

---

aktuellen Reformdiskussion auch *Kempny/Reimer*, Neuordnung der Finanzbeziehungen – Aufgabengerechte Finanzverteilung zwischen Bund, Ländern und Kommunen, Gutachten D zum 70. Deutschen Juristentag Hannover, 2014; *Wieland*, JZ 2014, 829 ff.

5 So ausdrücklich der Bericht des Präsidenten des Bundesrechnungshofes als Bundesbeauftragter für Wirtschaftlichkeit in der Verwaltung über die Finanzbeziehungen zwischen Bund und Ländern, 2015, insb. S. 28 ff.

6 Die Kommunen haben einen Mehrbelastungsausgleichsanspruch gegen das jeweilige Land und die Länder und können finanzielle Lastenverschiebungen gegenüber dem Bund im Rahmen des Finanzausgleichs geltend machen.

7 Zum Konnex von Aufgaben- und Finanzverantwortung *Hey*, Finanzautonomie und Finanzverflechtung in gestuften Rechtsordnungen, VVDStRL Bd. 66 (2007), S. 277 ff.; *Peter M. Huber*, Klarere Verantwortungsteilung von Bund, Ländern und Kommunen?, Gutachten D zum 65. Deutschen Juristentag Bonn, 2004; *Ferdinand Kirchhof*, Empfehlen sich Maßnahmen, um in der Finanzverfassung Aufgaben- und Ausgabenverantwortung von Bund, Ländern und Gemeinden stärker zusammenzuführen?, Gutachten D zum 61. Deutschen Juristentag Karlsruhe, 1996; *Waldhoff*, Finanzautonomie und Finanzverflechtung in gestuften Rechtsordnungen, VVDStRL Bd. 66 (2007), S. 216 ff.; *Wieland*, JZ 2014, 829 ff.

8 Art. 91e Abs. 2 GG ist lex specialis zu Art. 106 Abs. 8 GG.

9 Daneben finden sich vereinzelt Annexfinanzierungskompetenzen des Bundes gegenüber den Kommunen, z. B. staatliche Zuschüsse des Bundes an die Kommunen in der beitragsfinanzierten Pflegeversicherung aufgrund der Sachkompetenz aus Art. 74 Abs. 1 Nr. 12 GG. Vgl. dazu nur BVerfGE 113, 167 (199 – 207, 268) und

die Geldleistungen gewähren und von den Ländern bzw. Kommunen ausgeführt werden, bestimmen, dass die Geldleistungen ganz oder zum Teil vom Bund getragen werden. Bestimmt gemäß Art. 104a Abs. 3 Satz 2 GG das Geldleistungsgesetz, dass der Bund die Hälfte der Ausgaben oder mehr trägt, wird es im Auftrage des Bundes durchgeführt. Dann gilt das Kontroll- und Aufsichtsinstrumentarium der Auftragsverwaltung nach Art. 85 Abs. 2 bis 4 GG. Dies bedeutet eine Aufsicht des Bundes gegenüber den Ländern, nicht gegenüber den Kommunen. Letztere unterliegen weiterhin allein der Landesaufsicht nach dem jeweiligen Landesverfassungsrecht.[10] Eine Finanzkontrolle des Bundes gegenüber den Kommunen findet nicht statt. Rechtspolitisch stellt sich also die Frage, wie der Bund die Kommunen finanziell entlasten und gleichzeitig die Verwendung der Mittel kontrollieren kann.[11]

Möglicherweise stellt Art. 91e GG ein geeignetes Finanzierungs- und Kontrollinstrument zur Verfügung. Und möglicherweise kann dieses als Beispiel für andere Bereiche der Finanzierung kommunaler Aufgabenwahrnehmung durch den Bund dienen. So wurde vorgeschlagen, in Anlehnung an Art. 91e GG einen neuen Art. 91 f GG zu schaffen, um mit dessen Instrumentarium die Finanzbeziehungen zwischen Bund, Ländern und Kommunen im Bereich der Grundsicherung im Alter zu regeln.[12] Möglicherweise eignet sich also Art. 91e GG als ein Reformmodell für andere Bereiche der sozialen Fürsorge.

Gemäß Art. 91e Abs. 1 GG wirken bei der Ausführung von Bundesgesetzen auf dem Gebiet der Grundsicherung für Arbeitsuchende Bund und Länder oder die nach Landesrecht zuständigen Gemeinden und Gemeindeverbände in der Regel in gemeinsamen Einrichtungen zusammen. Der Bund kann gemäß Art. 91e Abs. 2 Satz 1 GG zulassen, dass eine begrenzte Anzahl kommunaler Aufgabenträger auf Antrag, also optional, diese Aufgaben „allein" wahrnehmen. Der Bund trägt dann gemäß Art. 91e Abs. 2 Satz 2 GG anteilig „die notwendigen Aus-

Heintzen, in: von Münch/Kunig (Hrsg.), Grundgesetz, Bd. 2, 6. Aufl. 2012, vor Art. 104a-115, Rn. 53; *Kunig*, ebenda, Art. 74 Rn. 55. Auf die Existenz weiterer, ungeschriebener Mischfinanzierungstatbestände weist *Henneke*, Die Kommunen in der Finanzverfassung des Bundes und der Länder, 5. Aufl. 2012, S. 125 f., hin.

10 Dazu *Kahl*, Die Staatsaufsicht. Entstehung, Wandel und Neubestimmung unter besonderer Berücksichtigung der Aufsicht über die Gemeinden, 2000, insb. S. 507 ff., und jüngst *Engels*, Die Verfassungsgarantie kommunaler Selbstverwaltung, 2014, insb. S. 558 ff.

11 Vgl. dazu den Bericht des Präsidenten des Bundesrechnungshofes (Fn. 5), S. 28 ff.

12 *Rixen*, Gestaltung des demographischen Wandels als Verwaltungsaufgabe, VVDStRL Bd. 74 (2015) in Vorbereitung. Das Thesenpapier ist abrufbar unter http://www.vdstrl.de/letzte-tagung/

gaben". Die verfassungsrechtliche Stellung der optional zugelassenen kommunalen Träger, der sogenannten Optionskommunen, zeichnet sich also dadurch aus, dass die Aufgaben eigenverantwortlich wahrgenommen, die Ausgaben aber durch den Bund mitfinanziert werden. Eine Kontrollbefugnis des Bundes gegenüber den Kommunen ist allerdings auch hier jedenfalls nicht ausdrücklich geregelt.

Nichtsdestotrotz regelt das SGB II[13] Kontrollrechte des Bundes gegenüber den Optionskommunen. Es stützt sich dabei auf Art. 91e Abs. 3 GG, wonach „das Nähere" durch Gesetz zu regeln sei. Die Verfassungsmäßigkeit dieser Kontrollrechte war Gegenstand einer Entscheidung des *BVerfG* aus dem Jahr 2014.[14]

II. Entscheidung des BVerfG vom 7.10.2014

Die Beschwerdeführer wendeten sich im Wege von Kommunalverfassungsbeschwerden gegen verschiedene bundesgesetzliche Regelungen, die in Ausführung des Art. 91e Abs. 3 GG ergangen sind. Streitgegenständliche Regelungen waren u. a. § 6b Abs. 3 und Abs. 4 SGB II.[15] Diese sehen Kontrollbefugnisse des Bundesrechnungshofes und des Bundesministeriums für Arbeit und Soziales gegenüber den Optionskommunen vor. Die Beschwerdeführer waren der Ansicht, diese Regelungen beeinträchtigten sie in ihrem Recht aus Art. 28 Abs. 2 GG. Das *BVerfG* wies die Verfassungsbeschwerden insoweit als unbegründet zurück.[16]

Für die Zulässigkeit der Kommunalverfassungsbeschwerden war es zunächst von zentraler Bedeutung, ob und inwieweit sich die Gemeinden darauf berufen können, durch die Regelungen des § 6b SGB II in ihrem Recht aus Art. 28 Abs. 2 GG beeinträchtigt zu sein. Keineswegs selbstverständlich ist es, dass die den Optionskommunen nach Landesrecht übertragenen Aufgaben Angelegenheiten der örtlichen Gemeinschaft im Sinne von Art. 28 Abs. 2 GG sind. Das *BVerfG* ging – sicher-

13 Art. 1 des Gesetzes v. 24.12.2003, BGBl. I, 2954.

14 BVerfG, 2 BvR 1641/11 v. 7.10.2014, NVwZ 2015, 136 ff.

15 Die Verfassungsmäßigkeit der Kontrollbefugnisse des Bundes gegenüber den Optionskommunen ist in der Literatur umstritten. Vgl. dazu nur *Henneke*, DVBl. 2013, 1522 ff.; *ders.*, NVwZ 2012, 399 ff.; *ders.*, DÖV 2012, 165 ff.; *ders.*, DÖV 2011, 417 (422 ff.); *Mayen*, NVwZ 2011, 584 ff.; *Winkler*, VerwArch Bd. 99 (2008), S. 509 ff.

16 Vgl. dazu die Anmerkungen von *Berger*, JZ 2014, 1163 ff. und *Henneke*, DVBl. 2014, 1540 ff. Ebenso *Hubert Meyer*, NVwZ 2015, 116 ff.

lich auch aus prozesstaktischen Überlegungen – davon aus, dass Art. 91e Abs. 2 Satz 1 GG den Schutzbereich des Art. 28 Abs. 2 GG um ein Recht der Optionskommunen auf eigenverantwortliche Aufgabenwahrnehmung ergänze.[17] Folgt man dem Zweiten Senat darin, stellt sich die Frage, ob und inwieweit § 6b Abs. 3 und 4 SGB II dieses Recht verletzen.

Aus Sicht des Senats konnten die Beschwerdeführer mit ihren verfassungsrechtlichen Bedenken nicht durchdringen.[18] Zwar sei der Gewährleistungsgehalt von Art. 28 Abs. 2 GG betroffen. Auch sehe die Verfassung Kontrollbefugnisse des Bundes gegenüber den (Options-) Kommunen ausdrücklich nicht vor. Art. 91e Abs. 3 GG, wonach „das Nähere" das Gesetz regele, ermächtige den Bundesgesetzgeber allerdings zu einer Regelung derartiger Kontrollbefugnisse.[19] Der Begriff des „Näheren" umfasst alle Regelungen, die Art. 91e Abs. 1 und Abs. 2 GG konkretisieren. Kontrollbefugnisse des Bundes lassen sich daher sowohl als Abweichungen vom Grundsatz der „Allein"-Wahrnehmungsbefugnis der Optionskommunen als auch als ergänzende Verfahrensregelungen zur materiellen Vorgabe der „notwendigen Ausgaben" ansehen. So könnte man davon ausgehen, dass die Beschränkung der Finanzierungspflicht auf „notwendige Ausgaben" eine entsprechende Kontrollbefugnis des Bundes sowie eine Informationspflicht der durch die Finanzierung Begünstigten begründe.[20]

Aus Sicht des Gerichts habe der verfassungsändernde Gesetzgeber daher mit der Finanzierungspflicht dem Bund auch die Möglichkeit einer Finanzkontrolle eröffnet.[21] Diese Finanzkontrolle umfasse die Überprüfung der Rechnungslegung, die Wirtschaftlichkeit der Ausgaben und die Durchsetzung öffentlich-rechtlicher Erstattungsansprüche. „Ohne eine solche Finanzkontrolle bestünde die Gefahr, dass... keine Anreize für ein wirtschaftliches und sparsames Verwaltungshandeln der Optionskommunen bestehen."[22]

Schaut man auf die Systematik des Grundgesetzes, kommen einem Zweifel daran, Art. 91e Abs. 3 GG derart weit zu verstehen. Im Verhältnis zu Art. 83 ff., 104a GG erscheint eine Kontrollbefugnis des Bundes

17 BVerfG, NVwZ 2015, 136 (137), Rn. 77 unter Verweis auf BVerfGE 119, 331 (356 f.).

18 BVerfG, NVwZ 2015, 136 (150), Rn. 173 ff.

19 BVerfG, NVwZ 2015, 136 (150), Rn. 173. Ebenso *Volkmann*, in: von Mangoldt/Klein/Starck, GG, Bd. 3, 6. Aufl. 2010, Art. 91e Rn. 10, 12. Ablehnend *Henneke*, DÖV 2011, 417 (425).

20 So ausdrücklich *Mayen*, NVwZ 2011, 584 (587), der sich wie jetzt auch das BVerfG auf die Entstehungsgeschichte der Norm beruft, vgl. dazu nur BT-Drs. 17/1554, 5.

21 BVerfG, NVwZ 2015, 136 (140), Rn. 97.

22 BVerfG, NVwZ 2015, 136 (140), Rn. 97.

gegenüber den Kommunen als Systembruch.[23] Auch bleibt unklar, welche konkreten Finanzkontrollinstrumente vom Vorbehalt des Art. 91e Abs. 3 GG umfasst sein sollen.[24] Kontrollrechte des Bundes gegenüber den Kommunen sind jedenfalls dann nicht erfasst, soweit diese einen verfassungsrechtlichen Systembruch darstellen und ein solcher Systembruch verfassungsrechtlich unzulässig ist.

III. Verfassungsrechtliche Vorgaben für eine Reform der Finanzkontrolle

Fraglich ist also, unter welchen Voraussetzungen eine funktionale Verflechtung der Finanz- und Kontrollverantwortung zwischen Bund und Kommunen verfassungsrechtlich zulässig ist.

1. Grundsatz eigenverantwortlicher Aufgabenwahrnehmung

Das *BVerfG* geht in ständiger Rechtsprechung von einem verfassungsrechtlichen Grundsatz eigenverantwortlicher Aufgabenwahrnehmung staatlicher bzw. kommunaler Aufgabenträger aus.[25] Drei Entscheidungen sind in diesem Zusammenhang besonders hervorzuheben.

In seiner Entscheidung zu den Optionskommunen führte der Senat aus, dass die Verfassung eine grundsätzliche Entscheidung für ein den Art. 83 ff., 104a Abs. 1 GG vorgeordnetes, allgemeines System der kla-

---

23 In diesem Sinne auch *Henneke*, DVBl. 2014, 1540 (1541 ff.). Ebenso *Berger*, JZ 2014, 1163 (1164 f.).

24 Kritisch *Henneke*, DVBl. 2014, 1540 (1541 ff.); *Hubert Meyer*, NVwZ 2015, 116 (119 f.).

25 BVerfGE 119, 331 ff.; BVerfG, NVwZ 2008, 183; BVerfGE 105, 252 (270); 63, 1 (41). Vgl. ebenso BVerwGE 74, 315 (325 f.); VGH München, NVwZ 1994, 304. Begriffsprägend *Grawert*, Verwaltungsabkommen zwischen Bund und Ländern in der Bundesrepublik Deutschland. Eine kritische Untersuchung der gegenwärtigen Staatspraxis mit einer Zusammenstellung der zwischen Bund und Ländern abgeschlossenen Abkommen, 1967, S. 195. Dem folgend *Jestaedt*, Grundbegriffe des Verwaltungsorganisationsrechts, in: Hoffmann-Riem/Schmidt-Aßmann/Voßkuhle (Hrsg.), Grundlagen des Verwaltungsrechts, Band I, 2. Aufl. 2012, Rn. 47 ff.; *Krüger*, Allgemeine Staatslehre, 2. Aufl. 1966, S. 108 f.; *Remmert*, Private Dienstleistungen in staatlichen Verwaltungsverfahren, 2003, S. 199 ff., 217 f.; *Stettner*, Grundfragen einer Kompetenzlehre, 1983, S. 293 f.

ren Trennung staatlicher Verantwortlichkeiten getroffen habe. Das Gericht gründet dieses Trennungssystem auf zwei verfassungsrechtliche „Säulen“: So setze das Demokratieprinzip eine hinreichend klare Zuordnung staatlicher Verantwortung voraus. Es enthalte daher ein grundsätzliches Verbot der Mischverwaltung.[26] Die Anforderungen des Demokratieprinzips würden ergänzt durch den Grundsatz der Rechtsstaatlichkeit. Dieser gebiete eine „klare und auf Vollständigkeit angelegte Zuordnung von Kompetenzen der handelnden Staatsorgane“.[27]

Im sogenannten Hartz-IV-Urteil[28] aus dem Jahr 2007 entschied der Zweite Senat zur damaligen Verfassungsrechtslage vor Erlass des Art. 91e GG, dass die Pflicht zur Bildung von Arbeitsgemeinschaften zwischen Bundesagentur für Arbeit und kommunalen Trägern sowie die Aufgabenwahrnehmung durch diese mit Art. 28 Abs. 2 und Art. 83 GG unvereinbar sei, da es keine grundgesetzliche Regelung gebe, die diese Form der Mischverwaltung erlaube.[29] Die einheitliche Aufgabenwahrnehmung der beiden Träger der Grundsicherung für Arbeitsuchende verletzte die Gemeindeverbände in ihrem Anspruch auf eigenverantwortliche Aufgabenerledigung. Nach diesem Grundsatz eigenverantwortlicher Aufgabenwahrnehmung sei der zuständige Verwaltungsträger verpflichtet, seine Aufgaben grundsätzlich durch eigene Verwaltungseinrichtungen, also mit eigenem Personal, eigenen Sachmitteln und eigener Organisation wahrzunehmen.[30] Die grundsätzliche Trennung der Verwaltungsräume von Bund und Ländern gewährleiste durch eine klare und auf Vollständigkeit angelegte Zuordnung von Kompetenzen die Verantwortlichkeit der handelnden Staatsorgane. Vor diesem Hintergrund habe der Gesetzgeber auch bei der Bestim-

---

26 BVerfG, NVwZ 2015, 136 (138), Rn. 81. Begriffsprägend *Ronellenfitsch*, Mischverwaltung im Bundesstaat, 1975, S. 58. Dem folgend *Cornils*, ZG 2008, 184 ff.; *Peter M. Huber*, DÖV 2008, 844 ff.; *Küchenhoff*, Die verfassungsrechtlichen Grenzen der Mischverwaltung, 2010; *Schnapp*, Jura 2008, 241 ff.; *Trapp*, DÖV 2007, 277 ff. Vgl. auch die Literaturnachweise bei *Hans H. Klein*, in: Maunz/Dürig, GG, Loseblatt (Stand: Mai 2011), Art. 91e Rn. 1 ff., insb. Rn. 4.

27 BVerfG, NVwZ 2015, 136 (138), Rn. 82.

28 BVerfGE 119, 331 ff.

29 BVerfGE 119, 331 (364 ff.). Vgl. dazu die Besprechungen von *Peter M. Huber*, DÖV 2008, 844 ff.; *Kluth*, ZG 2008, 292 ff.; *Schnapp*, Jura 2008, 241 ff.; *Schoch*, DVBl. 2008, 937 ff.; *Winkler*, VerwArch Bd. 99 (2008), S. 509 ff.

30 Parallel hierzu beschloss der Bundestag das Gesetz zur Weiterentwicklung der Organisation der Grundsicherung für Arbeitsuchende vom 3.8.2010 (BGBl. I, 1112). Durch dieses Gesetz erhielt das SGB II die für diese Anmerkung maßgebliche Fassung.

mung von Verwaltungszuständigkeiten die rechtsstaatlichen Grundsätze der Normenklarheit und Widerspruchsfreiheit zu beachten.[31]

Der Grundsatz eigenverantwortlicher Aufgabenwahrnehmung wird vom *BVerfG* schließlich drittens in seiner Entscheidung zum Zukunftsinvestitionsgesetz (ZuInvG)[32] aus dem Jahr 2010 herangezogen.[33] In dem Verfahren einer abstrakten Normenkontrolle ging es um die Frage, ob sich der Bund bei der Gewährung von Finanzhilfen gegenüber den Ländern Informationsbefugnisse sichern darf. Das *BVerfG* ging davon aus, dass die Informationsbefugnisse des Bundes eines ausdrücklich grundgesetzlich geregelten Kompetenztitels bedürfen. Der – sprachlich mit Art. 91e Abs. 3 GG identische – Regelungsvorbehalt des Art. 104b GG zugunsten des Bundesgesetzgebers stelle einen solchen nicht zur Verfügung. Dieser ließe nicht hinreichend deutlich erkennen, welche Verwaltungskompetenzen dem Bund zugeordnet werden könnten, und wie diese einzugrenzen seien.[34]

Sowohl in seiner Hartz-IV-Entscheidung als auch in seiner Entscheidung zum Zukunftsinvestitionsgesetz betonte das *BVerfG* das verfassungsrechtlich fundierte Gebot der Verantwortungsklarheit zwischen Bund, Ländern und Kommunen und damit die Existenz eines allgemeinen verfassungsrechtlichen Systems der Trennung der Aufgaben-, Finanz- und Kontrollverantwortung zwischen staatlichen Aufgabenträgern.[35]

2. Kontrollverflechtungen als Systembruch

In seiner aktuellen Entscheidung weicht das *BVerfG* von dieser Rechtsprechungslinie ab. Das Gericht weist einem funktionalen Verständnis des Art. 91e GG und Wirksamkeitsüberlegungen nunmehr ein größeres Gewicht als systematischen Ordnungsüberlegungen zu.

Bereits die Tatsache, dass die Verfassung selbst kein striktes Trennungssystem verwirklicht, sondern Finanz- und Kontrollverflechtungen zwischen Bund und Ländern kennt, ist ein Indiz dafür, dass einer wirksamen Kontrollstruktur ein eigener verfassungsrechtlicher Wert

31 BVerfGE 119, 331 (364 ff.).

32 Art. 7 des Gesetzes zur Sicherung von Beschäftigung und Stabilität in Deutschland v. 2.3.2009, BGBl. I, 416.

33 BVerfGE 127, 165 ff. Vgl. dazu nur aus der Literatur *Henneke*, NVwZ 2012, 399 ff.; *Janz*, NWVBl. 2011, 81 ff.

34 BVerfGE 127, 165 (191 ff.).

35 Ebenso *Ferdinand Kirchhof* (Fn. 7); *Waldhoff*, VVDStRL Bd. 66 (2007), S. 216 ff.

zukommt.[36] Der Gedanke einer wirksamen und daher im Einzelfall auch verflochtenen Organisationsstruktur lässt sich also durchaus verfassungsrechtlich begründen. Das Gebot einer funktionsgerechten Finanz- und Kontrollordnung tritt verfassungsrechtlich neben den Grundsatz einer eigenverantwortlichen Aufgabenwahrnehmung. Aus einer rein quantitativen Perspektive heraus lässt sich allerdings sagen, dass eine Verantwortungstrennung zwischen Bund und Kommunen den verfassungsrechtlichen Regelfall bildet. Insoweit stellt eine Finanz- und Kontrollbeziehung zwischen Bund und Kommunen einen Bruch im verfassungsrechtlichen System der Verantwortungsteilung dar.

Fraglich ist, ob dieser Systembruch verfassungswidrig ist. Möglicherweise ist der verfassungsändernde Gesetzgeber zumindest dem Grunde nach an ein verfassungsrechtliches Trennungssystem gebunden.

3. Kontrollverflechtungen als verfassungswidriger Systembruch?

Ob eine Auslegung des Art. 91e Abs. 3 GG dahingehend, dass er Kontrollbefugnisse des Bundes gegenüber den Kommunen erlaubt, verfassungswidrig ist, hängt davon ab, welche verfassungsrechtlichen Vorgaben der verfassungsändernde Gesetzgeber zu beachten hat.

Art. 79 Abs. 3 GG stellt eine – hier nicht einschlägige[37] – äußere Gestaltungsgrenze auf. Die hier in Frage stehenden Kontrollverflechtungen zwischen Bund und Kommunen sind nicht derart intensiv, dass sie einen in Art. 20 GG niedergelegten Grundsatz berühren würden. Fraglich ist, ob es weitere Gestaltungsgrenzen gibt. So könnte man überlegen, ob neben Art. 79 Abs. 3 GG weitere Verfassungsrechtssätze existieren, die den verfassungsändernden Gesetzgeber binden und bei ihrer Nichtbeachtung zu dann so genanntem verfassungswidrigen Verfassungsrecht führen.[38] Möglicherweise ist der verfassungsändernde Gesetzgeber z. B. verpflichtet, die wesentlichen Grundzüge einer Finanzkontrollbefugnis des Bundes gegenüber den Kommunen in der

36 BVerfG, NVwZ 2015, 136 (150), Rn. 175 ff. In diesem Sinne bereits *Mayen*, NVwZ 2011, 584 ff.

37 So auch BVerfG, NVwZ 2015, 136, Rn. 84. Aus der Literatur z. B. *Hans H. Klein*, in: Maunz/Dürig, GG, Art. 91e Rn. 13; *Hubert Meyer*, NVwZ 2015, 116 (118).

38 Überlegungen in diese Richtung finden sich bei *Hans H. Klein*, in: Maunz/Dürig, GG, Art. 91e Rn. 13; *Hubert Meyer*, NVwZ 2015, 116 (118); *Siekmann*, in: Sachs (Hrsg.), GG, 7. Aufl. 2014, Art. 91e Rn. 11.

Verfassung selbst hinreichend bestimmt vorzuformen.[39] Möglicherweise existiert ein Verfassungsrechtssatz, der den verfassungsändernden Gesetzgeber verpflichtet, Abweichungen vom Grundsatz eigenverantwortlicher Aufgabenwahrnehmung in der Verfassung selbst zu regeln.

Geht man davon aus, dass Art. 79 Abs. 3 GG die Varianten verfassungswidrigen Verfassungsrechts abschließend regelt,[40] dann erlaubt Art. 91e Abs. 3 GG auch Systembrüche. Eine Auslegung dieses Verfassungsgesetzes dahingehend, dass es den Bundesgesetzgeber auch zum Erlass von Kontrollbefugnissen des Bundes gegenüber den Kommunen ermächtigt, ist verfassungsrechtlich zulässig.

IV. Ergebnis und Ausblick

Trotz der Friktionen mit dem Grundsatz eigenverantwortlicher Aufgabenwahrnehmung ist Art. 91e GG kein verfassungswidriges Verfassungsgesetz, da insbesondere Art. 79 Abs. 3 GG nicht verletzt ist. Eine Auslegung des Art. 91e Abs. 3 GG dahingehend, dass er dem Bundesgesetzgeber erlaubt, Kontrollbefugnisse des Bundes gegenüber den Kommunen zu normieren, ist verfassungsrechtlich zulässig. Ob die auf reine Wirksamkeitsüberlegungen und historisch-genetische Aspekte gestütze Auslegungsvariante des *BVerfG* dogmatisch überzeugt, ist eine andere Frage.[41] Die durch Art. 91e Abs. 3 GG ausgelösten dogmatischen Ungereimtheiten lassen sich letztlich wohl nur durch eine erneute Verfassungsänderung beseitigen.

Art. 91e GG ist also ein Reformmodell, hält man Verflechtungstatbestände und Verbundmodelle[42] zwischen Bund und Kommunen

39 Eine solche ausdrückliche verfassungsrechtliche Regelung fordert *Hermes*, in: Dreier, GG, 2. Aufl., Supplementum 2010, Art. 91e Rn. 48, 53. In diese Richtung auch *Hans H. Klein*, in: Maunz/Dürig, GG, Art. 91e Rn. 13.

40 So auch BVerfG, NVwZ 2015, 136, Rn. 84. Aus der Literatur z. B. *Hans H. Klein*, in: Maunz/Dürig, GG, Art. 91e Rn. 13; *Hubert Meyer*, NVwZ 2015, 116 (118).

41 Kritisch insoweit die Urteilsanmerkungen von *Henneke*, DVBl. 2014, 1540 ff. und *Berger*, JZ 2014, 1163 ff. Ebenso *Hubert Meyer*, NVwZ 2015, 116 (118).

42 Den Begriff des Verwaltungsverbundes prägte *Schmidt-Aßmann*, Europäischer Verwaltungsverbund, in: Grundlagen des Verwaltungsrechts, Bd. I, 2006, § 5; *ders.*, in: ders./Schöndorf-Haubold (Hrsg.), Der Europäische Verwaltungsverbund, 2005, S. 1 (7 ff.).

politisch für opportun.[43] Voraussetzung für eine in der Praxis funktionierende Finanzkontrolle ist jedoch eine hinreichend präzise verfassungsrechtliche Regelung der Finanz- und Kontrollbefugnisse des Bundes.

43 Die Vorteile von Verbundmodellen im Verwaltungsorganisationsrecht heben *Eifert*, Electronic Government. Das Recht der elektronischen Verwaltung, 2006; *Siegel*, Entscheidungsfindung im Verwaltungsverbund, 2009 und *Winkler*, Verwaltungsträger im Kompetenzverbund, 2009, jeweils passim, hervor. In diesem Sinne auch *Möllers*, Materielles Recht – Verfahrensrecht – Organisationsrecht. Zur Theorie und Dogmatik dreier Dimensionen des Verwaltungsrechts, in: Trute u. a. (Hrsg.), Allgemeines Verwaltungsrecht – zur Tragfähigkeit eines Konzepts, 2008, S. 489 ff. Kritisch demgegenüber *Peter M. Huber* (Fn. 7), D 20, der eine „Verantwortungs- und Entscheidungsmüdigkeit aufgrund einer Vermischung von Zuständigkeiten" beklagt.

Kyrill-Alexander Schwarz

Finanzkontrolle und Aufsicht

I. Einleitung

Folgt man dem Duden als der „... *maßgeblichen Instanz für alle Fragen der deutschen Sprache* ...“, so sind Kontrolle und Aufsicht wohl nur als Synonyme zu betrachten;[1] wirft man dagegen einen Blick in das rechtswissenschaftliche Schrifttum, so wird diese Synonymitätstheorie[2] mit der wohl herrschenden Meinung abgelehnt. Danach ist Aufsicht vielmehr eine Unterkategorie von Kontrolle.[3] Dass Kontrolle und Aufsicht nicht deckungsgleich sind – was partielle Überschneidungen, wie noch nachzuweisen sein wird, nicht ausschließt –, belegt aber auch die jüngere Rechtsprechung des Bundesverfassungsgerichts. Danach müsse zwischen einer Finanzkontrolle des Bundes und Aufsichtsbefugnissen unterschieden werden. So gehe es bei der Wahrnehmung von Aufsichtsbefugnissen zum einen um auf Kontrolle zielendes Beobachten, das auch die Befugnis zur Einwirkung auf die zu beaufsichtigende Stelle umfasse, zum anderen sei Finanzkontrolle aber auch beschränkt auf die Rechnungslegung, die Wirtschaftlichkeit der Ausgaben und die Durchsetzung möglicherweise bestehender Erstattungsansprüche. Vor allem – und dies sei an dieser Stelle zu betonen – diene eine Finanzkontrolle nicht der Rückkopplung des Gesetzesvollzugs an die Absichten des Gesetzgebers und in Sonderheit nicht der Gewährleistung eines grundsätzlich einheitlichen Gesetzesvollzugs.[4] Zudem müsse zwischen ministerieller Finanzkontrolle und der des Bundesrechnungshofes unterschieden werden. So sei der Bundesrechnungshof ein zur unabhängigen Finanzkontrolle berufenes Organ, dessen Prüftätigkeit das allgemeine Verfassungsgebot der Kontrolle über die staatliche Finanzgewalt umsetze und im Demokratieprinzip gründe. Dies legitimiere ihn auch, alle Einnahmen und Ausgaben des Bundes zu prüfen und ihre Wirtschaftlichkeit zu bewerten. Entschei-

1 Duden, Das Synonymwörterbuch, 6. Aufl., 2013, S. 574 (Stichwort: „Kontrolle“).

2 Vgl. dazu beispielsweise *P. Kirchhof*, Mittel staatlichen Handelns, in: Isensee/Kirchhof (Hrsg.), HStR Bd. V, 3. Aufl., 2007, § 99 Rn. 229.

3 *Kahl*, Die Staatsaufsicht, 2000, S. 357, 402 f.

4 Zum Vorstehenden nur *BVerfG*, JZ 2014, 1153 (1156, Rn. 99).

dend sei für den Bundesrechnungshof, dass seine Prüfungsbefugnisse auf eine reine Kontrolle beschränkt seien, ihm aber keine Mitentscheidungs- oder Sanktionsbefugnisse zustünden. Demgegenüber sei die ministerielle Finanzkontrolle nach Art. 91e Abs. 2 Satz 2 GG zwar im Anwendungsbereich und in ihrer Zielsetzung enger; zugleich reichten die Befugnisse aber weiter, gestatteten sie doch zur Wahrung der fiskalischen Interessen des Bundes auch, öffentlich-rechtliche Erstattungsansprüche geltend zu machen und durchzusetzen.[5]

Vor dem Hintergrund dieser Aussagen, die den – im Ergebnis zutreffenden – Eindruck erwecken, es bestünde ein Bundes-Kontrollregime mit sich partiell überschneidenden Zuständigkeiten und Befugnissen, will der nachfolgende Beitrag den Versuch unternehmen, die wesentlichen Unterschiede zwischen (originärer) Finanzkontrolle durch den Bundesrechnungshof einerseits und weiterer (ministerieller) Kontrolle und Aufsicht durch den Bund andererseits aufzuzeigen und zu bewerten.

II. Bedeutung der Finanzkontrolle im föderalen Mehrebenensystem

„*Die gesamte staatliche Gebarung, ungeachtet, ob und in welcher Weise sie im allgemeinen Staatsbudget ihren Niederschlag findet, unterliegt der Kontrolle der Obersten Rechnungskontrollbehörde.*“[6] Nimmt man den sich in diesen Zeilen findenden Generalauftrag der Rechnungshöfe ernst, so dürfte es keine kontrollfreien Reservate geben. Unstreitig bedarf also die Verwendung öffentlicher Gelder einer unabhängigen Kontrolle, um Defizite beim Einsatz von Finanzmitteln durch ein Netz nachträglicher Kontrollen wenn schon nicht zu kompensieren, dann aber zumindest zu mindern.[7] In diesem Sinne erweist sich die Finanzkontrolle, verstanden als eigene Kategorie der Überprüfung staatlichen Handelns,[8] denn auch als ein elementarer Bestandteil des demokratischen Verfassungsstaates.[9] Vor diesem Hintergrund prüft der Bundes-

---

5 BVerfG, JZ 2014, 1153 (1156, Rn. 100).

6 § 18 Nr. 3 der Deklaration von Lima.

7 Vgl. in diesem Sinne auch *Mußgnug*, Der Haushaltsplan als Gesetz, 1976, S. 47.

8 So auch *Gröpl*, Wirtschaftlichkeit und Sparsamkeit staatlichen Handelns, in: Isensee/Kirchhof (Hrsg.), HStR Bd. V, 3. Aufl. 2007, § 121 Rn. 39.

9 *Heintzen*, in: v. Münch/Kunig (Hrsg.), GG, 6. Aufl., 2012, Art. 114 Rn. 1; *ders.*, Staatshaushalt, in: Isensee/Kirchhof (Hrsg.), HStR Bd. V, 3. Aufl., 2007, § 120 Rn. 84; *Heun*, in: Dreier (Hrsg.), GG, 2. Aufl., 2008, Art. 114 Rn. 9f.; *Hufeld*, Der

rechnungshof – dem Gedanken einer prinzipiell lückenlosen Finanzkontrolle verpflichtet – die gesamte Haushalts- und Wirtschaftsführung des Bundes. Dies trägt auch dem Postulat einer letzten Endes im Demokratieprinzip wurzelnden Verantwortung der Exekutive für die Verwendung öffentlicher Gelder Rechnung. Insgesamt ist dem Verfassungsstaat des Grundgesetzes damit ein System lückenloser Finanzkontrolle[10] eigen, um kontrollfreie Räume überhaupt nicht entstehen zu lassen.[11] Allerdings ist – wie eine genauere Analyse zeigen wird – der Anspruch auf Lückenlosigkeit der Finanzkontrolle nicht durchzuhalten; er findet seine Grenzen in der verfassungsrechtlichen Ordnung – dies gilt insbesondere mit Blick auf die bundesstaatliche Kompetenzordnung. Von zentraler Bedeutung sind Kontroll- und Aufsichtsrechte des Bundes bei finanziellen Zuwendungen des Bundes an die Länder und in Sonderheit an die kommunale Ebene. Dabei geht es im Kern vor allem um die Frage, ob die Finanzkontrolle des Bundesrechnungshofes etwa funktional zur Finanzierungskompetenz des Bundes verstanden werden könnte,[12] was die Gefahr mit sich brächte, die vertikale und horizontale Verteilung der Finanzkompetenzen des Grundgesetzes zu überspielen.[13]

Bundesrechnungshof und andere Hilfsorgane des Bundestages, in: Isensee/Kirchhof (Hrsg.), HStR Bd. III, 3. Aufl., 2005, § 56 Rn. 10; *Isensee*, ZöR Bd. 63 (2008), S. 29 (31); *Schwarz*, in: v. Mangoldt/Klein/Starck (Hrsg.), GG, 6. Aufl., 2010, Art. 114 Rn. 51.

10 Dazu *v. Arnim*, DVBl. 1983, 664 (664 f.); *Brockmeyer*, in: Schmidt-Bleibtreu/Hofmann/Henneke (Hrsg.), GG, 13. Aufl., 2014, Art. 114 Rn. 13; *Butzer*, in: Epping/Hillgruber (Hrsg.), 2. Aufl., 2013; GG, 2009, Art. 114 Rn. 15; *Engels*, in: Kahl/Waldhoff/Walter (Hrsg.), Bonner Kommentar, Art. 114 Rn. 188, (Stand: 147 EL, 2010); *Haverkate*, VVDStRL Bd. 46 (1988), S. 217 (231); *Heintzen* (Fn. 9), Art. 114 Rn. 34; *Heun* (Fn. 9), Art. 114 Rn. 24; *Isensee*, ZöR Bd. 63 (2008), S. 29 (31); *Kloepfer*, Finanzverfassungsrecht mit Haushaltsverfassungsrecht, 2014, § 15 Rn. 49; *Krebs*, Kontrolle in staatlichen Entscheidungsprozessen, 1984, S. 112; *Kube*, in: Maunz/Dürig, GG, Stand: 53. EL, 2008, Art. 114 Rn. 84 f.; *Löwer*, NWVBl. 2009, 125 (128 ff.); *Puhl*, Budgetflucht und Haushaltsverfassung, 1996, S. 345; *Schulze-Fielitz*, VVDStRL Bd. 55 (1996), S. 231 (241 f.); *Schwarz* (Fn. 9), Art. 114 Rn. 52; *ders.*, NdsVBl. 2010, 7 (8); *ders.*, DVBl. 2011, 135 (135 f.); *Siekmann*, in: Sachs, GG, 7. Aufl. 2014, Art. 114 Rn. 29; *Stern*, Das Staatsrecht der Bundesrepublik, Band 1, 2. Aufl., 1984, S. 429; *Tiemann*, Die staatsrechtliche Stellung der Finanzkontrolle des Bundes, 1974, S. 77 ff.

11 BVerwGE 116, 92 (94 ff.).

12 So beispielsweise *Kammer*, DVBl. 1990, 555 ff.; *Mähring*, DÖV 2006, 195 ff.

13 Zu dieser Frage ausführlich auch *Schwarz*, DVBl. 2011, 135 (135 f.).

III. Die Finanzkontrolle im föderalen Staat

1. Die prinzipielle Lückenlosigkeit staatlicher Finanzkontrolle

Nach dem Grundgesetz und den entsprechenden landesverfassungsrechtlichen Bestimmungen[14] kommt der Finanzkontrolle die Aufgabe zu, das allgemeine Verfassungsgebot der Kontrolle gegenüber der staatlichen Finanzgewalt zu realisieren.[15] Die Notwendigkeit wirksamer Kontrolle folgt dabei aus dem Demokratieprinzip selbst,[16] da eine dem *démos* verantwortliche Herrschaft immer auch eine vom Volk abgeleitete Herrschaftsgewalt ist; sie begründet eine Treuhänderstellung der ausgeübten Staatsgewalt gegenüber dem eigentlichen Träger der Staatsgewalt. Die Pflicht staatlicher Organe, Rechenschaft über das öffentliche Finanzgebaren abzulegen, kann zudem aus dem Gedanken der verantwortlichen Bewirtschaftung fremder Mittel abgeleitet werden.[17] Insoweit ist Art. 114 GG auch Ausdruck eines allgemeinen Rechtsgedankens, dass derjenige zur Rechenschaft verpflichtet ist, wer für einen anderen über pekuniäre Mittel verfügt. Der Verantwortung entsprechen daher Kontrolle und anschließende Entlastung durch denjenigen, von dem die Befugnis zur Ausübung staatlicher Gewalt abgeleitet wird. Insoweit erweist sich die Rechnungslegung als notwendige Voraussetzung einer durch Bundestag und Bundesrat ausgeübten öffentlichen Finanzkontrolle. Aus dem Gedanken, dass parlamentarische Finanzkontrolle ein unabdingbares Element demokratischer Kontrolle und notwendiger Bestandteil des parlamentarischen Budgetrechts ist, folgt daher auch – was auch seinen einfachgesetzlichen Niederschlag in § 42 Abs. 1 HGrG gefunden hat –, dass grundsätzlich die gesamte[18]

---

14 Vgl. nur Art. 83 II 1 LV BW.; Art. 80 I 2 BayVerf; Art. 95 III Verf. Berlin; Art. 107 Verf. Brb.; Art. 133a Verf. Bremen; Art. 71 HambVerf.; Art. 67 II LV MV; Art. 70 NdsVerf; Art. 86 II LV NRW; Art. 120 Verf. RhPf; Art. 106 III 2 SaarlVerf.; Art. 100 SächsVerf.; Art. 97 II Verf LSA.; Art. 56 LV SH; Art. 103 ThürVerf.

15 So ausdrücklich: *Degenhart*, VVDStRL Bd. 55 (1996), S. 190 (204).

16 Vgl. dazu statt aller: *Haverkate*, VVDStRL Bd. 46 (1988), S. 217 (223 ff.).

17 Im Einzelnen wird auf die Verfügungsmacht über fremde Gelder (so: *v. Arnim*, Wirksamere Finanzkontrolle bei Bund, Ländern und Gemeinden, 1978, S. 9), auf die treuhänderische Verwaltung fremder Vermögenswerte (so: *Reger*, VerwArch Bd. 66 [1975], S. 195 [197]) oder auf das Wirtschaften der öffentlichen Hand für Rechnung des Steuerzahlers (so: *Dreßler*, Stellung und Aufgabe des Bundesrechnungshofs, in: 250 Jahre Rechnungsprüfung, 1964, S. 157) abgestellt.

18 *Krebs* (Fn. 10), S. 182; *Heun* (Fn. 9), Art. 114 Rn. 23.

Haushalts- und Wirtschaftsführung des Bundes der Kontrolle des Bundesrechnungshofes unterworfen ist.[19]

Das Grundgesetz regelt in Art. 114 zunächst nur die Finanzkontrolle über die Bewirtschaftung der Mittel aus dem Haushaltsplan des Bundes, während die Finanzkontrolle in den Ländern Gegenstand landesverfassungsrechtlicher Bestimmungen ist. Der Verfassungsstaat des Grundgesetzes darf allerdings keine kontrollfreien Räume dulden[20] und ist daher prinzipiell auf Vollständigkeit der Finanzkontrolle durch entsprechende Organe angelegt.[21] Grundsätzlich ist daher zur Vermeidung prüfungsfreier Räume jedes finanzwirksame staatliche Handeln der Finanzkontrolle des Rechnungshofes unterworfen. Damit ist die staatliche Finanz- und Haushaltswirtschaft umfassend und lückenlos erfasst.[22] Gerade weil die Rechnungsprüfung zum Kernbereich demokratischer Staatskontrolle zu zählen ist, darf sie grundsätzlich auch keiner Beschränkung unterworfen sein und auch nicht zur Disposition des einfachen Gesetzgebers stehen. Dies bedeutet im Ergebnis, dass alle mittelbar oder unmittelbar finanzwirksamen Aktivitäten in Bezug auf den Haushalt des Bundes oder der Länder auch einer entsprechenden Prüfung unterliegen.

2. Die Grenzen der Finanzkontrolle im gestuften Staat

Art. 114 Abs. 2 Satz 1 GG statuiert – schon wegen des Grundsatzes der unabhängigen und selbstständigen Haushaltsführung in Art. 109 Abs. 1 GG – keine Prüfungsrechte des Bundesrechnungshofes *bei* bzw. *gegenüber* den Ländern. Dies trägt auch dem Gedanken Rechnung, dass die Länder haushaltswirksame Entscheidungen treffen können müssen, ohne Ingerenzmöglichkeiten des Bundes ausgesetzt zu sein, die

---

19 *Puhl* (Fn. 10), S. 347 ff. (insbesondere zur Finanzkontrolle gegenüber Nebenhaushalten des Bundes); *Schwarz* (Fn. 9), Art. 114 Rn. 52.

20 Vgl. *v. Arnim*, DVBl. 1983, 664 (664 f.); *Butzer* (Fn. 10), Art. 114 Rn. 7, 15; *Haverkate*, VVDStRL Bd. 46 (1988), S. 217 (231); *Heun* (Fn. 9), Art. 114 Rn. 24; *Isensee*, ZöR Bd. 63 (2008), S. 29 (31); *Krebs* (Fn. 10), S. 182; *Löwer*, NWVBl. 2009, 125 (128 ff.); *Schulze-Fielitz*, VVDStRL Bd. 55 (1996), S. 231 (241 f., 251 ff.).

21 BVerwGE 116, 92 (94 ff.).

22 Dazu ausführlich: *v. Arnim*, DVBl. 1983, 664 (664 f.); *Brockmeyer* (Fn. 10), Art. 114 Rn. 13; *Eggeling*, Finanzkontrolle im Bundesstaat, 1987, S. 33 ff.; *Heun* (Fn. 9), Art. 114 Rn. 24; *ders.*, Staatshaushalt und Staatsleitung, 1989, S. 506; *Hufeld* (Fn. 9), § 56 Rn. 9; *Kube* (Fn. 10), Art. 114 Rn. 68; *Löwer*, NWVBl. 2009, 125 (128 ff.); *Puhl* (Fn. 10), S. 345; *Schwarz* (Fn. 9), Art. 114 Rn. 53; *Stern* (Fn. 10), S. 429 („Generalauftrag"); S. *Tiemann* (Fn. 10), S. 77 ff.

einer normativen Grundlage in der Verfassung entbehren.[23] Nicht abschließend geklärt und bis heute umstritten sind gleichwohl die Grenzen, die der Prüfungstätigkeit eines Rechnungshofes durch kollidierende Rechtspositionen im föderalen Verfassungsgefüge gesetzt werden. Mit dem Verfassungsgebot einer demokratisch bedingten umfassenden Finanzkontrolle ist daher noch keine Aussage zu den rechtlichen Grenzen einer solchen Kontrolle verbunden.[24] Wenn die vorstehenden Ausführungen zunächst auch den Eindruck erwecken, der Prüfungstätigkeit eines Rechnungshofes seien keine Grenzen gesetzt, so folgt schon aus dem Postulat der Einheit der Verfassung, dass das Verfassungspostulat einer lückenlosen Prüfung nicht etwa unbegrenzt gilt, sondern vielmehr auch Abwägungen mit anderen verfassungsrechtlich radizierten Rechtspositionen wie beispielsweise der Eigenstaatlichkeit der Länder im Bundesstaat zugänglich ist.[25]

Mit dem Postulat der Lückenlosigkeit der Finanzkontrolle ist daher also auch noch keine Aussage über die Adressaten der Kontrollbefugnisse innerhalb der bundesstaatlichen Ordnung verbunden. Unstreitig ist zunächst, dass bei der Inanspruchnahme von Finanzhilfen des Bundes durch Länder und Kommunen grundsätzlich der Bund auch ein Recht auf Unterrichtung, Nachweis und Bericht über den zweckentsprechenden Einsatz der Finanzmittel hat.[26] Gerade der Bundesstaat offenbart hier auf den ersten Blick spezifische Probleme bei der Finanzkontrolle, ist doch die Staatsorganisation einerseits verdoppelt, die Staatsgewalt andererseits aber geteilt zwischen Zentralstaat und Gliedstaaten, die jeweils auch eigene Staatsqualität für sich in Anspruch nehmen.[27] Wenn Zentralstaat und Gliedstaaten sich zu einer Entscheidungs- und Verantwortungseinheit des Gesamtstaates fügen, dann muss dies prinzipiell auch für das Finanzgebaren gelten, da gerade

---

23 Siehe dazu auch *Henneke*, KommunalPraxis spezial 2010, 56 (58).

24 Sehr deutlich auch: BVerfGE 127, 165 = BVerfG, NVwZ 2010, 1549 (1558 Rn. 145): *„Der ‚Generalauftrag' für eine effektive Finanzkontrolle, (...) bezeichnet daher nur eine der beiden zum Ausgleich zu bringenden Positionen. Aus dieser Qualifizierung folgt noch nicht, wie der Ausgleich zu erfolgen hat."*

25 Zum Erfordernis eines Ausgleichs von Bundesinteressen und Haushaltsautonomie der Länder vgl. nur BVerfG, NVwZ 2010, 1549 (1556 Rn. 129): *„Mit diesem Interesse des Bundes muss jedoch die Haushaltsautonomie der Länder (Art. 109 Abs. 1 GG) in Ausgleich gebracht werden."*; (1558 Rn. 145): *„Das verbietet es, allein auf das Bundesinteresse abzustellen und einseitig die Effektivität der Bundesrechnungshofstätigkeit zu maximieren."*

26 *Schwarz*, DVBl. 2011, 135 (137).

27 Zur Staatsqualität der Länder siehe auch BVerfGE 1, 14 (34); 6, 309 (347); 34, 9 (19 f.); 36, 342 (360); 60, 175 (207); 72, 330 (388); vgl. dazu ferner auch im Schrifttum: *Sommermann*, in: v. Mangoldt/Klein/Starck (Hrsg.), GG-Kommentar, 6. Aufl. 2010, Art. 20 Rn. 26 ff.

hier die bundesstaatliche Ordnung als solche kein Abweichen von den verfassungsrechtlichen Maßstäben der Rechnungsprüfung dulden kann.[28] Der Finanzkontrolle kommt im föderalen Staatsaufbau die zentrale Aufgabe zu, die Funktionsvoraussetzungen der bundesstaatlichen Ordnung zu sichern. Zugleich hat sie als Hüterin der Bundesstaatlichkeit die Eigenstaatlichkeit der Gliedstaaten zu wahren und sichern.[29]

Da auch die Länder und Kommunen Teile des Bundeshaushaltsplanes ausführen, Bundesmittel verwalten und Empfänger von Bundesmitteln sind und sich damit auch Auswirkungen auf die Haushalts- und Wirtschaftsführung des Bundes ergeben können, kommt schon vor diesem Hintergrund gerade der Kontrolle interföderativer Finanzbeziehungen mit Blick auf das Ziel möglichst weitreichender Transparenz besondere Bedeutung zu.[30] Dabei ist zunächst zu berücksichtigen, dass auch Länder und Kommunen verpflichtet sind, die ihnen obliegenden Aufgaben nach Maßgabe des geltenden Rechts und unter Beachtung der Grundsätze der Wirtschaftlichkeit und Sparsamkeit wahrzunehmen. Allerdings begegnet es vor dem Hintergrund der Staatsqualität der Länder und der durch Art. 109 GG gewährleisteten Selbstständigkeit und Unabhängigkeit ihrer Haushalts- und Wirtschaftsführung[31] erheblichen Bedenken, lediglich aus dem Umstand, dass auch Länder und Kommunen mit ihren durch den Bund zur Verfügung gestellten finanziellen Mitteln wirtschaften, schließen zu wollen, diese unterlägen umfassend nach § 91 BHO als Stellen außerhalb der Bundesverwaltung der Prüfung durch den Bundesrechnungshof. Ein solcher Ansatz übersieht schon dem Grunde nach die Besonderheiten der föderalen (Verfassungs-)Ordnung, die die Eigenstaatlichkeit der Länder auch und gerade im Bereich der Finanzbeziehungen zu schützen verpflichtet ist. Das die föderale Eigenstaatlichkeit gewährleistende duale Modell der bundesstaatlichen Finanzkontrolle mit der strikten Trennung der Aufgabenbereiche des Bundesrechnungshofes und der Landesrechnungshöfe garantiert prinzipiell die Selbstständigkeit und Unabhängigkeit der Haushaltswirtschaft von Bund und Ländern. Auch wenn dies prinzipiell zu einem System der Alternativität mit einer Zuständigkeit entwe-

---

28 So *Isensee*, ZöR Bd. 63 (2008), S. 29 (31).

29 Vgl. insoweit auch: *Brockmeyer* (Fn. 10), Art. 114 Rn. 12; *Kube* (Fn. 10), Art. 114 Rn. 84 ff.; *Schwarz* (Fn. 9), Art. 114 Rn. 56; *ders.*, DVBl. 2011, 135 (137); *Tiemann* (Fn. 10), S. 282, 287.

30 *Eggeling* (Fn. 22), S. 23; *Engels* (Fn. 10), Art. 114 Rn. 212 ff.; *Kloepfer* (Fn. 10); § 15 Rn. 51; *Kube* (Fn. 10), Art. 114 Rn. 84; *Tiemann* (Fn. 10), S. 287.

31 Vgl. dazu nur BVerfGE 127, 165 = BVerfG, NVwZ 2010, 1549 (1550, Rn. 80), wonach die Befugnisse von § 6a Satz 1 ZuInvG eine die Länderkompetenz beeinträchtigende Rechtspflicht von Landesbehörden gegenüber dem Bund begründen, die mit Art. 109 Abs. 1 GG nicht zu vereinbaren ist.

der des Bundes- oder der Landesrechnungshöfe führt,[32] so bedarf es gleichwohl im Ergebnis einer differenzierenden Betrachtung, die der Bewertung insbesondere Art und Ausmaß der finanziellen Verflechtungen von Bund und Ländern (unter Einschluss der kommunalen Ebene) zugrunde legt und damit ungeachtet der Staatsqualität der Länder eine wirksame Finanzkontrolle gewährleistet.[33]

Ausgeschlossen von der Prüfung sind daher unstreitig Finanzzuweisungen nach Art. 106 Abs. 4 Satz 2 GG, Ergänzungszuweisungen nach Art. 107 Abs. 2 Satz 3 GG und Ausgleichsleistungen nach Art. 106 Abs. 8 Satz 1 GG, da diese Mittel als allgemeine Deckungsmittel in ihrer Verwendung der Haushaltssouveränität der Länder unterliegen. Insoweit unterliegt auch die Mittelverwendung allein der Kontrolle durch die Rechnungsprüfungsbehörden der Länder und der Kommunen.[34] Im Übrigen bestimmt sich der Umfang der Prüfungsbefugnisse nach der Reichweite der Aufsichts- und sonstigen Ingerenzmöglichkeiten, die dem Bund nach allgemeinen Kompetenzregeln im Verhältnis gegenüber den Ländern und kommunalen Gebietskörperschaften zustehen.[35] So können sich insbesondere im Bereich der Gemeinschaftsaufgaben nach Art. 91a und 91b sowie bei der Mischfinanzierung nach Art. 104b GG aus den gemeinsamen Zuständigkeiten im Bereich der Finanzen auch Doppelzuständigkeiten der Landesrechnungshöfe einerseits und des Bundesrechnungshofes andererseits ergeben, die entweder durch eine gemeinsame Prüfung der jeweils zuständigen Rechnungshöfe oder durch die Übernahme von Prüfungsaufgaben eines Landesrechnungshofes durch den Bundesrechnungshof nach § 93 BHO aufgelöst werden können.[36]

---

32 Dazu *Butzer* (Fn. 10), Art. 114 Rn. 16; *Isensee*, ZöR Bd. 63 (2008), S. 29 (38); *Schwarz*, DVBl. 2011, 135 (137).

33 Vgl. insoweit nur *Blasius*, DÖV 1992, 18 (20); *Brockmeyer* (Fn. 10), Art. 114 Rn. 12; *Kube* (Fn. 10), Art. 114 Rn. 85; *Schwarz* (Fn. 9), Art. 114 Rn. 56; *ders.*, DVBl. 2011, 135 (137).

34 So auch *Heintzen* (Fn. 9), Art. 114 Rn. 34; *Kube* (Fn. 10), Art. 114 Rn. 86; *Schwarz* (Fn. 9), Art. 114 Rn. 57; *ders.*, NdsVBl. 2010, 7 (8); *ders.*, DVBl. 2011, 135 (137 f).

35 Ausführlich: *Blasius*, DÖV 1992, 18 (20 ff.); *Kloepfer* (Fn. 10); § 15 Rn. 51; *Schwarz*, NdsVBl. 2010, 7 (8); *ders.*, DVBl. 2011, 135 (138).

36 Zum Vorstehenden auch *Brockmeyer* (Fn. 10), Art. 114 Rn. 12 ff.; *Butzer* (Fn. 10), Art. 114 Rn. 20; *Engels* (Fn. 10), Art. 114 Rn. 214; *Grupp*, Die Stellung der Rechnungshöfe in der Bundesrepublik Deutschland unter besonderer Berücksichtigung der historischen Entwicklung der Rechnungsprüfung, 1972, S. 131; *Kube* (Fn. 10), Art. 114 Rn. 90 f.; *Schwarz* (Fn. 9), Art. 114 Rn. 57; *ders.*, NdsVBl. 2010, 7 (8); *Tiemann* (Fn. 10), S. 276.

3. Die akzessorische Finanzkontrolle durch den Bundesrechnungshof

Ausgehend von den vorstehenden Erwägungen sind die Befugnisse des Bundesrechnungshofes für eine Finanzkontrolle bei der Gewährung von Finanzhilfen akzessorisch zur Kompetenz der Bundesverwaltung zu bestimmen.[37] Soweit im Schrifttum[38] die These vertreten wird, die Kompetenzen des Bundesrechnungshofes müssten nach Maßgabe der Finanzierungskompetenz des Bundes zu bestimmen sein, mag dies zwar dem Gedanken einer Stärkung und Effektivierung des Bundesrechnungshofes geschuldet sein;[39] gleichwohl hat der Bundesrechnungshof keine umfassenden Kontrollbefugnisse mit Blick auf die Gesamtheit föderaler Finanzbeziehungen.[40] Im Ergebnis sind daher die Prüfungs- und Erhebungskompetenzen des Bundesrechnungshofes mit den Exekutivkompetenzen des Bundes verknüpft, die insoweit Grund und Grenze der Tätigkeit des Bundesrechnungshofes bilden.[41]

IV. Finanzkontrolle und Aufsichtsbefugnisse bei der Grundsicherung für Arbeitsuchende

Die Finanzierung und der Vollzug der Grundsicherung für Arbeitssuchende sind nicht nur hochrangig zwischen Bund und Ländern miteinander verflochten. Dass gerade in Ansehung des erheblichen finanziellen Volumens, das im Wesentlichen vom Bund getragen wird, die Tatsache, dass der Bund gleichwohl in großen Teil der von ihm (mit-) finanzierten Aufgaben nicht unmittelbar in den Vollzug eingebunden ist und keine fachlichen Weisungs- und Aufsichtsrechte hat, von Bun-

37 Vgl. dazu BVerfG, NVwZ 2010, 1549 (1556, Rn. 131; 1559, Rn. 147 f.); JZ 2014, 1153 (11562 Rn. 176); siehe ferner im Schrifttum: *Blasius*, DÖV 1992, 18 (22 f.); *Brockmeyer* (Fn. 10), Art. 114 Rn. 12d; *Eggeling* (Fn. 22), S. 85 f.; *Kube* (Fn. 10), Art. 114 Rn. 88, 92; *Schwarz* (Fn. 9), Art. 114 Rn. 57 f.; *ders.*, NdsVBl. 2010, 7 (8).

38 So beispielsweise *Kammer*, DVBl. 1990, 555 (558 f.); *Mähring*, DÖV 2006, 195 (203).

39 Zur – mangelnden – Validität dieser Argumentation auch ausführlich im Schrifttum *Henneke*, DÖV 2011, 417 (420).

40 So auch BVerfG, NVwZ 2010, 1549 (1559, Rn. 148); zuletzt bestätigt in BVerfG, JZ 2014, S. 1153 (11562 Rn. 176).

41 Vgl. dazu *Henneke*, DÖV 2011, 417 (420); *Schwarz*, DVBl. 2011, 135 (137).

desseite aus kritisch gesehen wird,[42] erscheint zunächst durchaus nachvollziehbar.

Indes dürften diese Bedenken eher einer Grundentscheidung des verfassungsändernden Gesetzgebers geschuldet sein, die entgegen den Intentionen der Föderalismusreform I um eine Entflechtung der Entscheidungszuständigkeiten von Bund, Ländern und Kommunen diametral entgegengesetzt ist.[43]

1. Der verfassungsrechtliche Rahmen und die einfachgesetzliche Umsetzung

Nach Art. 91e Abs. 1 GG wirken bei der Ausführung von Bundesgesetzen auf dem Gebiet der Grundsicherung für Arbeitsuchende Bund und Länder oder die nach Landesrecht zuständigen Gemeinden und Gemeindeverbände in der Regel in gemeinsamen Einrichtungen zusammen. Gemäß Art. 91e Abs. 2 Satz 2 GG trägt der Bund „die notwendigen Ausgaben einschließlich der Verwaltungsausgaben", soweit die Aufgaben bei einer Ausführung von Gesetzen nach Absatz 1 vom Bund wahrzunehmen sind. Das „Nähere" regelt nach Art. 91e Abs. 3 GG ein Bundesgesetz. Im Ergebnis führt dieses Konzept dazu, dass die kommunalen Träger zwar die Aufgabe eigenverantwortlich wahrnehmen, die Ausgaben aber durch den Bund mitfinanziert werden.

Auf einfachgesetzlicher Ebene normiert zum einen § 6b SGB II in Abs. 3 das Recht des Bundesrechnungshofes, die Leistungsgewährung zu prüfen. Daneben wird mit § 6b Abs. 4 SGB II eine Befugnisnorm für das Bundesministerium für Arbeit und Soziales geschaffen, um prüfen zu können, ob Einnahmen und Ausgaben begründet und belegt sind und den Grundsätzen der Wirtschaftlichkeit und Sparsamkeit entsprechen. Ferner werden in den §§ 47 und 48 SGB II spezifische Aussagen zur Aufsicht getroffen.

---

42 Siehe insoweit nur den Bericht zu den Finanzbeziehungen zwischen Bund und Ländern (hrsg. vom Präsidenten des Bundesrechnungshofes als Bundesbeauftragtem für Wirtschaftlichkeit in der Verwaltung), 2015, 6, 27 ff.; prägnant die Formulierung auf S. 28: „*Nach den Erkenntnissen des Bundesrechnungshofes klaffen finanzielle Beteiligung und Einfluss des Bundes auf den Gesetzesvollzug (…) auseinander.*"

43 Vgl. dazu *Hermes*, in: Dreier (Hrsg.), Grundgesetz, Supplementum 2010, Art. 91e Rn. 53.

2. Die Kernaussagen des Bundesverfassungsgerichts

Das Bundesverfassungsgericht wies die verfassungsrechtlichen Bedenken gegenüber den Kontroll- und Aufsichtsbefugnissen des Bundes zurück. Ausgehend von dem Befund, Art. 91e GG stelle eine „... *eng begrenzte Durchbrechung der grundsätzlich auf Trennung von Bund und Ländern angelegten Verteilung der Verwaltungszuständigkeiten nach den Art. 83 ff. GG* ...“[44] dar und begründe zudem unmittelbare Finanzbeziehungen zwischen dem Bund und der kommunalen Ebene[45], habe der verfassungsändernde Gesetzgeber zusammen mit der Finanzierungsbefugnis dem Bund aber auch die Möglichkeit einer Finanzkontrolle eröffnet, um so der Gefahr vorzubeugen, dass Vollzugs- und Finanzierungsverantwortung im Bereich der Grundsicherung für Arbeitsuchende auseinanderfielen und keine Anreize für ein wirtschaftliches und sparsames Handeln der kommunalen Ebene bestünden.[46] Diese Möglichkeit der kompetenzrechtlich auf Art. 91e Abs. 2 Satz 2 und Abs. 3 GG gestützten Finanzkontrolle folge zwar nicht zwingend aus der Finanzierungsverantwortung des Bundes;[47] sie ergebe sich aber aus der Schaffung einer unmittelbaren Finanzbeziehung zwischen dem Bund und der kommunalen Ebene,[48] die den allgemeinen Regelungen über das Finanzwesen vorgehe und der Absicherung der Finanzinteressen des Bundes diene.[49] Allerdings handele es sich bei der damit eröffneten Finanzkontrolle nicht um eine Rechts- oder Fachaufsicht; so gestatteten die Befugnisse des Bundesministeriums für Arbeit und Soziales nach § 6b Abs. 4 SGB II es nicht, „... *vertretbare Rechtsauffassungen des zugelassenen kommunalen Trägers zu beanstanden und auf dieser Grundlage Mittel vorzuenthalten oder Erstattungsansprüche durchzusetzen.*“[50] Dies sei vielmehr der Rechts- und Fachaufsicht vorbehalten.

---

44 BVerfG, JZ 2014, 1153 (1154, Rn. 80).

45 BVerfG, JZ 2014, 1153 (1155, Rn. 89; 1156, Rn. 94, 96 f.).

46 BVerfG, JZ 2014, 1153 (1156, Rn. 97): „*Angesichts dieser verfassungsrechtlich ungewöhnlichen Konstellation hat der verfassungsändernde Gesetzgeber die Finanzbeziehungen in diesem eng abgegrenzten Bereich neu geordnet und dem Bund nicht nur die Finanzierungslast zugewiesen, sondern ihm auch die Befugnis wirksamer Finanzkontrolle eingeräumt.*“

47 BVerfG, JZ 2014, 1153 (1162, Rn. 176).

48 BVerfG, JZ 2014, 1153 (1162, Rn. 177).

49 BVerfG, JZ 2014, 1153 (1162, Rn. 180).

50 BVerfG, JZ 2014, 1153 (1162, Rn. 182); diese Aussage wird im Schrifttum zu Recht als Schutz der Eigenstaatlichkeit der Länder und als Wahrung kommunaler Entscheidungsspielräume gewertet, vgl. nur *Hubert Meyer*, NdsVBl. 2015, 37 (40).

3. Die Bewertung der Entscheidung

Die ersichtlich von dem Bedürfnis des Bundes, das kommunale Finanzgebaren im Bereich der Grundsicherung für Arbeitsuchende kontrollieren zu wollen, getragene Entscheidung[51] führt zu einem Kontrollregime des Bundes, das vielleicht aus funktionalen Gründen nachvollziehbar erscheint, indes unter systematischen Gesichtspunkten nur schwer zu überzeugen vermag.

Ausgehend von dem Befund, dass jedenfalls dem Wortlaut von Art. 91e GG keinerlei Aussagen zu Kontroll- und Aufsichtsrechten des Bundes zu entnehmen sind, überrascht der knappe Hinweis des Bundesverfassungsgerichts auf den Gesetzesvorbehalt in Art. 91e Abs. 3 GG und hinterlässt den Nachgeschmack einer – vorsichtig formulierten – wenig substanziellen Begründung. Gerade in Ansehung der im Schrifttum durchaus umstrittenen Frage, ob Art. 91e Abs. 3 GG einen so weitreichenden Gestaltungsspielraum des Gesetzgebers eröffne, der auch eine Finanzkontrolle ermögliche,[52] dürfte der Hinweis auf das Erfordernis einer effektiven Finanzkontrolle[53] jedenfalls allein kaum tragend sein.

Auch der Ansatz des Bundesverfassungsgerichts, die Kontrollbefugnisse des Bundes zielten auf die wirksame Durchsetzung öffentlich-rechtlicher Erstattungsansprüche[54] – insbesondere solcher Ansprüche, die sich aus nicht notwendigen Ausgaben der kommunalen Ebene ergeben sollen[55] – ab, vermag so nicht zu überzeugen, erweist sich vielmehr beinahe als zirkelschlüssig,[56] ist doch gerade die Existenz und dogmatische Herleitung solcher Ansprüche in hohem Maße umstritten.[57] Dabei ist vor allem zu berücksichtigen, dass zum einen die Haftungsbestimmung in Art. 104a Abs. 5 GG nur das Verhältnis von Bund und Ländern zum Inhalt hat und daher nicht auf das Verhältnis des Bundes

---

51 So auch in der Bewertung *Berger*, JZ 2014, 1163 (1166).

52 Dafür *Klein*, in: Maunz/Dürig, GG, 62. EL 2011, Art. 91e Rn. 37 f.; *Volkmann*, in: v. Mangoldt/Klein/Starck, GG, 6. Aufl., 2010, Art. 91e Rn. 10, 12.; dagegen: *Henneke*, DÖV 2011, 417 (425); *ders.*, NVwZ 2012, 399 (401); umfassend zum Problem auch *Engels*, in: Friauf/Höfling (Hrsg.), GG, 32. EL 2011, Art. 91e Rn. 31 ff.; *Hermes* (Fn. 43), Art. 91e Rn. 50 ff.; siehe ferner auch *Siekmann* (Fn. 38), Art. 91e Rn. 22.

53 BVerfG, JZ 2014, 1153 (1162, Rn. 177).

54 BVerfG, JZ 2014, 1153 (1162, Rn. 99).

55 BVerfG, JZ 2014, 1153 (1162, Rn. 100).

56 Kritisch daher auch *Berger*, JZ 2014, 1163 (1166).

57 Vgl. insoweit nur *Engels* (Fn. 52), Art. 91e Rn. 30; *Berger*, JZ 2014, 1163 (1166); *Henneke*, NVwZ 2012, 399 (400). Siehe zudem aus der Rechtsprechung Hess. LSG, Urt. v. 3.9.2014, Der Landkreis 2015, 65 ff.

zur kommunalen Ebene anwendbar ist.[58] Auch Art. 106 Abs. 8 GG stellt keine taugliche Rechtsgrundlage für eine Rückforderung von Bundesmitteln dar, da aus der eine Ausnahme darstellenden Zulässigkeit direkter Finanzbeziehungen nicht der Schluss gezogen werden könne, dies umfasse zugleich auch Erstattungsansprüche oder Haftungsnormen.[59]

Insgesamt erweckt die Entscheidung den Eindruck, das Bundesverfassungsgericht habe im Ergebnis aus einer grundgesetzlich angelegten und einfachgesetzlich im SGB II konkretisierten Finanzbeziehung zwischen dem Bund einerseits und der kommunalen Ebene andererseits den Umfang der Prüfungs-, Kontroll- und Aufsichtsbefugnisse des Bundesrechnungshofes und der Bundesexekutive abgeleitet. Damit bricht das Gericht dem Grunde nach aber mit der Aussage, dass die Finanzkontrolle nicht deckungsgleich mit der Finanzverantwortung des Bundes ist. Letzten Endes sind es Effizienzerwägungen, die das Kontrollbedürfnis des Bundes zu legitimieren versuchen, ohne dass indes dem Grundgesetz mit einem Wort auch nur Inhalt und Umfang von Kontrollbefugnissen des Bundes zu entnehmen wären.[60] In Ansehung des fragmentarischen Charakters der Regelung in Art. 91e GG wäre es eher eine dem verfassungsändernden Gesetzgeber zufallende Aufgabe, Kontrollbefugnisse (und ggf. auch Erstattungsansprüche) explizit zu regeln, um so der atypischen Sondersituation der Aufgabe „Grundsicherung für Arbeitsuchende" Rechnung zu tragen.

V. Abschließende Bewertung

Das mit Art. 91e GG geschaffene Rechtsregime kann zwar einerseits als Sonderregelung für einen abschließenden Bereich verstanden werden. Dies würde es als vertretbar erscheinen lassen, dass der verfassungsändernde Gesetzgeber sich bewusst für einen Systembruch entschieden hat. Gleichwohl kann nicht übersehen werden, dass die Schaffung einer ministeriellen Aufsicht, die neben die Prüfungsbefugnisse des Bundesrechnungshofes tritt, ein Novum der Aufsichtsformen darstellt. Im Ergebnis sind es wohl Effizienzerwägungen, die ein engmaschiges Kontrollsystem zu schaffen suchen, das aber letzten Endes geeignet ist,

58 So auch BSG, Urt. v. 2.7.2013, DVBl. 2013, 1519 (1520); Hess. LSG, Der Landkreis 2015, 65.

59 Vgl. dazu aus der Rechtsprechung BSG, DVBl. 2013, 1519 (1520); Hess. LSG, Der Landkreis 2015, 65.

60 So auch *Engels* (Fn. 52), Art. 91e Rn. 31 f.; *Berger*, JZ 2014, 1163 (1166).

die unterschiedlichen Aufsichtsformen und Befugnisse auf Bundes-, Länder- und Kommunalebene zu nivellieren. Dies legt aber den Gedanken nahe, dass entgegen der Aussage des Bundesverfassungsgerichts, Kontroll- und Aufsichtsbefugnisse folgten nicht aus der Finanzierungskompetenz, es gerade doch die erheblichen finanziellen Mittel des Bundes sind, die zur Rechtfertigung nicht unerheblicher Ingerenzrechte herangezogen werden.

Florian Meinel

Bundesministerielle Finanzkontrolle zwischen Bundesaufsicht und Rechnungshofkontrolle

I. Einleitung

Der Bund übt durch seine Organe eine Vielzahl unterschiedlicher Formen der Kontrolle gegenüber dem finanzwirksamen Verwaltungshandeln der Länder und Kommunen aus. Hier sind in erster Linie die Kontrollrechte des Bundes bei der Ausführung der Bundesgesetze durch die Länder nach Art. 84 Abs. 3 bis 5 und Art. 85 Abs. 3 und 4 GG zu nennen.[1] Daneben steht die Kontrolle durch den Bundesrechnungshof, sofern sich seine Prüfungszuständigkeit ausnahmsweise auch auf die Länder und Kommunen erstreckt. Das ist nach § 91 BHO ausschließlich dann der Fall, wenn sie Bundesmittel verwalten oder sonst auf Rechnung des Bundes tätig werden.[2] Diese beiden vom Grundgesetz vorgesehenen Formen der Kontrolle ergänzen sich aber nicht zu einer lückenlosen Finanzaufsicht des Bundes über Länder und Kommunen: Denn die Bundesaufsicht nach Art. 84 und 85 GG ist zum einen stets eine gesetzesakzessorische Aufsicht und – wichtiger noch – erlaubt es dem Bund nur, die Länder als solche zu adressieren. Gegenüber einzelnen Landesbehörden und den Kommunen bietet sie keine Handhabe. Die Finanzkontrolle des Bundesrechnungshofs wiederum bezieht sich nur auf die sparsame Bewirtschaftung des Bundeshaushalts, erlaubt dem Bundesrechnungshof aber keine Prüfung, ob die Länder in ihrem eigenen Bereich wirtschaftlich handeln. Auch hat der Bundesrechnungshof keine Kompetenz, festgestellte Rechtsverstöße zu sanktionieren.

Es ist deshalb nicht verwunderlich, dass der Bund ein Interesse daran hat, dort, wo die Länder und Kommunen die finanziellen Belange des Bundes erheblich beeinträchtigen können, ihnen gegenüber alternative

1 Hierzu grundsätzlich *Lerche*, in: Maunz/Dürig, Grundgesetz, Stand: 2009, Art. 83, Rn. 1 ff.; *Heitsch*, Die Ausführung der Bundesgesetze durch die Länder, 2001, S. 153 ff.

2 Im Einzelnen *Kube*, in: Maunz/Dürig, Grundgesetz, Stand: 2014, Art. 114, Rn. 84 ff. m. w. N.

Formen der Kontrolle zu etablieren. Hierzu gehört die in der jüngeren Bundesgesetzgebung entwickelte bundesministerielle Finanzkontrolle, über deren Konturen nach zwei Leitentscheidungen des Bundesverfassungsgerichts hinreichende Klarheit herrscht: nach dem Urteil von 2010 zum Zukunftsinvestitionsgesetz („Konjunkturpaket II")[3] und dem vom Oktober 2014 zur Durchführung des SGB II nach der Einführung von Art. 91e GG.[4]

Zunächst soll kurz skizziert werden, wie sich in Fallgruppen wie den jenen Entscheidungen zugrunde liegenden eine eigenständige bundesministerielle Finanzkontrolle neben der Finanzkontrolle durch den Bundesrechnungshof und der Bundesaufsicht als Möglichkeit zu etablieren scheint. Dabei werden durchaus bereits Umrisse eines neuen verfassungsrechtlichen Instituts erkennbar. Dazu muss zunächst die Argumentation des Bundesverfassungsgerichts noch einmal in ihren Grundzügen skizziert werden. Denn sie ist nicht über jeden Zweifel erhaben. Das zeigt sich vor allem dann, wenn man die neuere Rechtsprechung im weiteren Kontext der Entwicklung des deutschen Bundesstaatsrechts betrachtet.

II. Die eigenständige Finanzkontrolle der Bundesexekutive nach der Rechtsprechung des Bundesverfassungsgerichts

Das Bundesverfassungsgericht geht in seiner Rechtsprechung bekanntlich von dem Grundsatz aus, dass Finanzkontrollbefugnisse des Bundes nicht weiter reichen können als seine Verwaltungsbefugnisse.[5] Die Finanzkontrolle, und zwar die des Bundesrechnungshofs ebenso wie die der Bundesverwaltung, ist akzessorisch zu einer sachlichen Verwaltungszuständigkeit. Dieser Grundsatz ist keine Besonderheit des Rechts der Aufsicht und Kontrolle, sondern folgt ohne Weiteres aus der Systematik der Zuständigkeitsabgrenzung von Bund und Ländern: Da es sich bei der Kontrolle jedenfalls nicht um Gesetzgebung, sondern um Verwaltung handelt, ist das Vorliegen einer Gesetzgebungskompetenz des Bundes für sie ohne Bedeutung. Die Grenzen der Verbandskompetenz des Bundes zur Verwaltung binden jedoch jedes Organ des

3 BVerfGE 127, 165.
4 BVerfG, JZ 2014, 1153.
5 BVerfG, JZ 2014, 1153 (1162).

Bundes,[6] und zwar auch dann, wenn der Bund nicht Aufgaben im Rahmen der Ausführung der Gesetze im engeren Sinne wahrnimmt, sondern die Ausführung der Gesetze in finanzieller Hinsicht lediglich kontrolliert.

Das bedeutet: Ein Gesetz, durch das sich der Bund eine eigene Finanzkontrollkompetenz einräumt, sich mit anderen Worten die Befugnis zuspricht, Handeln der Länder und Kommunen im Hinblick auf dessen finanzielle Auswirkungen auf den Bund zu kontrollieren, setzt das Bestehen einer Verwaltungskompetenz des Bundes nach dem Grundgesetz voraus.

Diese allgemeinen Grundsätze klingen wenig spektakulär, solange man nicht die Methode der Begründung von Verwaltungskompetenzen durch das Bundesverfassungsgericht kennt. Genau hier liegt der entscheidende Hebel der Rechtsprechung zur Ausweitung der Kontrollkompetenzen des Bundes.

1. BVerfGE 127, 165 – Zukunftsinvestitionsgesetz („Konjunkturpaket II")

So wurde die gesetzliche Einräumung von Kontrollbefugnissen des Bundes im Urteil zum Prüfungsrecht nach § 6a Satz 1 Zukunftsinvestitionsgesetz auf den Gesetzesvorbehalt für das Verwaltungshaftungsrecht in Art. 104a Abs. 5 Satz 2 GG gestützt. Eine Regelung, wonach die Bundesverwaltung befugt sein sollte, Verwendungsnachweise zu verlangen und bei Ländern und Kommunen Bücher, Belege und sonstige Unterlagen einzusehen sowie örtliche Erhebungen durchzuführen, sei weder eine durch Art. 104b Abs. 2 Satz 2 GG gebotene Evaluierung von Finanzhilfen des Bundes[7] noch als besondere Form der Bundesaufsicht nach Art. 84 Abs. 3 GG zulässig.[8] Denn die Rechts- und Fachaufsicht des Bundes diene der Vermittlung „zwischen der Gesetzgebungskompetenz des Bundes und der Verwaltungskompetenz der Länder, indem [sie] dem Bund Einflussmöglichkeiten auf die Anwendung des von ihm gesetzten Rechts einräumt. Der Bund soll die Möglichkeit haben, auf eine einheitliche Geltung der Rechtsvorschriften hinzuwirken [...]. Der Gesichtspunkt der Wirksamkeit des Gesetzesvollzugs tritt hinzu [...]."[9] Dagegen habe die externe Finanzkontrolle durch Bundes-

6 Näher hierzu und teilweise anders *Kube* (Fn. 3), Rn. 88, 92.
7 BVerfGE 127, 165 (192 ff.).
8 BVerfGE 127, 165 (1).
9 BVerfGE 127, 165 (203).

behörden andere Ziele. Sie sei nicht auf den Gesetzesvollzug, sondern auf die rechnerische Ordnungsgemäßheit der Haushaltspraxis des auf Rechnung des Bundes handelnden Adressaten gerichtet.[10]

Zur Begründung der erforderlichen Verwaltungskompetenz des Bundes genügte dem Bundesverfassungsgericht deswegen in der Entscheidung zum Konjunkturpaket II der potenzielle Ersatzanspruch des Bundes aus Art. 104a Abs. 5 Satz 1 GG: Diese Vorschrift „eröffnet dem Bundesgesetzgeber [...] die Möglichkeit [...], der Bundesverwaltung die Befugnis einzuräumen, zum Zwecke der Feststellung des Vorliegens der Voraussetzungen eines Haftungsanspruchs und unter der Voraussetzung, dass aufgrund konkreter Tatsachen ein solcher Anspruch möglich erscheint, bei den Landesverwaltungen Berichte anzufordern, Akten beizuziehen und Unterlagen einzusehen; dazu kann die Bundesverwaltung [...] sich unmittelbar an nachgeordnete Behörden auch der Länder und Kommunalverwaltungen wenden und örtliche Erhebungen durchführen.“[11] Wenn nämlich Finanzierungs- und Verwaltungszuständigkeit auseinanderfielen, so brauche der Bund eine derartige Kompetenz zur Wahrung seiner Gläubigerinteressen.[12] Ein schonender Ausgleich zwischen effektivem Gläubigerschutz und der Eigenstaatlichkeit der Länder gebiete allerdings, die Prüfungsbefugnis auf Fälle zu beschränken, in denen aufgrund konkreter Tatsachen ein Haftungsanspruch mindestens möglich erscheint.[13] Die Bundeskompetenz ist in diesem Fall gleichsam eine begrenzte Vorfeldkompetenz zur Feststellung eventueller Ersatzansprüche.

2. Das Urteil des Zweiten Senats vom 7.10.2014

Das Urteil zum Konjunkturpaket II wurde gerade in diesem Punkt allgemein als Überraschungsentscheidung aufgenommen,[14] zu weit hergeholt schien den Beobachtern die Ableitung einer Verwaltungskompetenz aus einem unter Gesetzesvorbehalt gestellten Haftungsanspruch des Landes. Und so hätte man bis vor kurzem annehmen können, die damalige Konstruktion sei vielleicht den Besonderheiten des Falles geschuldet gewesen. Schließlich ging es damals um die Verwendung der Mittel nach dem Konjunkturpaket II, also um eine beispiellose Geldsumme, für deren Verteilung im Grunde überhaupt keine klaren

10 BVerfGE 127, 165 (204).
11 BVerfGE 127, 165 (207).
12 BVerfGE 127, 165 (295 f.).
13 BVerfGE 127, 165 (207).
14 Siehe nur *Henneke*, DÖV 2011, 417 (419).

rechtlichen Vorgaben existierten und für deren Kontrolle deswegen die Art. 83 ff. GG völlig ausfielen. Auch handelte es sich damals um bloße Finanzhilfen des Bundes nach Art. 104b Abs. 2 GG, die keine Bundesaufgabe im engeren Sinne begründen, sondern eine reine Zulage zu Investitionen der Länder und Gemeinden darstellen sollten, weshalb die Frage der Rechenschaftspflicht und Kontrolle besonders große Bedeutung besaß.

Wer deshalb geglaubt hatte, der Fall des Konjunkturpakets II könne ein Solitär bleiben, sieht sich nach der Entscheidung zur Finanzkontrolle des Bundes bei der Durchführung des SGB II durch die zugelassenen kommunalen Träger (sog. Optionskommunen) nach § 6b Abs. 4 SGB II eines besseren belehrt. Dieser jüngste Fall unterschied sich vom ersten grundlegend dadurch, dass Art. 104a Abs. 5 GG nur auf das Verhältnis des Bundes zu den Ländern, aber von vornherein nicht anwendbar ist auf das Verhältnis zu den kommunalen Aufgabenträgern. Auf den (potenziellen) Haftungsanspruch konnte die Verwaltungskompetenz mithin nicht gestützt werden. Das Gericht überträgt den Grundgedanken, den es Art. 104a Abs. 5 GG untergeschoben hatte, nunmehr auf Art. 91e Abs. 2 GG und verallgemeinert ihn damit.

Die Struktur der Begründung gleicht jener im Urteil von 2010 zum Zukunftsinvestitionsgesetz: Der Gesetzesvorbehalt des Art. 91e Abs. 2 Satz 2 GG lasse, so der Senat, Regelungen einer externen Finanzkontrolle durch die Bundesverwaltung zu, weil Satz 1 dem Bund eine eigene Verwaltungskompetenz einräume. Die Verwaltungskompetenz ist demnach nicht einfach identisch mit der Finanzierungsbefugnis. Die Finanzkontrolle diene vielmehr lediglich der „Überprüfung der Rechnungslegung, [der] Wirtschaftlichkeit der Ausgaben und [der] Durchsetzung eventueller Erstattungsansprüche […].“[15] Außerdem sei sie nach der Konzeption des Art. 91e GG zwingend: „Ohne eine solche Finanzkontrolle bestünde die Gefahr, dass Vollzugs- und Finanzierungsverantwortung im Bereich der Grundsicherung für Arbeitsuchende auseinanderfallen und keine Anreize für ein wirtschaftliches und sparsames Verwaltungshandeln der Optionskommunen bestehen. Angesichts dieser verfassungsrechtlich ungewöhnlichen Konstellation hat der verfassungsändernde Gesetzgeber die Finanzbeziehungen in diesem eng abgegrenzten Bereich neu geordnet und dem Bund nicht nur die Finanzierungslast zugewiesen, sondern ihm auch die Befugnis wirksamer Finanzkontrolle eingeräumt.“[16] Auch hier entnimmt das Bundesverfassungsgericht also aus der bloßen Möglichkeit eines

15 BVerfG, JZ 2014, 1153 (1156).
16 BVerfG, JZ 2014, 1153 (1156).

Anspruchs gegen den unteren Verwaltungsträger eine im Vorfeld dieses Anspruchs angesiedelte Verwaltungskompetenz.

3. Umrisse einer bundesministeriellen Finanzkontrolle als Institut des Finanzverfassungsrechts

Abstrahiert man von den besonderen Gegebenheiten der beiden vom Bundesverfassungsgericht entschiedenen Fälle und nimmt das Gemeinsame der Begründung in den Blick, so lassen sich Umrisse eines selbstständigen Instituts einer bundesministeriellen Finanzkontrolle erkennen. Für deren Zulässigkeit ergeben sich nach heutigem Stand die folgenden Voraussetzungen:

a) Es muss, erstens, dem Grunde nach ein gesetzliches Schuldverhältnis zwischen dem Bund einerseits und dem zuständigen Verwaltungsträger andererseits bestehen oder möglich sein. Dies kann, wie beispielsweise im Fall von rechtsgrundlosen Leistungen der Länder an Leistungsempfänger von Geldleistungsgesetzen des Bundes, deren Erstattung an die Länder durch den Bund wegen Art. 104a Abs. 2 und 3 GG regelmäßig ihrerseits rechtsgrundlos ist, ein Bereicherungsausgleichsanspruch sein. Es kann aber, wenn den Ländern hierbei Verschulden zur Last fällt oder im Fall der Verschwendung von Finanzhilfen des Bundes, auch ein Schadensersatzanspruch sein.

b) Dieser aktuelle oder potenzielle Anspruch muss, zweitens, gerade auf der verfassungsrechtlichen Trennung von Finanzierungskompetenz und Wahrnehmungskompetenz beruhen und eine Rechenschaftspflicht des Verwaltungsträgers auslösen. Keine weitere Verwaltungskompetenz des Bundes kann offensichtlich auf sonstigen, gleich wie begründeten Schuldverhältnissen zwischen Bund und Ländern ohne verfassungsrechtlichen Einschlag resultieren. Denn die Finanzkontrolle dient, das beweist nicht zuletzt ihre Entstehung, gerade dazu, den Kontrollverlust des Bundes auszugleichen, der sich aus dem Auseinanderfallen von Gesetzesausführungs- und Finanzierungskompetenz im Modell des „Vollzugsföderalismus“ typischerweise ergibt.

c) Die beiden ersten Voraussetzungen lösen aber, drittens, noch nicht selbst die Kontrollkompetenz des Bundes aus, sondern erst eine darauf gerichtete Gesetzgebungsbefugnis des Bundes. Die bundesministerielle Finanzkontrolle ist mit anderen Worten keine verfassungsobligatorische Finanzkontrolle: „Dass den Bund eine Finan-

zierungsverantwortung für Aufgaben trifft, welche die zugelassenen kommunalen Träger wahrnehmen, zwingt, für sich genommen, nicht dazu, ihm auch Finanzkontrollbefugnisse einzuräumen.“[17]
An die Annahme eines Gesetzesvorbehalts werden aber vom Bundesverfassungsgericht keine besonderen Anforderungen gestellt. Neben Art. 104a Abs. 5 Satz 2 GG und Art. 91e Abs. 2 Satz 2 GG kommt vielmehr grundsätzlich jeder finanzrechtlich aktivierbare Gesetzesvorbehalt in Betracht. So ließe sich etwa auch im Anwendungsbereich des Sonderlastenausgleichs des Art. 106 Abs. 8 GG eine Verwaltungsbefugnis des Bundes begründen, mittels derer er etwaige rechtsgrundlose Leistungen festzustellen und zurückzufordern hätte.

III. Problematik und Einordnung

Die Pointe dieser Rechtsprechung und des Instituts der bundesministeriellen Finanzkontrolle besteht darin, dass diese Form der Kontrolle die oben beschriebene „Lücke“ zwischen der Rechnungshofkontrolle einerseits (Art. 114 GG) und den Instrumenten der Bundesaufsicht nach Art. 84 und 85 GG schließt. Sie ist sachlich weiter als die Haushaltskontrolle durch den Bundesrechnungshof nach § 91 BHO, denn sie erstreckt sich über den Bereich des Finanzgebarens des Bundes hinaus auch auf das eigene Finanzgebaren der Länder und Kommunen, das den Bund lediglich finanziell betrifft oder auch nur betreffen kann. Auch kann die bundesministerielle Finanzkontrolle unmittelbar mit Sanktionsrechten versehen werden, während dies für den Bundesrechnungshof ausscheidet.

Sie ist aber andererseits tiefer und intensiver als die Bundesaufsicht. Denn sie ist nicht wie die Bundesaufsicht an die Einhaltung der Vorgaben eines Bundesgesetzes geknüpft und – dies ist freilich der wichtigste Punkt – sie kann auch an Stellen innerhalb der Länder und unmittelbar an die kommunalen Aufgabenträger adressiert werden. Teilt man den Grundansatz des Bundesverfassungsgerichts, so ändert daran auch Art. 84 Abs. 1 Satz 7 GG nichts. Denn die Belastung der Kommunen mit einer Kontrolle des Bundes stellt keine Übertragung von Aufgaben im Sinne dieser Vorschrift dar. Sie verbietet nicht jegliche Belastung der Kommunen. Selbst die Auferlegung von rein verwaltungsinternen Melde- oder Informationspflichten wird richtigerweise nicht von

17 BVerfG, JZ 2014, 1153 (1162).

Art. 84 Abs. 1 Satz 7 GG verboten,[18] erst recht daher nicht die Auferlegung einer reinen Duldungspflicht.

Auch wenn es abzuwarten bleibt, welche Rolle dieses Instrument in der zukünftigen Bundesgesetzgebung spielen wird, welche Bedeutung der Finanzkontrolle also tatsächlich für das Machtgefüge von Bund und Ländern nach der Neuordnung der Kompetenzen zukommen wird, lassen sich schon aus heutiger Sicht einige Fragen an diese Rechtsprechung stellen und Zweifel formulieren. Denn es handelt sich bei ihr bei näherem Hinsehen um eine wesentliche Modifikation der bundesstaatlichen Formentypik, unabhängig davon, ob man sie als eine zeitgemäße Fortentwicklung beschreiben oder als Aufweichung kritisieren möchte. Ihre Fragwürdigkeit erhellt sich vor allem dann, wenn man die dogmatischen und strukturellen Gründe bedenkt, die für diese Modifikation der bundesstaatlichen Formentypik verantwortlich sind.

Damit ist noch nicht einmal die Entstehungsgeschichte des Art. 91e GG gemeint, die das Bundesverfassungsgericht zu seiner Interpretation dieser Vorschrift veranlasst haben mag.[19] Denn diese Norm ist einer der in der Verfassungsgeschichte der Bundesrepublik seltenen Fälle eines *overruling* des Bundesverfassungsgerichts durch den verfassungsändernden Gesetzgeber, der an einer vom Bundesverfassungsgericht[20] für verfassungswidrig gehaltenen organisatorischen Lösung gleichwohl festhalten wollte und deswegen Mitte 2010 die verfassungsrechtlichen Voraussetzungen dafür geschaffen hat.[21] Diese verfassungsrechtliche Absicherung und nicht mehr sollte Art. 91e Abs. 2 GG leisten.[22] Wenn das in seiner damaligen Begründung auf diese Weise zwar befolgte, aber folgenlos gestellte Gericht nunmehr mit großer Geste feststellt, Art. 91e Abs. 2 GG sei eine „umfassende Sonderregelung" zu den Art. 83 ff. und Art. 104a ff. GG,[23] so hat dies im Ton und in der Sache etwas Trotziges. Das Gericht ist das *overruling* durch den verfassungsändernden Gesetzgeber, diesen harmlosen Fall eines Konflikts zwischen Verfassungsrechtsprechung und Verfassungsänderung nicht gewöhnt und reagiert darauf irritiert, indem es dem verfassungsändernden Gesetzgeber nunmehr seine Norm ohne Not als dramatischen Systembruch und Abkehr von den Grundsätzen der beiden Föderalismusreformen vorhält.

---

18 *Ferdinand Kirchhof*, in: Maunz/Dürig, Grundgesetz, Stand: 2011, Art. 84, Rn. 162.

19 Zur Gesetzgebungsgeschichte zuletzt *Hubert Meyer*, NVwZ 2015, 116.

20 BVerfGE 119, 331.

21 BGBl. I, 944.

22 *Engels*, in: Friauf/Höfling (Hrsg.), Berliner Kommentar zum Grundgesetz, Stand: 2013, Art. 91e, Rn. 8.

23 BVerfG, JZ 2014, 1153 (1154 f.).

Eine grundsätzliche Auseinandersetzung mit der Rechtsprechung und ihrer Billigung einer eigenen Finanzkontrollkompetenz der Bundesverwaltung muss bei den strukturellen Gründen ansetzen, die zur Herausbildung dieser Kontrollform geführt haben. Erst sie machen das Problem sichtbar, um das es geht.

1. Funktionswandel der Finanzkontrolle durch den Rechnungshof

Zum einen ist dies der Funktionswandel der Rechnungshofkontrolle, welcher eine dritte Kategorie der Kontrolle neben Bundesaufsicht und Finanzkontrolle erforderlich gemacht hat. Er ist vielfach beschrieben worden, sodass eine Nennung der maßgeblichen Stichworte hier genügen mag:[24] Die Finanzkontrolle der Rechnungshöfe hat sich zum einen von der Beleg- und Sparsamkeitsprüfung zur rechnungsunabhängigen Funktionsprüfung ganzer Verwaltungsabläufe, Organisationsformen und Behördenstrukturen fortentwickelt. Damit ist gemeint, dass sich die Prüfung gegenüber Belegen und Rechnungen mit der Zeit immer mehr verselbstständigt hat. Vielmehr kontrollieren die Rechnungshöfe schwerpunktmäßig abstrakt die Funktionsfähigkeit der Verwaltung, etwa in der Frage der angemessenen Organisationsstruktur, wobei nach dem Vorbild des betriebswirtschaftlichen Controllings vermehrt Querschnitts- und Stichprobenprüfungen eingesetzt werden. Rechnungshöfe haben sich außerdem stärker auf die Programmprüfung und Staatsaufgabenkritik (§ 7 Abs. 1 Satz 2 BHO) an Stelle der reinen Vollzugsprüfung verlegt und verstehen ihre Aufgabe nicht zuletzt auch als unabhängige Beratung der Politik, zumal der Rechnungshof in sämtliche Phasen der Haushaltsberatung durch Regierung und Parlament eingebunden ist und sogenannte Beratungsberichte erstellt (§§ 88 Abs. 2 Satz 1; 99 Satz 1 BHO).[25] In allen diesen paradigmatischen Verschiebungen drückt sich eine Anpassung der Finanzkontrolle an die

---

24 Grundlegend zum Folgenden *Schulze-Fielitz*, Kontrolle der Verwaltung durch Rechnungshöfe, in: VVDStRL Bd. 55 (1996), S. 231 ff.; *Gröpl*, Haushaltsrecht und Reform. Dogmatik und Möglichkeiten der Fortentwicklung der Haushaltswirtschaft durch Flexibilisierung, Dezentralisierung, Budgetierung, Ökonomisierung und Fremdfinanzierung, 2001, S. 573 ff.; siehe auch *Schuppert/Meinel*, Die Finanzkontrolle der Gewährleistungsverwaltung. Am Beispiel der Prüfungsbefugnisse des Bundesrechnungshofs gegenüber Eisenbahninfrastrukturunternehmen, VerwArch Bd. 102 (2011), S. 459 (462 ff., 487 ff.).

25 Zum Ganzen weiterhin *Zavelberg*, Staatliche Finanzkontrolle in Deutschland. Über Arbeit und Effektivität des Bundesrechnungshofs, Die Verwaltung Bd. 28 (1995), S. 513 (529 f.).

veränderten Modi und Handlungsformen der modernen staatlichen Aufgabenerfüllung aus.[26]

Doch dieser Funktionswandel der Rechnungshofkontrolle hat auch eine Kehrseite, und sie tritt hier offen in Erscheinung. Denn das Bedürfnis nach einer klassischen Rechnungsprüfung hört nicht einfach auf. Sondern der Gesetzgeber hat es angesichts dieses veränderten Aufgabenverständnisses für nötig befunden, die laufende Finanzkontrolle in die Verwaltung selbst zurückzuholen.

2. Strukturelle Schwäche der Bundesaufsicht im Bereich der sozialen Massenverwaltung

Der zweite Grund liegt wohl in einer strukturellen Schwäche der Bundesauftragsverwaltung im Bereich der Leistungsverwaltung, d. h. überall dort, wo die nach Art. 85 GG ausgeführten Bundesgesetze Geldleistungsgesetze sind, die individuelle Leistungsansprüche begründen und im Rahmen einer Massenverwaltung durch Länder und Kommunen vollzogen werden. Diese Konstellation ist im Bereich des Sozialrechts, vollends nach Art. 104a Abs. 3 Satz 2 GG, der Regelfall. Die Instrumente des Art. 85 GG sind aber nicht auf die Bedürfnisse der Leistungsverwaltung zugeschnitten. Das hat leicht einsehbare historische Gründe: Prototyp der Auftragsverwaltung war nach dem Grundgesetz 1949 die Fernstraßenverwaltung (Art. 90 Abs. 2 GG), die heutige Ausdehnung auf Gebiete der Massenverwaltung war keineswegs absehbar. Für diese Gebiete ist es kennzeichnend, dass der Bund Länder und Kommunen aufgrund seiner Finanzmacht jedenfalls faktisch wie seine nachgeordneten Behörden oder Verwaltungstrabanten behandeln kann; demgegenüber wirken die auf eine punktuelle Steuerung einheitlichen Gesetzesvollzugs ausgerichteten Instrumente des Art. 85 GG schwach und antiquiert. Auch die Umschaltregel des Art. 104a Abs. 3 Satz 2 GG, die „automatische“ Bundesauftragsverwaltung bei hälftiger Kostentragung durch den Bund, ist daher institutionell unzureichend für das, was sie erreichen soll, da sie an den Instrumenten des Art. 85 GG nichts ändert.

Und obschon die Vorstellung, dass alle Aufgabenträger, sofern der Bund die Leistungen finanziert, gewissermaßen Verwaltungstrabanten des Bundes sind, die sich dessen permanente Präsenz gefallen lassen

26 *Schuppert/Meinel* (Fn. 24), S. 462.

müssen, über Art. 85 Abs. 3 bis 5 GG nicht zu realisieren ist, stand dieses Leitbild dem Bundesgesetzgeber des § 6b SGB II und des § 6a Zukunftsinvestitionsgesetz erkennbar vor Augen. Auch sonst wird dieses bundesstaatliche Kontrollmodell verbreitet für wünschenswert gehalten – insbesondere auch vom Bundesrechnungshof. Dies erklärt zumindest auch jene starke Ausweichbewegung hin zu einer eigenständige Finanzkontrolle des Bundes, von der die Rechtsprechung zeugt.

4. Bundesstaatsrechtliche Problematik

Wie ist diese strukturelle Verschiebung verfassungsrechtlich zu beurteilen? Das grundsätzliche bundesstaatsrechtliche Problem besteht darin, dass die Rechtsprechung des Bundesverfassungsgerichts zur bundesministeriellen Finanzkontrolle auf der Verallgemeinerung einer Ausnahme beruht. Sie steht in einem inhärenten Widerspruch zur Logik der bundesstaatlichen Kompetenzverteilung.

Das Auseinanderfallen von Vollzugs- und Finanzierungsverantwortung,[27] das der politikwissenschaftliche Jargon als *principal-agent*-Situation bezeichnet, ist nämlich nach Art. 104a Abs. 2 GG im Bereich der Bundesauftragsverwaltung gerade die Regel, auf der das System der bundesstaatlichen Kompetenzverteilung nach dem Grundgesetz beruht. Art. 83 ff. GG schließen hier die Annahme von gesetzlichen Schuldverhältnissen im bundesstaatlichen Verhältnis im Grunde aus. Die Ausführung der Gesetze ist eigene Angelegenheit der Länder; sie sind gerade nicht Beauftragte oder Agenten des Bundes, woran sich Rechenschaftspflichten knüpfen ließen. Das gilt auch für die Bundesauftragsverwaltung, die gerade nicht durch ein Auftragsrechtsverhältnis, nicht durch Delegation geprägt ist, sondern ebenfalls Landesexekutive ist, allerdings mit weitergehenden Ingerenzrechten des Bundes.[28]

Nach alledem sind auf der bundesstaatlichen Spaltung von Rechtsetzung, Finanzierung und Vollzug beruhende gesetzliche Schuldverhältnisse zwischen dem Bund und dem Verwaltungsträger auf Landesebene an sich ausgeschlossen. Lediglich Art. 104a Abs. 5 GG ordnet ein solches Schuldverhältnis ausnahmsweise an, und daran zeigt sich, wie folgenreich es war, einen verfassungsunmittelbaren, nicht ausgestaltungsbedürftigen Haftungskern des Art. 104a Abs. 5 Satz 1 GG

27 BVerfG, JZ 2014, 1153 (1156).

28 *Dittmann*, in: Sachs (Hrsg.), Grundgesetz, 7. Aufl. 2014, Art. 85 Rn. 1; *Lerche* (Fn. 1), Art. 83 Rn. 22; *Ferdinand Kirchhof* (Fn. 18), Art. 85 Rn. 7 ff.

anzunehmen.[29] Denn dieser Vorschrift liegt eine äußerst unitarische Konzeption des Verhältnisses von Bund und Ländern zugrunde.

So ist es vielleicht weniger Art. 91e GG, der die Errungenschaften der Föderalismusreformen in Frage stellt, sondern der extensive Gebrauch, den bundesgesetzgeberische Praxis und Bundesverfassungsgericht vom Rechtsgedanken des Art. 104a Abs. 5 GG machen. Diese Einsicht beweist einmal mehr die strukturelle Schwäche der Reformansätze der Jahre 2006 und 2009 gegenüber den älteren Schichten des deutschen Finanzverfassungsrechts. Die politischen Hoffnungen, durch eine klarere Trennung und Entflechtung der Aufgaben der unterschiedlichen staatlichen Ebenen die übermäßige institutionelle Verflechtung von Bund und Ländern abzubauen und dadurch die bundesstaatliche Ordnung mit neuem Leben zu erfüllen, sind nirgendwo sehr erfolgreich gewesen. Und in Fällen wie diesen zeigt sich, dass auch der verfassungsrechtliche Zug der Zeit nach wie vor unitarisch ist. Denn an den politischen, sozialen und institutionellen Faktoren der politischen Prävalenz des Bundes im „unitarischen Bundesstaat“ hat sich, seit ihn *Konrad Hesse* vor mehr als fünfzig Jahren erstmals beschrieb,[30] nichts geändert.

29 BVerfGE 116, 271 (317).
30 *Hesse*, Der unitarische Bundesstaat, 1962.

Rolf-Dietrich Kammer

Finanzkontrolle durch den Bundesrechnungshof

Vielen Dank für die Gelegenheit, dass ich die Sichtweise des Bundesrechnungshofes und auch der Bundesregierung insgesamt präsentieren darf. Was ich vortrage, ist nicht nur die Ansicht des Bundesrechnungshofes. Sie spiegelt sich wider in der Stellungnahme, die die Bundesregierung im Verfahren 2 BvR 1641/11 des Bundesverfassungsgerichts zur Verfassungsmäßigkeit des § 6a Absatz 2 und des § 6b Absatz 3 und 4 SGB II unter Federführung des Bundesministeriums für Arbeit und Soziales (BMAS) verfasst und gegenüber dem Gericht abgegeben hat. Soweit sich die Stellungnahme mit den Prüfungs- und Erhebungsrechten des Bundesrechnungshofes befasst, ist dies mit seiner wesentlichen Mitwirkung geschehen.

Gestatten Sie mir vorab ein paar Worte allgemeiner Art. Das Grundgesetz in seinem Artikel 114 Absatz 2 und die darauf beruhende Bundeshaushaltsordnung widmen dem Bundesrechnungshof nur wenige Worte bzw. Paragraphen. Der Bundesrechnungshof hat im letzten Jahr sein 300-jähriges Jubiläum oder genauer gesagt das Jubiläum von 300 Jahren staatlicher Finanzkontrolle in Deutschland gefeiert. Das Jahr 1714 setzen wir deshalb als „Geburtsjahr" an, weil Friedrich Wilhelm I. von Preußen damals mit der General-Rechenkammer (später Preußische Oberrechnungskammer) eine Art Rechnungskontrolle einrichtete, um die überbordenden Militärausgaben besser zu kontrollieren und der Korruption und Ineffizienz entgegenzuwirken, die sich am Hof und in der Verwaltung ausgebreitet hatten. Er selbst sah sich dazu mit den Resten seiner noch ordnungsgemäß handelnden Verwaltung nicht mehr in der Lage, sodass er ein – in Maßen – unabhängiges Kollegium von Räten einrichtete. Die General-Rechenkammer sollte als selbstständiges, von der Verwaltung unabhängiges kollegiales Prüfungsorgan wirken. Ihr Sitz war zunächst Berlin, ab dem Jahre 1818 Potsdam. Sie hatte die Rechnungen des Staatshaushalts zu prüfen und über das Ergebnis in sogenannten Bemerkungen zu berichten. Außerdem legte sie Gutachten und Vorschläge für Verwaltungsreformen vor. So erscheint auch bei der Finanzkontrolle der Krieg als Vater aller Dinge, wie auch immer man dazu stehen mag.

Im Jahre 1868 wurde der Preußischen Oberrechnungskammer zusätzlich die Rechnungsprüfung des Norddeutschen Bundes und 1871 die des Deutschen Reiches übertragen. Von nun an war sie zugleich der „Rechnungshof des Deutschen Reiches". Ihr Präsident war in Personalunion auch Präsident des Reichsrechnungshofes. Bis 1945 bestand die Preußische Oberrechnungskammer als preußische Kontrolleinrichtung fort. Nach dem Kriegsende im Jahre 1945 nahm zunächst die Außenstelle des Rechnungshofes des Deutschen Reiches in Hamburg ihre Tätigkeit wieder auf. Später setzte sie ihre Arbeit unter der Bezeichnung „Rechnungshof für Sonderaufgaben" fort.

Im Jahre 1948 wurde in Frankfurt am Main der „Rechnungshof im Vereinigten Wirtschaftsgebiet" errichtet, der unmittelbarer Vorläufer des Bundesrechnungshofes war. Er übernahm die Aufgaben und Befugnisse des „Rechnungshofes für Sonderaufgaben" und nach Inkrafttreten des Grundgesetzes vorübergehend auch die Befugnisse des Rechnungshofes für den Bund. Der Bundesrechnungshof wurde 1950 in Frankfurt am Main errichtet.

Zu Beginn des Jahres 1998 wurden Prüfungsämter des Bundes geschaffen, um die externe Finanzkontrolle insbesondere in der Fläche effektiver zu gestalten. Gleichzeitig wurden die bis dahin bei den Bundesbehörden bestehenden Vorprüfungsstellen aufgelöst. Seit dem 1.7.2000 hat der Bundesrechnungshof – als Folge und „Betroffener" des Berlin/Bonn-Gesetzes – seinen Sitz in Bonn. Er hat eine Außenstelle in Potsdam, die am 1.12.1998 in dem Gebäude des ehemaligen Reichsrechnungshofes eingerichtet wurde.

Unsere heutige Fragestellung: „Wie sehen die Kontrollrechte oder genauer gesagt die Prüfungs- und Erhebungsrechte des Bundes gegenüber den Ländern und den Kommunen aus?" ist – soweit ich das überblicken kann – erst in den 60er und 70er Jahren des letzten Jahrhunderts virulent geworden. Es war die Zeit der zunehmenden, insbesondere finanziellen Verflechtung zwischen Bund und Ländern. Der Bund gewährte massiv Subventionen und Finanzhilfen aller Art, darunter und nicht zuletzt an die Länder und Kommunen. Im Staatsrecht wurde vor allem auch mit Blick darauf der Begriff vom „kooperativen Bundesstaat bzw. kooperativen Föderalismus" geboren. Als „Akzidens" dieser Entwicklung tauchte auch die Frage nach Grund und Grenzen der Prüfungs- und Erhebungsrechte des Bundesrechnungshofes bei den Ländern (einschließlich Kommunen) auf.

Eine in diesem Zusammenhang grundlegende Entscheidung des Gesetzgebers, hier des Verfassungsgesetzgebers, die m. E. häufig – ganz im Gegensatz zu den Artikeln 104a und 114 GG – nicht genügend in den Blick genommen wird, ist Artikel 109 GG. Als Grundsatz normiert Artikel 109 Absatz 1 GG, dass Bund und Länder in ihrer Haushaltswirtschaft selbstständig und voneinander unabhängig sind. Das ist auf den ersten Blick eine klare Aussage. Bereits in Absatz 4 wird sie indessen relativiert: *„Durch Bundesgesetz, das der Zustimmung des Bundesrates bedarf, können für Bund und Länder gemeinsam geltende Grundsätze für das Haushaltsrecht ...aufgestellt werden."* Von dieser Ermächtigungsnorm ist heute nur noch die hier genannte erste Alternative von Belang. Sie bildet die Grundlage für das Haushaltsgrundsätzegesetz, eines der wenigen Bundesgesetze, das noch Rahmen- oder Grundsatzgesetzgebung ist. Solche Art von Gesetzen gibt es heute nicht mehr. Auch das Hochschulrahmengesetz alter Art gehörte dazu. Es hat allgemein geltende Grundsätze für das Hochschulrecht der Länder aufgestellt. Bekannt sein dürften außerdem noch das Melderechtsrahmengesetz und das Beamtenrechtsrahmengesetz. Das Haushaltsgrundsätzegesetz ist deshalb von besonderer Bedeutung unter den vier Genannten, weil es Bund und Länder zu einer an einheitlichen Grundsätzen ausgerichteten Regelung ihres Haushaltsrechtes einschließlich der Befugnisse der Rechnungshöfe des Bundes und der Länder verpflichtet (s. § 1 Satz 2 des Gesetzes). Und frappierend ist, wenn Sie die Texte der Landeshaushaltsordnungen und der Bundeshaushaltsordnung nebeneinanderlegen, dass bis heute die Paragraphenreihenfolge und auch die Inhalte – von länderspezifischen Abweichungen abgesehen – ganz überwiegend identisch sind. Für die Diskussion möchte ich vor allem § 43 Haushaltsgrundsätzegesetz, insbesondere dessen Absatz 1 nennen, der in der Prüfungspraxis der Rechnungshöfe des Bundes und der Länder eine der wichtigsten Vorschriften ist. Durch die jeweilige „einfachgesetzliche" (bundes- und landesrechtliche) Umsetzung der Grundsatznorm in § 91 BHO/ LHO ist sie unmittelbar geltendes Recht geworden, und zwar nicht nur staatliches Binnenrecht wie die ganz überwiegende Zahl der Vorschriften von BHO/LHO, sondern auch „Außenrecht" mit Rechtswirkung gegenüber allen natürlichen und juristischen Personen (einschließlich der juristischen Personen des öffentlichen Rechts), die nicht Teil des Staatsverbands sind, dem der prüfende Rechnungshof des Bundes oder Landes angehört. Ich zitiere § 43 Absatz 1 Satz 1 Haushaltsgrundsätzegesetz:

„Der Rechnungshof ist, unbeschadet weitergehender landesrechtlicher Bestimmungen, berechtigt, bei Stellen außerhalb der Verwaltung des Bundes oder des Landes zu prüfen, wenn sie [also der Bund oder ein Land]

1. *Teile des Haushaltsplans* [hier zu ergänzen: der anderen staatlichen Körperschaft] *ausführen oder* [hier: als Land] *vom Bund oder* [hier: als Bund oder als anderes Land] *vom Land Ersatz von Aufwendungen erhalten,*

2. [aus Sicht des Bundes ein Land oder aus Sicht des Landes der Bund oder ein anderes Land] *Mittel oder Vermögensgegenstände des Bundes oder des Landes verwalten oder*

3. *wenn sie vom Bund oder Land Zuwendungen erhalten."*

Ich räume ein, dass der Wortlaut des § 43 Haushaltsgrundsätzegesetz durch die wiederkehrenden „oder"-Formulierungen kein Glanzstück gesetzgeberischer Formulierungskunst ist und missverständlich sein kann, aber gemeint ist ganz klar, dass Stellen „außerhalb der Verwaltung" alle sind, die *nicht* der „eigenen" unmittelbaren staatlichen Verwaltung des prüfenden Rechnungshofes angehören. Auch die gesamte sogenannte mittelbare Staatsverwaltung – also das ganze Spektrum der juristischen Personen des öffentlichen Rechts des Bundes und der Länder – ist in diesem Sinne Stelle „außerhalb der Verwaltung". Erhält eine solche juristische Person – gleichgültig, ob des Bundes oder eines Landes – eine Zuwendung vom Bund, kann der Bundesrechnungshof bei ihr prüfen; kommt die Zuwendung von einem Land, prüft der Rechnungshof dieses Landes. Von Bund und Ländern gemeinsam finanzierte Zuwendungen begründen Erhebungsrechte aller zuständigen Rechnungshöfe (in der Praxis gibt es für diese Fälle individuelle oder generelle Prüfungsvereinbarungen, d. h. in aller Regel prüft ein Rechnungshof für die anderen „mit"). Der Wortlaut der „Umsetzungsnorm" des § 91 Absatz 1 BHO/LHO sorgt insoweit jedenfalls für die wünschenswerte Klarheit.

Von Bedeutung ist auch der zweite Satz in § 43 Absatz 1 Haushaltsgrundsätzegesetz: *„Leiten diese Stellen Mittel an Dritte weiter, ..."* – mit anderen Worten: die Haushalts- oder sonstigen Mittel, das verwaltete Vermögen oder die Zuwendungen werden von Stelle A weitergeleitet an Stelle B – *„... so kann der Rechnungshof auch bei diesen prüfen."* Diese Formulierung ist so auch in die Bundeshaushaltsordnung und in die Landeshaushaltsordnungen übernommen worden. Auf diese Weise sollte ein lückenloses System der Nachverfolgung der Mittelvergabe durch den Bund oder die Länder an jegliche „andere" Stellen außerhalb der „gebenden" Körperschaft durch „ihren" jeweiligen Rechnungshof errichtet werden. Wollte man das Haushaltsgrundsätzegesetz in der Normhierarchie einordnen, könnte man es als eine Art „Ober- oder Übergesetz" bezeichnen, das zwischen Verfassung und „einfachem" Gesetz steht. Das französische Staatsrecht kennt hierfür den Begriff der *„loi organique"*, wobei die wörtliche deutsche Übersetzung „Organgesetz" nicht unbedingt eine für das deutsche Rechtsverständnis klare Vorstellung des damit Gemeinten vermittelt. Ein „Obergesetz" dieser Art hat sich aber der damalige (Grundsatz-)Gesetzgeber vorgestellt. Und er meinte wohl, mit § 43 Haushaltsgrundsätzegesetz und den es „umsetzenden" Haushaltsordnungen des Bundes und der Länder eine Lösung für die Probleme zu haben, die in Verfahren vor dem Bundesverfassungsgericht und dem Bundesverwaltungsgericht immer wieder zur Sprache kommen, nämlich: Wie geht man mit etwaigen Souveränitätsansprüchen, insbesondere den Verwaltungskompetenzen der Gebietskörperschaften Bund und Länder um, wenn der Rechnungshof einer anderen Gebietskörperschaft (Bund oder Land) zum Beispiel dort prüfen will, wie als Zuwendung vergebene Mittel seines „Muttergemeinwesens" verwendet worden sind? Wir haben aber auch Fallgestaltungen – mögen sie auch nicht so häufig sein – auf der Einnahmeseite, bei denen der Bund Erhebungsbetroffener von Prüfungen der Landesrechnungshöfe ist. So ist die Biersteuer bundesrechtlich geregelt, doch ihr Aufkommen fließt in die Haushalte der Länder (s. Artikel 106 Absatz 2 Nummer 4 GG). Erhoben oder in der Sprache von § 43 Absatz 1 Satz 1 Nummer 2 Haushaltsgrundsätzegesetz/§ 91 Absatz 1 Satz 1 Nummer 2 BHO/LHO „verwaltet" wird die Biersteuer aber nach § 12 Absatz 2 Finanzverwaltungsgesetz von der Zollverwaltung. Die Brauereien führen die angemeldete Steuer ab, sobald das von ihnen hergestellte Bier in den freien Verkehr kommt. Die Landesrechnungshöfe – insbesondere der Länder mit Brautradition – prüfen regelmäßig vor Ort bei den zuständigen Zollstellen, wie diese die Biersteuer bei den Brauereien erhoben haben. Mir ist nicht bekannt, dass das Bundesministerium der Finanzen jemals dagegen Bedenken geäußert hätte, dass ein Landesrechnungshof bei einer Bundesstelle prüft und sich ggfs. dann auch noch im Bundesministerium selbst davon überzeugt, dass die Einnahmen zutreffend erhoben und abgeführt worden sind.

Was ich damit sagen wollte: Vielleicht wird manchen Problemen in der Theorie zu viel Gewicht beigelegt. In der Praxis des Bundesrechnungshofes wie auch der Landesrechnungshöfe funktioniert das „Erheben" der prüfungsrelevanten Tatsachen bei der „fremden" Gebietskörperschaft Bund oder Land, die von der „eigenen" Gebietskörperschaft Mittel usw. erhält oder verwaltet, sodass Erhebungsrechte nach § 43 Absatz 1 Haushaltsgrundsätzegesetz/§ 91 Absatz 1 BHO/LHO begründet werden, relativ problemfrei. Demgegenüber ist die Zahl der Fälle, die vor die Gerichte kommen, verglichen mit dem Umfang, in dem der Bundesrechnungshof im Bereich der Länder prüft, fast schon erstaunlich gering. Dies gilt insbesondere für den Steuer- und Sozialbereich, wo dem Bund die beherrschende Rolle bei der Gesetzgebungszuständigkeit zukommt. In der Ausführung hingegen liegt das Schwergewicht bei den Ländern einschließlich der Kommunen. Bei deren Dienststellen – insbesondere denen der unteren

Ebene – darf und muss der Bundesrechnungshof dann auch nach den genannten Vorschriften erheben.

Deshalb ist das Verhältnis zwischen Bund und Ländern im Bereich der externen Finanzkontrolle nach meinem Eindruck keineswegs so gespannt, wie es manchmal scheint. Spannung kommt dann auf, wenn gewisse als wesentlich oder unantastbar empfundene eigene Grundpositionen berührt sind. Bei der Prüfung der zugelassenen kommunalen Träger (zkT) durch das BMAS nach § 6b Absatz 4 SGB II und bei Erhebungen des Bundesrechnungshofes nach § 91 Absatz 1 BHO, § 6b Absatz 3 SGB II (nach dem Verständnis des Bundesrechnungshofes stehen beide Ermächtigungsnormen selbstständig und unabhängig nebeneinander) bei den zkT mögen aus Sicht der Länder oder Kommunen solche Positionen berührt werden, weil das Ministerium und der Bundesrechnungshof doch recht intensiv prüfen. Zu dieser Spannungslage wäre es allerdings von vornherein nicht gekommen, wenn die ursprüngliche Idee des SGB II beibehalten worden wäre, die kein Nebeneinander von gemeinsamen Einrichtungen und zkT vorsah, sondern nur die gemeinsamen Einrichtungen bzw. ARGEn, wie sie damals hießen. Mit anderen Worten: Wir reden hier über ein Problem – oder ein Problem ist entstanden –, weil sich die Politik so festgelegt hat. Aber dies kann dann die Folge von nächtlichen Verhandlungen im Vermittlungsausschuss sein, bei denen der angestrebte gesetzgeberische Kompromiss im Vordergrund steht und nicht die Frage, welche Folgen er für die Gesetzesausführung hat. Da die Kommunen hier als Folge des „Kompromisses“ an die Stelle der Bundesagentur für Arbeit treten, war es für Bundesregierung und Bundesrechnungshof auch keine Frage, dass die Finanzkontrolle gegenüber den zkT genauso ausgeübt wird wie gegenüber den gemeinsamen Einrichtungen, soweit dort die Bundesagentur für Arbeit der zuständige Akteur ist. Ich wage in diesem Zusammenhang die These, dass der Bund die Kommunen durchaus nach Art – ich betone: nach Art, denn natürlich ist die Kommune selbst kein Organ, sondern hat Organe – einer Organleihe in die Pflicht genommen sieht, denn sie treten ja vollständig an die Stelle der Bundesagentur. Wenn man den Artikel 91e GG unter diesem Gesichtspunkt betrachtet und interpretiert und die Argumentation des Bundesverfassungsgerichts unter diesem Gesichtspunkt nachzeichnet, wird sie möglicherweise dann auch für diejenigen Kritiker zumindest dogmatisch einsichtiger, die dem Artikel 91e GG nur einen engen Anwendungsbereich zugestehen und im Übrigen soweit wie möglich auf die Artikel 83 ff. GG zurückgreifen wollen. Zwar wird der Begriff der Organleihe in Artikel 91e GG oder im SGB II (natürlich) nicht gebraucht, aber die Konstruktion der zkT als jedenfalls in der Sache „Ersatz“ für die Bundesagentur für Arbeit kommt dem Begriff meines Erachtens sehr nahe und vielleicht lassen sich manche dogmatischen Probleme dadurch wenn nicht lösen, so doch zumindest besser verstehen.

Es bleibt trotz dieser Erwägungen natürlich dabei, dass die Ausübung der Aufsichts- und Kontrollrechte durch das BMAS und den Bundesrechnungshof die zkT dem Grunde nach in ihren eigenen Rechten berührt, aber bedeutet dies auch, dass sie in ihren Rechten verletzt sind? Ich meine, dass dies klar zu verneinen ist. Wir haben es hier mit einer „klassischen" Fallgestaltung zu tun, wie sie das Haushaltsgrundsätzegesetz und die BHO/LHO normieren, nämlich der Leistung von Ausgaben durch die Kommunen unmittelbar zulasten und auf Rechnung des Bundes. Die meisten zkT haben durch die Zulassung zur Teilnahme am automatisierten Verfahren für das Haushalts-, Kassen- und Rechnungswesen des Bundes oder kurz „HKR-Verfahren" unmittelbaren Zugriff auf den Bundeshaushalt. Sie führen also „Teile des Bundeshaushalts" aus. In den wenigen Fällen, wo dies nicht geschieht und die Kommunen mit eigenen Mitteln in Vorlage treten, erstattet ihnen der Bund die Aufwendungen; er leistet ihnen – in der Sprache von § 43 Absatz 1 Satz 1 Nummer 1 zweite Alternative Haushaltsgrundsätzegesetz und § 91 Absatz 1 Satz 1 Nummer 1 zweite Alternative BHO/LHO – „Ersatz von Aufwendungen". Die Kontrolle durch den Bundesrechnungshof beruht auf diesen – letztlich von Artikel 109 Absatz 4 GG legitimierten – Tatbeständen und ist damit kein unzulässiger oder gar verfassungswidriger Eingriff in die Haushaltswirtschaft oder Haushaltsbefugnisse der zkT. Dabei kommt es auch nicht darauf an, wie die zkT die ihnen zufließenden Bundesmittel in ihren einzelnen Haushalten behandeln, also ob sie sie rechtlich und faktisch getrennt führen oder dem eigenen Haushalt „zuschlagen", sodass es zur Vermengung und Vermischung kommt. Für die Kontrollzwecke müssen die beiden Vermögensmassen weiterhin getrennt gesehen werden. Der Bundesrechnungshof prüft hier deshalb nicht die kommunale Haushaltswirtschaft – was er weder dürfte noch überhaupt wollte –, sondern die *Bundes*haushaltswirtschaft, in die die Kommunen „nur" und notwendigerweise eingeschaltet sind.

Lassen Sie mich noch ein Wort zu einer Passage in der Entscheidung des Bundesverfassungsgerichts vom 7.10.2014 sagen, die Anlass zu Missverständnissen geben kann. Der Umfang der Erhebungsbefugnisse des Bundesrechnungshofes würde verkannt, wenn diese – von den vom Gericht ebenfalls erwähnten Fällen der Überprüfung der „Rechnungslegung" und der „Wirtschaftlichkeit der Ausgaben" abgesehen – auf die Frage beschränkt würden, ob Erstattungsansprüche des Bundes gegenüber den Kommunen begründet sein können wegen schlechter oder ungesetzlicher Ausführung des SGB II. Die Fälle einer „objektiv" oder bis zur Schwelle der Fahrlässigkeit gehenden ungesetzlichen Gesetzesausführung wesentlichen Ausmaßes sind glücklicherweise – soweit wir das feststellen können – selten. Was durchaus auch vorkommt, sind dolose Handlungen durch Mitarbeiter in den Jobcentern. Diese Fälle klammere ich hier ebenfalls aus. Die Erhebungsbefugnisse und ihr Umfang sind jedenfalls nicht davon abhängig, ob aus irgendwelchen Handlungsweisen der als zkT organisierten Jobcenter Rückforderungsansprüche des Bundes resultieren können oder nicht. Ich halte dies für eine Scheinfrage. Der Bundesrechnungshof achtet vielmehr darauf, dass – im Interesse des Bundeshaushalts (!) – die Leistungsgewährung an und für sich gesetzeskonform, wirtschaftlich und zweckmäßig gehandhabt wird. Vor allen Dingen nimmt er nicht nur die Ausgaben- und Einnahmeseite in den Blick, sondern auch das in der Praxis außerordentlich wichtige Bildungs- und Vermittlungsgeschäft. Dieses lässt sich vernünftigerweise nicht auf die Kategorien rechtmäßig oder rechtswidrig beschränken, aber gerade hier kommt es immer wieder zu erheblichen Fehlverwendungen von Mitteln. Die Rechnungshöfe werden auch heute noch teilweise auf die Rolle von Einnahme- und Ausgabekontrolleuren reduziert. Diese Betrachtung stimmt indessen schon lange nicht mehr, vielmehr nehmen (in den hier interessierenden Bereichen des SGB II und SGB III) die Prüfung der Vermittlung, der Zuweisung von Arbeitslosen zu Arbeitsgelegenheiten, des Handelns der – von den Arbeitsagenturen und Jobcentern beauftragten – Ausbildungsstellen und Bildungsträger und anderes mehr bei uns einen viel breiteren Raum ein als die schiere Kontrolle von Ausgaben und Einnahmen.

Die Frage einer Prüfung, Aufdeckung und Rückforderung von zu Unrecht zulasten des Bundes geleisteten Ausgaben ist in der Praxis also gar nicht so sehr von Belang. Das Bundesverfassungsgericht hat insoweit auch zu Recht darauf hingewiesen, dass generell „objektive“ oder auch auf Fahrlässigkeit beruhende Fehler, die sich in fehlerhaften oder rechtswidrigen Ausgaben niederschlagen, nicht zulasten der zkT gehen können. Das Bundesverfassungsgericht knüpft damit an die langjährige Rechtsprechung insbesondere des Bundesverwaltungsgerichts, aber – in neuerer Zeit – auch des Bundessozialgerichts zu Artikel 104a Absatz 5 GG an. Diese Rechtsprechung besagt im Kern: Obwohl es kein Ausführungsgesetz zu Artikel 104a Absatz 5 Satz 2 GG gibt, sind aus dieser Vorschrift doch gewisse allgemeine Grundsätze herzuleiten. Wenn es bei der Ausführung von Bundesrecht durch Landesbehörden oder Landesbedienstete zu Fehlern kommt, haftet das Land nur bei Vorsatz und allenfalls grober Fahrlässigkeit des handelnden Landesbediensteten. Alle darunterliegenden Verschuldensstufen wie „mittlere“ und „einfache“ Fahrlässigkeit sind nicht geeignet, einen Ersatzanspruch des Bundes gegen das Land zu begründen.

Erwähnenswert ist in diesem Zusammenhang noch – und damit möchte ich enden – die Entscheidung des Bundessozialgerichts vom gestrigen Tag, dem 10.3.2015, von der heute in den Tageszeitungen berichtet wird. Das Gericht hat hiernach entschieden, dass der Bund die Mittel, die er den Kommunen für das sogenannte Bildungs- und Teilhabepaket zur Verfügung gestellt hat und die von diesen nicht oder jedenfalls nicht zweckentsprechend ausgegeben wurden, nicht von den Ländern als Adressaten eines möglichen Anspruchs zurückfordern kann. Die Begründung – soweit bekannt – lautet, es habe sich um eine pauschale Zuweisung des Bundes für Bildungs- und Teilhabezwecke gehandelt. Mit weiteren, ins einzelne gehenden Bedingungen sei sie aber nicht verbunden gewesen, sodass der Bund nicht im Nachhinein argumentieren könne, das Geld sei zweckwidrig verwendet worden, um darauf eine Rückforderung zu stützen. Der Bund muss in der Folge des Urteils 284 Mio. € für das Bildungs- und Teilhabepaket an die Länder beziehungsweise die Kommunen zurückzahlen, die er im Frühjahr 2014 von seinen laufenden Auszahlungen einbehalten hatte. Ich halte diese Entscheidung, auch wenn sie aus Bundessicht „wehtun" mag, für zutreffend. Man muss bei jeglichem Finanzfluss, der vom Bund an die Länder geht, um bei dem Beispiel hier zu bleiben, sehr genau nach dem „Rechtsgrund" fragen. Diese für das Bereicherungsrecht charakteristische Frage ist häufig auch hilfreich für die Entscheidung von Streitigkeiten, denen „Störungen" im Finanzfluss vom Bund an die Länder zugrunde liegen (wobei ich auch umgekehrte „Flussrichtungen" nicht ausschließen will). Ein Sozialleistungsgesetz mit einer sehr detaillierten Normierung von Rechten und Pflichten für den einzelnen Leistungsempfänger enthält zwangsläufig viel „engere" – und damit auch leichter zu verletzende – Rechtsgründe (oder Rechtsgrundtatbestände) als ein Finanz- oder Investitionshilfegesetz, es sei denn, dieses würde die zu finanzierenden Maßnahmen ganz konkret und genau, vielleicht sogar mit Karte und Lageplan bezeichnet festlegen. Im Falle der Mittel für das Bildungs- und Teilhabepaket gab es aber nur einen sehr pauschalen, nicht weiter konkretisierten Rechtsgrund, und trotz offenkundiger Fehl- oder Nichtverwendung der Mittel durch die Kommunen entfiel dieser dadurch nicht nachträglich.

Als Fazit und im Kontext der Prüfungs- und Erhebungsrechte des Bundesrechnungshofes nach § 43 Absatz 1 Haushaltsgrundsätzegesetz/§ 91 Absatz 1 BHO bei den Ländern einschließlich der Kommunen bedeutet dies: Für deren Begründung und die Festlegung ihres Umfangs kommt es maßgeblich darauf an, den rechtlichen Charakter und damit Rechtsgrund der jeweiligen Zahlungen des Bundes zu bestimmen. Insbesondere hiernach ist die Frage zu beantworten, ob es sich – um bei den Hauptanwendungsfällen zu bleiben – um die „Ausführung von Teilen des Bundeshaushaltsplans“ oder um den „Ersatz von Aufwendungen“ handelt. Je spezifischer und detaillierter die Norm – und Sozialnormen sind sehr spezifisch und sehr detailliert –, je „existentieller“ der Kreis der Adressaten von der Norm berührt ist, umso mehr und umso eher ist anzunehmen, dass der Bund den Ländern und Kommunen seine Mittel auch genau nur für diese Zwecke zur Verfügung stellt und jegliche Abweichungen bei der Gesetzesausführung nicht mehr vom Normzweck – dem „Rechtsgrund“ der Zahlungen – gedeckt sind. Hier liegen dann auch offenkundig die Tatbestände „Ausführung von Teilen des Bundeshaushaltsplans“ oder „Ersatz von Aufwendungen“ vor, sodass der Bundesrechnungshof beim Land oder bei der Kommune umfassend und mit den Fragestellungen, wie sie § 90 BHO näher beschreibt, erheben kann. Finanztransfers des Bundes an die Länder und Kommunen nach allgemeinen, „unspezifischen“ Finanz- und Investitionshilfenormen stellen sich demgegenüber eher oder ganz überwiegend nicht als „Ausführung des Bundeshaushaltsplans“ (nämlich durch das Land oder die Kommune) oder „Ersatz von Aufwendungen“ dar (die „Aufwendungen“ entstehen entweder gar nicht oder sind freiwillig und eigennützig eingegangen worden, nicht fremdnützig wie bei einer Geschäftsführung, und sie entstehen auch nicht zwangsläufig wie bei der Ausführung von Sozialleistungsgesetzen). Der Bundesrechnungshof könnte hier nur aufgrund einer sondergesetzlichen Ermächtigung prüfen, und auch dies nur mit den Einschränkungen, wie sie das Bundesverfassungsgericht für solche Fälle aufgestellt hat[1]. Hiernach – aber nur hiernach – folgen seine Erhebungsrechte den Verwaltungskompetenzen des Bundes nach den Artikeln 83 ff. GG bei der Ausführung von Bundesrecht durch die Länder.

1 So zuletzt in BVerfGE 127, 165 (219 f.).

Matthias Cornils

Optionskommunen unter Finanzkontrolle: Begrenzte Informationsverschaffungsrechte zur Sicherung von Erstattungsansprüchen

I. Einleitung

Annähernd sieben Jahre nach seinem Grundsatzurteil zu den Arbeitsgemeinschaften für die Verwaltung der Grundsicherung für Arbeitssuchende[1] hat der Zweite Senat des BVerfG im vergangenen Herbst abermals über Organisationsfragen der Grundsicherungs-Verwaltung entschieden.[2] Stand damals die verfassungsrechtliche Zulässigkeit der gemeinsamen Verwaltung von Bund und Kommunen in den Arbeitsgemeinschaften „aus einer Hand" (§ 44b SGB II) im Vordergrund,[3] so ging es diesmal um die seit 2010 auch verfassungsrechtlich in Art. 91e Abs. 2 GG als Option vorgesehene zweite façon der Grundsicherungs-Verwaltungsorganisation, mithin um die gesetzliche Regelung der Allein-Verwaltung der Grundsicherung durch kommunale Träger (sog. Optionskommunen). Stand die erste Entscheidung ganz im Zeichen des verfassungsrechtlichen Verbots der Mischverwaltung, so verhandelt das aktuelle Urteil zu den Optionskommunen gerade nicht ein Phänomen kondominialer Verwaltung, also der Verschränkung von Mitentscheidungsbefugnissen verschiedener Verwaltungsträger,[4] sondern eine – allerdings spezifisch ausgeformte – Spielart der Landeseigenverwaltung (Art. 84 GG) durch die Kommunen. Auch hier aller-

1 BVerfGE 119, 331; dazu Besprechungen u. a. von *Cornils*, ZG 2008, 184; *Dreier*, ZSE 2008, 399; *Huber*, DÖV 2008, 845; *Kluth*, ZG 2008, 292; *Korioth*, DVBl. 2008, 812; *Hubert Meyer*, NVwZ 2008, 275; *Ritgen*, NdsVBl. 2008, 185; *Trapp*, DÖV 208, 277; *Winkler*, VerwArch 2008, 509.

2 BVerfG, Urt. v. 7.10.2014, 2 BvR 1641/11, DVBl. 2014, 1534 = NVwZ 2015, 136 = JZ 2014, 1153.

3 BVerfGE 119, 331, Rn. 144 ff.

4 S. zu den sich überschneidenden Einzelgehalten des Mischverwaltungsverbots näher *Cornils*, ZG 2008, 184 (198 f.): Verbot der Mitentscheidung, Delegationsverbot, Umgehungsverbot; s. zur Qualifizierung von rein informationellen Aufsichts-Kontrollrechten (§ 6a Satz 1 ZuInvG) als nicht vom Tatbestand des Mischverwaltungsverbots erfasst BVerfGE 127, 165, Rn. 81.

dings sind Ingerenzen des Bundes – insbesondere als Usurpation von dem Bund angeblich nicht zustehenden Verwaltungs-Aufsichtskompetenzen (Finanzkontrolle) – Steine des verfassungsrechtlichen Anstoßes für die erhobenen Kommunalverfassungsbeschwerden. Hatte das Bundesverfassungsgericht seinerzeit das zuvor schon halb in Vergessenheit geratene verfassungsrechtliche Verbot der Mischverwaltung rehabilitiert[5] und – wenn auch im Argumentationsgang nicht ganz reintönig[6] – dessen auf klare, als solche nicht abwägungsfähige Abgrenzung der Verantwortungssphären von Bund und Ländern abzielende Verbotswirkungen wieder in Geltung gesetzt, dementsprechend das Arbeitsgemeinschaftsmodell in § 44b SGB II als klaren Fall einer verbotenen Mischverwaltung identifiziert und verworfen, so scheint das Gericht nun andere Signale zu setzen: Interessanterweise gerade dort, wo es nicht um die gesetzlich gewollte und verfassungsrechtlich (seit 2010 explizit) zugelassene (Art. 91e Abs. 1 GG) Mischverwaltung geht, sondern um das optional zugelassene Gegenkonzept der Alleinverwaltung der Kommunen, stärkt der Senat den hierfür im Gesetz vorgesehenen, ebenenübergreifend auf die Kommune durchgreifenden Finanzkontrollbefugnissen des Bundes (Bundesministerium für Arbeit und Soziales und Bundesrechnungshof, § 6b Abs. 3 bis 5 SGB II) den Rücken, weist mithin die insoweit erhobene Rüge der Kompetenzlosigkeit und Verfassungswidrigkeit zurück.[7] Insbesondere dieses Teilergebnis der Entscheidung ist in ersten Stellungnahmen als doch gravierende, ja überraschende Kurskorrektur beschrieben und auch kritisiert worden.[8] Das Gericht habe, so mag man den Subtext der Kritik zusammenfassen können, die doch gerade erst in jenem ersten „Hartz IV-Urteil" sowie nachfolgend noch im Beschluss zum Zukunftsinvestitionsgesetz vom 7.9.2010[9] befestigte, umfassend bundesstaatlich und zusätzlich auch noch demokratisch sowie rechtsstaatlich begründete Position, der es um möglichst eindeutige und saubere Trennung der Verwaltungsräume und -zuständigkeiten im Bundesstaat zu tun gewesen sei, schon wieder geräumt, jedenfalls einer keineswegs zwingenden funktional motivierten Verfassungsauslegung den Vorzug gegeben, die mit jenen frisch erneuerten Postulaten in deutlicher Spannung stehe.[10]

Überhaupt keinen Zweifel lässt das neue Urteil daran, dass sich seine Sicht der Dinge vor allem, wenn nicht überhaupt nur aus der Verfas-

---

5 BVerfGE 119, 331, Rn. 152 ff.

6 Näher *Cornils*, ZG 2008, 184 (192 ff.).

7 BVerfG (Fn. 2), Rn. 96 ff., 173 ff.

8 *Berger*, JZ 2014, 1163 (1164 ff.); *Henneke*, DVBl. 2014, 1540 (1542 f.); *Hubert Meyer*, NVwZ 2015, 116 (121).

9 BVerfGE 127, 165.

10 *Berger*, JZ 2014, 1163 (1165 f.).

sungsänderung durch das „Gesetz zur Änderung des Grundgesetzes (Artikel 91e)“ vom 21.7.2010, in Kraft getreten am 27.7.2010,[11] erklärt und daraus auch speist.[12] Der verfassungsändernde Gesetzgeber hat bekanntlich mit dem neu eingefügten Art. 91e GG in Reaktion auf das erste „Hartz IV“-Urteil des BVerfG die verfassungsrechtliche Grundlage für die politisch gewünschte Fortsetzung des praktizierten Mischverwaltungsmodells, einschließlich der ergänzenden kommunalen Alleinverwaltungsoption, geschaffen.[13] Das nunmehr ergangene zweite Urteil nimmt die Änderung der Verfassungsrechtslage auf, akzeptiert sie nicht nur hinsichtlich der diesmal nicht streitgegenständlichen, jetzt verfassungsrechtlich zugelassenen Mischverwaltung, sondern entnimmt auch der im Kielwasser der ARGE-Regelung laufenden Verfassungsbestimmung über die Optionskommunen (Abs. 2) bemerkenswert weit gehende reformatorische Gehalte;[14] bemerkenswert deswegen, weil sie im Text der Bestimmung kaum angelegt sind[15] und so gut wie allein auf entstehungsgeschichtlich dokumentierte Begleitaussagen der an der Gesetzgebung Beteiligten sowie auf die zeitgleiche einfachgesetzliche Umsetzung des Optionskommunen-Modells im SGB II gestützt werden.

---

11 BGBl. I, 944.

12 BVerfG (Fn. 2), Rn. 78: „Der verfassungsändernde Gesetzgeber wollte mit Art. 91e GG somit den für verfassungswidrig erklärten, im politischen Raum aber für praktikabel befundenen Zustand aufrechterhalten und absichern.“; Rn. 87: „Er [der verfassungsändernde Gesetzgeber] wollte vielmehr eine umfassende Absicherung der Verwaltungspraxis ermöglichen.“; Rn. 97: „... hat der verfassungsändernde Gesetzgeber die Finanzbeziehungen in diesem eng abgegrenzten Bereich neu geordnet und dem Bund nicht nur die Finanzierungslast zugewiesen, sondern ihm auch die Befugnis wirksamer Finanzkontrolle eingeräumt. So wird in der Begründung zu dem Gesetzentwurf ...“; Rn. 122: „In der Begründung zu Art. 91e GG heißt es mit Blick auf Absatz 2 ... .“; Rn. 123: „Aus dem Hinweis der Gesetzesbegründung auf die 'zwingenden Vorgaben des Grundgesetzes' folgt hingegen, dass die Regelungen des Grundgesetzes im Übrigen zu beachten sind.“; Rn. 174: „Nach dem Willen des verfassungsändernden Gesetzgebers sollte der Bund folglich zu einer derartigen Regelung befugt sein.“

13 Dazu etwa *Henneke*, DÖV 2012, 165; *Engels*, in: Friauf/Höfling (Hrsg.), Berliner Kommentar zum Grundgesetz, Art. 91e Rn. 8: „Verfassungsänderung als Problemlösungsstrategie“; *Hermes*, in: Dreier (Hrsg.), Grundgesetz-Kommentar, 2. Aufl., Supplementum 2010, Art. 91e Rn. 13 f., 20 f.; *Siekmann*, in: Sachs (Hrsg.), Grundgesetz, Kommentar, 6. Aufl. 2011, Art. 91e Rn. 41 ff.; *Volkmann*, in: v. Mangoldt/Klein/Starck (Hrsg.), Kommentar zum Grundgesetz, 6. Aufl. 2010, Art. 91e Rn. 1 ff.

14 BVerfG (Fn. 2), Rn. 96 ff.; 173 ff.

15 *Henneke*, DVBl. 2014, 1540 (1542: „ohne die Spur eines Anknüpfungspunktes im Wortlaut“); anders im Vorfeld der Entscheidung *Mayen*, NVwZ 2011, 584 (587 f.) in Ausdeutung der in der Bestimmung verwendeten Wendung „notwendige Ausgaben“.

Schon in erster Annäherung an das Urteil erscheint mithin die Bereitschaft des BVerfG unverkennbar, den verfassungsrechtspolitischen Prozess und seine Dynamik weitgehend unmoderiert zu akzeptieren und eigene Systematisierungs- und Dogmatisierungsanliegen ehrgeizlos zurückzustellen. Das Urteil des mit einer Ausnahme gegenüber der Entscheidung von 2007 vollständig neu besetzten Senats ist von einer deutlich positivistischen Grundhaltung getragen, und zwar in einer Lesart, die dem subjektiven Willen des historischen Änderungsgesetzgebers durchschlagende Bedeutung zubilligt. Ob diese Haltung indes in der Sache selbst tatsächlich mit den das Mischverwaltungsverbot und die Trennung der Kompetenzsphären betonenden Aussagen der bisherigen Rechtsprechung bricht oder diese nicht vielmehr nur unter gewandelten Vorzeichen fortschreibt, nun eben im Respekt vor den zwischenzeitlich geänderten Maßstäben der Verfassung, ist damit noch keineswegs gesagt und bleibt im Folgenden zu erörtern. Vor allem gilt dies hinsichtlich der bundesverfassungsgerichtlichen Anerkennung der grundgesetz-atypischen (und insofern systemfremden) Finanzkontrollrechte des Bundes: Besonders insoweit steht der Vorwurf im Raum, dass der Karlsruher Respekt vor dem Gesetzgeber vielleicht doch überschießend ausgefallen und so ohne Not oder zumal ohne hinreichende Begründung die disziplinierende Wirkkraft des Verfassungsrechts als eines Widerlagers gegenüber politischen Machbarkeitsinteressen geschwächt worden ist.

II. Gang der Entscheidung: Finanzkontrolle

Gegenstand der Verfassungsbeschwerde waren insbesondere die die Prüfbefugnisse des Bundesrechnungshofs sowie des Bundesministeriums für Arbeit und Soziales betreffenden Regelungen der § 6b Abs. 3 und 4 SGB II. § 6b Abs. 3 SGB II berechtigt den Bundesrechnungshof lapidar, „die Leistungsgewährung zu prüfen“. Abs. 4 Satz 1 gibt dem Bundesministerium auf, zu prüfen, ob Einnahmen und Ausgaben in der von der Optionskommune zu unterhaltenden besonderen Einrichtung (Jobcenter) „begründet und belegt sind und den Grundsätzen der Wirtschaftlichkeit und Sparsamkeit entsprechen“. Satz 3, der die Verpflichtung zur Ankündigung einer örtlichen Prüfung durch das Ministerium statuiert, bestätigt damit die Befugnis zu solchen Prüfungen, also zu einer aktiven Informationserhebung vor Ort durch das Bundesministerium. Das Bundesverfassungsgericht hat die Beschwerde hinsichtlich Abs. 3, also der Bestimmung über die Befugnisse des Bundesrechungshofs, wegen Verfristung nicht zur Sachentscheidung zugelassen[16] und die Kommunalverfassungsbeschwerde gegen § 6b Abs. 4 SGB II als unbegründet zurückgewiesen.

Diese Regelung über die Prüfbefugnisse des Bundesministeriums für Arbeit und Soziales zur Finanzkontrolle[17] könne sich auf die Gesetzgebungskompetenzzuweisung aus Art. 91e Abs. 3 GG stützen. Daraus ergibt sich indessen noch nicht die erforderliche (Art. 30, 83 GG) verfassungsrechtliche Verwaltungskompetenz des Bundes für die im Gesetz geregelte Aufgabe der Finanzkontrolle, namentlich der in § 6b Abs. 4 Satz 3 SGB II vorausgesetzten Befugnis des Bundesministeriums zu aktiver Informationserhebung in den Kommunen. Das Bundesverfassungsgericht stellt klar, dass die Verwaltungszuständigkeit auch nicht gleichsam automatisch mit der in Art. 91e Abs. 2 GG dem Bund auferlegten Finanzierungslast, die – anders als nach der allgemeinen Regel des Art. 104a Abs. 5 GG – auch die Verwaltungsausgaben einschließt, verbunden ist.[18] Bedarf es demnach einer spezifischen verfassungsrechtlichen Ermächtigung des Bundes zur Übernahme der Verwaltungsaufgabe Finanzkontrolle gegenüber den Optionskommunen – auf die allgemeinen Regeln über die Ausführung der Bundesgesetze durch die Länder und die hier nur begrenzt zugelassenen Einwirkungsbefugnisse des Bundes (Art. 84 f. GG) lässt sich eine Prüfbefugnis des Ministeriums für Arbeit und Soziales nicht stützen[19] –, so soll diese Befugnis indessen doch neben der Regelung der Finanzierungslast in Art. 91e Abs. 2 Satz 2 GG enthalten sein. Mit der Einfügung dieser Vorschrift in das Grundgesetz habe der verfassungsändernde Gesetzgeber eine unmittelbare Finanzbeziehung zwischen dem Bund und der kommunalen Ebene etabliert und damit eine Sonderregelung geschaffen, die dem Bund spezifische Verwaltungskompetenzen zuweise und den allgemeinen Regelungen über das Finanzwesen vorgehe.[20] Sie ermächtige den Bund auch zu einer „wirksamen Finanzkontrolle“ über die Optionskommunen.[21] Dies ergebe sich namentlich aus der Begründung

---

16 BVerfG (Fn. 2), Rn. 69 ff.

17 BVerfG (Fn. 2), Rn. 173 ff.

18 BVerfG (Fn. 2), Rn. 176, unter Zurückweisung der gegenteiligen Ansicht von *Kammer*, DVBl. 1990, 555 (558 f.); *Mähring*, DÖV 2006, 195 (203).

19 BVerfG (Fn. 2), Rn. 87: Das gilt auch für die klassischen Aufsichtsbefugnisse nach Art. 84 GG; auch die den konventionellen verfassungsrechtlichen Rahmen der Bundesaufsicht sprengende Übertragung der Befugnisse der Rechtsaufsicht auf das Ministerium in § 48 Abs. 2 Satz 3 SGB II kann daher nur mit der These der gegenüber Art. 83 ff. GG vorrangigen Geltung des Art. 91e Abs. 2 GG gerechtfertigt werden.

20 BVerfG (Fn. 2), Rn. 94 ff.

21 BVerfG (Fn. 2), Rn. 97.

zum Entwurf des Verfassungsänderungsgesetzes, die in Bezug auf Art. 91e Abs. 2 GG bestimme, dass das Bundesgesetz unter anderem Regelungen zu Aufsicht, Finanzkontrolle, Rechnungsprüfung und Leistungsbewertung treffen werde. Die danach dem Bund übertragene Aufgabe der Finanzkontrolle sei indes strikt von der Rechts- und Fachaufsicht über die Optionskommunen abzugrenzen; Letztere verbleibe bei den Ländern.[22] Die Finanzkontrolle des Art. 91e Abs. 2 Satz 2 GG beschränke sich auf die Überprüfung der Rechnungslegung, die Wirtschaftlichkeit der Ausgaben und die Durchsetzung eventueller Erstattungsansprüche. Sie diene nicht der Rückkopplung des Vollzugs an die Absichten des Gesetzgebers, insbesondere nicht der Gewährleistung eines grundsätzlich einheitlichen Gesetzesvollzuges, sondern richte sich ausschließlich auf die Kontrolle der finanziellen Auswirkungen der gesetzgeberischen Entscheidung, von der Möglichkeit des Art. 91e Abs. 2 GG Gebrauch zu machen.[23]

III. Kritik

1. Verfassungswidriges Verfassungsrecht?

Einige Aufregung hatte im Nachgang zur Verfassungsänderung eine Bemerkung in der Kommentarliteratur ausgelöst, es liege die Frage immerhin nahe, ob es sich bei Art. 91e GG um verfassungswidriges Verfassungsrecht handele.[24] Auch das Bundesverfassungsgericht greift diese Erwägung auf und weist sie zurück,[25] ebenso wie die darauf Bezug nehmenden Stimmen in der Literatur.[26] Tatsächlich ist eine solche Annahme fern liegend, und es ist eher erstaunlich, dass sie überhaupt so prominente Aufmerksamkeit gefunden hat, zumal auch der Urheber der Spekulation mit jener beiläufigen Bemerkung keineswegs für die These des verfassungswidrigen Verfassungsrechts in Anspruch genommen werden kann, sondern im Gegenteil sofort in der anschließenden Passage das Recht des verfassungsändernden Gesetzgebers zu Eingriffen in das Verfassungsgesetz bekräftigt, auch wenn es sich bei Art. 91e GG offensichtlich um einen „punktuellen und kurzatmigen

22 BVerfG (Fn. 2), Rn. 98 f.
23 BVerfG (Fn. 2), Rn. 99.
24 *Hermes* (Fn. 13), Art. 91e Rn. 20.
25 BVerfG (Fn. 2), Rn. 80.
26 *Klein*, in: Maunz/Dürig, Grundgesetz, Stand: Mai 2011, Art. 91e Rn. 13; *Siekmann* (Fn. 13), Art. 91e Rn. 11; *Engels* (Fn. 13), Art. 91e Rn. 13.

Pragmatismus“ handle, mit dem sich eine zukunftsweisende Verfassungsreform, die das bundesstaatliche Gefüge des Grundgesetzes notwendigen Formen der Kooperation und Verflechtung öffnen wolle, kaum bewerkstelligen lasse.[27] Materiell verfassungswidrig könnte die Verfassungsänderung nur bei Verstoß gegen die essentials der Verfassung (Art. 79 Abs. 3 GG) sein, keineswegs schon wegen verfassungspolitischer Fragwürdigkeit, namentlich fehlender Generalisierbarkeit und Systeminkompatibilität mit sonst anerkannten Bauprinzipien der föderalen Ordnung, tagespolitischer Kompromisshaftigkeit usw. Auch der Umstand bewusster verfassungspolitischer Korrektur einer unerwünschten verfassungsgerichtlichen Entscheidung ist verfassungsrechtlich überhaupt kein Problem, sondern im Rahmen der durch die Verfassung selbst gezogenen Grenzen legitimer Verfassungsänderung das gute Recht des verfassungsändernden Gesetzgebers. Die Nüchternheit, mit der das Bundesverfassungsgericht die geänderte Verfassungsrechtslage zur Kenntnis nimmt und, offenkundig frei von jedem Ressentiment, juristisch verarbeitet, ist daher zunächst einmal wohltuend. Und dass die bereichsspezifisch begrenzte Zulassung der Mischverwaltung in Art. 91e Abs. 1 GG sowie die Modifizierungen des Abs. 2 im Hinblick auf die Zuordnung der Finanzierungsverantwortung und (in der durchaus weiter gehenden Lesart des Bundesverfassungsgerichts) der Verwaltungskompetenzen den identitätsprägenden Kern der Verfassungsprinzipien im Sinne des Art. 79 Abs. 3 GG berühren, lässt sich schwerlich ernsthaft behaupten: Das verfassungsrechtliche Verbot der Mischverwaltung ist zwar in dem Urteil des BVerfG zu den Arbeitsgemeinschaften nach § 44b SGB II gestärkt, auch hier aber zu Recht nur als griffige begriffliche Abbreviatur für die konkret aus dem Verfassungsgesetz zu ziehenden Aussagen der Art. 83 ff. GG verstanden worden,[28] nicht als überpositive Metaregel, der die Einzelaussagen der Verfassung unterworfen wären. Dementsprechend stand das Verbot der Mischverwaltung schon immer und auch in dem Urteil von 2007 unter dem Vorbehalt anderweitiger verfassungsgesetzlicher Regelung. Es hat mithin zwar dort, wo es greift, durchaus den Charakter einer strikten Regel (nicht nur den eines abwägungsfähigen Prinzips),[29] kann aber durch positiv-verfassungsrechtliche Ausnahmeregeln selbstverständlich abbedungen werden. Die begleitende Abstützung der aus der bundesstaatlichen Kompetenzverteilung gewonnenen Verbotsregel durch die Prinzipien der Demokratie und des Rechtsstaats war, wenngleich jetzt im zweiten Urteil zu den Optionskommunen

27 *Hermes* (Fn. 13), Art. 91e Rn. 21.

28 BVerfGE 119, 331 (364 ff.); 127, 165, Rn. 81.

29 *Cornils*, ZG 2008, 184 (198); anders und überhaupt gegenüber dem Verbot der Mischverwaltung überaus kritisch *Volkmann* (Fn. 13), Art. 91e Rn. 3.

wieder bekräftigt, ohnehin nicht frei von Zweifeln.[30] Jedenfalls aber sind die dem Mischverwaltungsverbot sekundierenden Gewährleistungsgehalte dieser Fundamentalprinzipien – so sie denn überhaupt anerkannt werden –, viel zu unscharf und mittelbar, als dass eine bereichsspezifische Durchbrechung der sonst verfassungsrechtlich praktizierten Grundsätze der Kompetenzordnung wie jetzt in Art. 91e GG als Verstoß gegen die Identitätsgarantie des Art. 79 Abs. 3 GG begriffen werden könnte. Jedenfalls für die Modifikationen der Finanz- und Verwaltungsordnung hinsichtlich der Optionskommunen in Art. 91e Abs. 2 GG ließe sich sogar argumentieren, dass die demokratischen und rechtsstaatlichen Forderungen der Verantwortungsklarheit ebenso gut für wie gegen diese Modifikationen sprechen, insoweit also mindestens neutral sind.

2. Finanzkontrolle des Bundes

Die Begründung zur Regelung der Finanzkontrolle ist äußerst knapp ausgefallen. Auch wenn man die nur wenige Randnummern umfassenden Ausführungen zu § 6b Abs. 4 SGB II zusammen mit den im Maßstäbeteil entwickelten einschlägigen Passagen liest, wird der Gesamteindruck kaum überzeugender: Es fehlt an einer präziseren Ableitung der konkret in Rede stehenden, verfassungsrechtlich prekären anlasslosen Informationserhebungsbefugnis des Bundesministeriums aus den vorangestellten grundsätzlichen Aussagen zum eigenständigen Regelungsregime des Art. 91e Abs. 2 GG. Und es fehlt hier vor allem die doch zu erwartende offene und skrupulöse Auseinandersetzung mit den wesentlich sorgfältigeren Aussagen des Urteils des Zweiten Senats zum Zukunftsinvestitionsgesetz vom 7.9.2010:[31] Diese Entscheidung wird zwar häufig in Bezug genommen; es soll so im Urteil zu den Optionskommunen augenscheinlich der Eindruck kontinuierlicher Fortschreibung der im Urteil zu § 6a ZuInvG entwickelten Grundsätze erweckt und der doch erhebliche Bruch mit diesen Grundsätzen in der entscheidenden Frage der durch § 6b Abs. 4 Satz 3 SGB II ermöglichten anlasslosen Kontrolle verdeckt werden. Deckt die implizit in Art. 104 Abs. 5 Satz 1 Halbsatz 2 GG gegebene Finanzkontroll-Verwaltungskompetenz des Bundes nach den Grundsätzen des Urteils zu den Finanzhilfen aktive Informationsbeschaffungsmaßnahmen bei den

30 S. dazu *Cornils*, ZG 2008, 184 (194 ff.); die demokratische Begründung scharf ablehnend *Volkmann* (Fn. 13), Art. 91e Rn. 3.

31 BVerfGE 127, 165, Rn. 82 ff.; kritisch insoweit – mit Recht – auch *Berger*, JZ 2014, 1163 (1166).

nachgeordneten Behörden nur unter der Voraussetzung konkreter tatsächlicher Anhaltspunkte für das Vorliegen eines Haftungsfalls und damit der möglichen Geltendmachung eines Erstattungsanspruchs nach § 7 ZuInvG, so soll dies dem Optionskommunen-Urteil zufolge bei Art. 91e Abs. 2 GG anders sein: Aufgrund der durch diese Vorschrift gewährten Ermächtigung soll das Bundesministerium Informationen vor Ort erheben und auch ohne konkreten Anlass bei den zugelassenen kommunalen Trägern Prüfungen durchführen dürfen.[32] In der Tat ist die leider nur allzu beiläufig angebrachte Erstreckung der Rechtfertigung auch auf anlasslose Informationserhebungen für das Ergebnis der Verfassungskonformität der in Rede stehenden Regelung tragend: § 6b Abs. 4 SGB II enthält für die örtlichen Prüfungen in der Optionskommune genauso wenig eine textliche Einschränkung auf Haftungs-Verdachtsfälle wie der in der Entscheidung von 2010 für verfassungswidrig erklärte § 6a S. 4 ZuInvG. Wenn jene Vorschrift nun für mit der Verfassung vereinbar erklärt worden ist, muss die aus Art. 91e Abs. 2 GG herzuleitende Rechtfertigung hinsichtlich der Finanzkontrollbefugnisse des Bundes weiter ausgreifen als diejenige aus Art. 104a Abs. 5 Satz 1 2. Halbsatz GG.

Es wäre im Interesse einer transparenten Diskussion der verfassungsrechtlichen Fragen sicherlich besser gewesen, diese Abweichung offen anzusprechen und den Versuch zu unternehmen, sie aus der proklamierten Sonderstellung des Art. 91e GG heraus zu begründen. *Mayen* hatte dazu in seinem Rechtsgutachten für die Bundesregierung eine Vorlage geliefert,[33] auf die das Bundesverfassungsgericht jedoch im Begründungsgang nur partiell zurückgegriffen zu haben scheint. Dass sich der Senat nicht jedes Argument aus der *Mayen*schen Vorlage zu eigen gemacht hat, kann man ihm dabei kaum vorwerfen: Der Versuch etwa, schon aus dem Text der Bestimmung des Art. 91e Abs. 2 GG („notwendige Ausgaben“) ein Argument für die weiterreichende Finanzkontrolle des Bundes zu ziehen,[34] vermag kaum zu überzeugen. Aber die so wesentliche Abkoppelung der Informationsbefugnisse des Bundes aus dem in der Entscheidung zum Zukunftsinvestitionsgesetz noch so eingehend und überzeugend begründeten Zusammenhang mit einer konkreten Verdachtslage hätte doch jedenfalls einer argumentativen Rechtfertigung bedurft, zumal nicht recht einsichtig ist, warum die vernünftige, in jenem Urteil zu Art. 104a Abs. 5 GG gefundene Kompromisslösung des Bundesverfassungsgerichts nicht auch für die Interpretation des Art. 91e Abs. 2 GG in der Sache gut passen könnte, frei-

32 BVerfG (Fn. 2), Rn. 181.
33 *Mayen*, NVwZ 2011, 584.
34 *Mayen*, NVwZ 2011, 584 (587).

lich um den Preis, dem Gesetzgeber Nachbesserungen hinsichtlich einer einschränkenden Neufassung der Regelung zur Finanzkontrolle auferlegen zu müssen, ein Preis, den das BVerfG – aus allerdings wiederum guten Gründen (s. dazu sogleich im Text) – nicht zu zahlen bereit war. Die berechtigten Kontrollinteressen des Bundes zur Wahrung seiner Finanzverantwortung (bei Durchsetzung von Erstattungsansprüchen) einerseits und die gegenläufigen Prinzipien der Verwaltungskompetenz der Länder und Finanzautonomie der Gemeinden andererseits hätten so durchaus auf der Linie des Beschlusses zu § 6a ZuInvG[35] zu einem harmonischeren Ausgleich gebracht und die gerade erst vor wenigen Jahren entfalteten verfassungsrechtlichen Grundsätze zur Reichweite der impliziten Finanzkontrollkompetenzen bruchlos bestätigt werden können.

Das Bundesverfassungsgericht hat sich daran offensichtlich durch das alle anderen Überlegungen überstrahlende entstehungsgeschichtliche Argument gehindert gesehen. Dies mag nun auf den ersten Blick aus einer an den relativen Vorrang objektiver Argumente für die Verfassungs- und Gesetzesinterpretation gewöhnten Tradition und Perspektive und angesichts der vielfach aufgedeckten und allgemein bekannten Schwächen einer pointiert subjektiv-historischen Methode befremden. Allerdings ist doch ein wichtiger Unterschied zur Normallage der Verfassungsinterpretation im Auge zu behalten, der immerhin für die Karlsruher Hochschätzung der Entstehungsgeschichte in dieser Sache streitet: Das Bundesverfassungsgericht kann sich für seine Deutung nicht nur auf irgendwelche Stimmen im Gesetzgebungsverfahren von zweifelhafter Validität für die Interpretationfrage berufen, sondern auf eine im Gesetz selbst wiederum objektivierte Manifestation des gesetzgeberischen Willens: Das simultan mit der Verfassungsänderung formulierte Gesetz (§ 6b Abs. 4 SGB II) ist zwar einerseits Gegenstand der verfassungsrechtlichen Prüfung und nicht etwa identisch mit dem Prüfungsmaßstab, aber doch andererseits unvergleichlich klarer Ausdruck dessen, was der (Verfassungs-)Gesetzgeber offenbar gewollt hat. Insofern lässt sich dem erkennbaren Ansatz des Bundesverfassungsgerichts, den Inhalt der Verfassung vom Gesetz aus zu deuten, nicht einfach der Vorwurf der Ebenenverwechslung entgegenhalten.[36] Das sozialrechtliche Gesetz und die darauf bezogene verfassungsrechtliche Ermächtigung stehen ganz unzweifelhaft in einem Bedingungszusammenhang: Man kann schlechterdings nicht annehmen, dass der Verfassunggeber eine Ermächtigungsnorm konzipiert habe, welche diejenige Vorschrift, auf deren Legitimierung sie doch eindeutig abzielt, gar nicht

35 BVerfGE 127, 165, Rn. 117.
36 Kritisch insoweit *Henneke*, DVBl. 2014, 1540 (1541 f.).

decke. Eine verfassungsgerichtliche Interpretation mit solchen Ergebnis wäre in der Tat geeignet gewesen, das stets prekäre Verhältnis zwischen Verfassungsgesetzgebung und Bundesverfassungsgericht in eine ernste Krise zu stürzen. Eine solche Kraftprobe haben die Richter gescheut, und das erscheint grundsätzlich zunächst einmal – bei allen Begründungsmängeln – richtig. Der denkbare Einwand einer notwendigen Rollendifferenzierung zwischen Verfassungsgesetzgeber und einfachen Gesetzgeber ist gerade mit Blick auf das subjektive Auslegungsargument nicht wirklich stichhaltig: Wenn die autorbezogene („Gesetzgeber“) Perspektive des entstehungsgeschichtlichen Arguments irgendein personales Substrat haben und sich nicht nur in einer doch wiederum von den Realien des historischen Gesetzgebungsprozesses und der daran Beteiligten abstrahierenden Fiktion der Person des Gesetzgebers erschöpfen soll, ist nicht zu übersehen, dass bei simultaner Gesetzgebung (verfassungsänderndes Gesetz und einfaches „Ausführungsgesetz“) durch dasselbe Parlament die handelnden Akteure identisch sind.

Hilfreich und die Überzeugungskraft der Entscheidung stärkend wären allerdings weiterführende inhaltliche Begründungsansätze gewesen, die über die Beschwörung der gesetzgeberischen Absicht und die darauf gestützte Charakterisierung des Art. 91e GG als Verwaltungskompetenzregime eigener Art möglicherweise hätten hinausreichen können. Diese These von dem in Art. 91e GG errichteten eigenständigen Regime ist tatsächlich doch eher affirmativ, in ihrer argumentativen Kraft nur begrenzt leistungsfähig: Abschließend und umfassend ist das eigenständige Regime in Art. 91e Abs. 2 GG schließlich, wie das Bundesverfassungsgericht selbst feststellt, durchaus nicht. Vielmehr bleiben nicht nur die Gesetzgebungskompetenzen (s. o.), sondern auch die allgemeinen Regeln über die Verwaltungszuständigkeit (Art. 83 ff. GG) immerhin als „Orientierungsmaßstab“ anwendbar:[37] Ganz koppelt sich die Regelung des Art. 91e Abs. 2 GG keineswegs von der verfassungsrechtlichen Normallage ab; dementsprechend verbleiben die Rechts- und Fachaufsicht bei den Ländern und schrumpfen die durch Art. 91e Abs. 2 GG abweichend begründeten Bundesbefugnisse bei Licht besehen auf doch eher begrenzte zusätzliche Informationsverschaffungsrechte zur Sicherung etwaiger Erstattungsansprüche.[38]

Argumentativ gewinnbringend hätte hingegen möglicherweise die Anknüpfung der erweiterten (kein Anlassbezug der Prüfrechte auf den Haftungsverdacht) Informationsbefugnisse gemäß Art. 91e Abs. 2 GG/

37 S. dazu unter Berufung auf die Gesetzesbegründung BVerfG (Fn. 2), Rn. 87.

38 S. zu den Einschränkungen das BVerfG selbst (Fn. 2), Rn. 182 und *Henneke*, DVBl. 2014, 1540 (1542 f.).

§ 6b Abs. 4 SGB II an charakteristische Merkmale der in Rede stehenden Prüfaufgabe sein können, gerade auch in Abgrenzung zu den Finanzhilfen des Bundes in Art. 104b GG und der darauf zugeschnittenen Interpretation der Finanzkontroll-Befugnisse aus Art. 104 Abs. 5 Satz 1 2. Halbsatz GG. Hier ist gewiss nicht der Raum für die Entfaltung eines insoweit schon vollständig zu Ende gedachten ergänzenden Argumentationskonzepts. Jedenfalls aber scheint eindeutig, dass die Ratio der Finanzkontrolle gegenüber den Optionskommunen bei Erfüllung der Verwaltungsaufgabe Grundsicherung für Arbeitsuchende nicht identisch mit dem vom Bundesverfassungsgericht eingehend umrissenen, durchaus anders gelagerten Sinn der in Art. 104b Abs. 2 GG näher ausformulierten Monitoring-Befugnisse hinsichtlich der Finanzhilfen ist. Von der Einsicht in diese Differenz aus ließen sich womöglich doch Schlüsse auf von Verfassungs wegen unterschiedlich weit reichende Informationsrechte bei den Finanzhilfen einerseits sowie der Finanzkontrolle über die kommunalen Aufgabenträger bei der Grundsicherung andererseits ziehen. Das Regime der Finanzbeihilfen steht fraglos ganz im Bann der Leitgedanken der Föderalismusreform von 2006 und ist vom Bundesverfassungsgericht im Sinne dieser Leitgedanken restriktiv interpretiert worden, auch hinsichtlich der Finanzkontrolle.[39] Für die Aufgabe der Grundsicherung und die hier verfassungsrechtlich auch in Art. 91e Abs. 2 GG, also auch für das Optionskommunen-Modell vorausgesetzte Aufgabenteilung zwischen Bund und Kommunen, muss dies nicht gleichermaßen gelten, und zwar nicht nur deswegen, weil der Gesetzgeber historisch eindeutig nachweisbar für diesen Sachbereich die auf Trennung der bundesstaatlichen Sphären gerichtete Leitmaxime der Föderalismusreform nicht zu Grunde legt, sondern auch aus dem Sachgrund je unterschiedlicher Ziele beider Ausprägungen der Bundes-Finanzkontrolle. Auch geht die Finanzierungslastübernahme – und damit der bei aller formal aufrechterhaltenen Trennung von Finanzierungsverantwortung und Verwaltungskompetenz letztlich tragende Grund für die Rechtfertigung der Finanzkontrollbefugnisse des Bundes – bei Art. 91e Abs. 2 GG immerhin noch weiter – einzigartig weit – als bei Art. 104a und b GG, indem sie sich sogar auf die Verwaltungskosten erstreckt. Es entbehrte das Argument jedenfalls nicht einer gewissen Logik, dass die noch weitergehende Finanzlastübernahme des Bundes auch mit einer noch höheren Stufe der Verwaltungskompetenzbeteiligung verknüpft sein könnte; unsystematisch wäre eine solche Argumentation jedenfalls nicht.

Was schließlich das demokratisch-rechtsstaatliche Argument der Verantwortungsklarheit – also die vom BVerfG ergänzend herangezogene

39 BVerfGE 127, 165, Rn. 92 ff.

Abstützung des grundsätzlichen Verbots der Mischverwaltung – angeht, lässt sich daraus kaum etwas für die Antwort auf die Frage der Finanzkontrolle gewinnen: Die Verknüpfung von Finanzkontrollbefugnissen mit der Finanzierungsverantwortung und nicht mit der Verwaltungskompetenz, die ja nur eine Konnexität anderen Typs wäre, ließe sich kaum weniger gut auf dieses Argument stützen als die in Art. 104a Abs. 1 und 5 GG etablierte Konnexität. Der Gedanke, dass derjenige, der das Geld gibt, sich für die Mittelverwendung auch verantworten muss, dafür dann aber auch die notwendigen Steuerungsbefugnisse benötigt, ist nicht weniger demokratisch als die Fokussierung auf die Wahrnehmungszuständigkeit.

IV. Fazit

Die positivistische Selbstbeschränkung des Gerichts, seine Akzeptanz des Primats des Verfassungsgesetzgebers, der Verzicht auf die Durchsetzung einer Reine-Lehre-Systemagenda gegen doch recht eindeutige verfassungsrechtliche Setzungen im Grundgesetz verdienen primär Anerkennung. Kursveränderungen in der Verfassungsrechtsprechung lassen sich weniger im Verhältnis zur ersten Hartz IV-Entscheidung von 2007 notieren – insoweit hat sich schlicht die verfassungsrechtliche Ausgangslage geändert – als gegenüber der jüngeren Entscheidung zum Zukunftsinvestitionsgesetz. In diesem Verhältnis beider Entscheidungen hätte sich die Begründung des Urteils allerdings um einen sorgfältigeren Abgleich bemühen und so vielleicht auch zu einer insgesamt tatsächlich besser kontinuitätswahrenden Erklärung des nunmehr gefundenen abweichenden Ergebnisses zur Hauptfrage der Finanzkontrolle finden können.

Hans-Günter Henneke

Multiple Kontrollvorgaben für Optionskommunen

I. Art. 91e GG und Ausführungsgesetz als Reaktion auf BVerfGE 119, 331

Mit Urteil vom 20.12.2007[1] hatte das BVerfG die gesetzliche Verpflichtung zur Bildung von Arbeitsgemeinschaften in § 44b SGB II a. F. wegen Verstoßes gegen das grundsätzliche Verbot der Mischverwaltung für verfassungswidrig erklärt. Darauf hat der Gesetzgeber nach diversen Anläufen mit sinuskurvenartigem Verlauf der Zielsetzung schließlich 2010 mit einer Neuregelung der für verfassungswidrig erklärten Verwaltungsform reagiert und Art. 91e in das GG eingefügt.[2] Art. 91e GG enthält in Abs. 1 auf Verfassungsebene einen neu konstituierten Mischverwaltungstatbestand als Regelfall für die SGB II-Ausführung und sieht in Art. 91e Abs. 2 GG die kommunale Alleinwahrnehmung durch eine begrenzte Anzahl von Kreisen und kreisfreien Städten auf deren Antrag als Ausnahme vor.

Nach Art. 91e Abs. 2 Satz 2 GG trägt der Bund die notwendigen Ausgaben der die SGB II-Aufgaben allein wahrnehmenden Kreise und kreisfreien Städte einschließlich der Verwaltungsausgaben, soweit die Aufgaben bei einer Ausführung von Gesetzen nach Abs. 1 vom Bund in gemeinsamen Einrichtungen wahrzunehmen sind. Nach Art. 91e Abs. 3 GG regelt das Nähere ein Bundesgesetz, das der Zustimmung des Bundesrates bedarf. Dabei handelt es sich um das parallel zur Änderung des GG beratende und beschlossene Gesetz zur Weiterentwicklung der SGB II-Organisation vom 10.8.2010.[3]

Vor dem BVerfG wurden Detailregelungen dieses Gesetzes angegriffen, insbesondere § 6b Abs. 4 SGB II. Nach § 6b Abs. 4 SGB II prüft das BMAS, ob Einnahmen und Ausgaben in den besonderen Einrichtungen begründet und belegt sind und den Grundsätzen der Wirtschaftlichkeit

---

1 BVerfGE 119, 331 = DVBl. 2008, 173.

2 Dazu ausf. *Henneke*, DÖV 2012, 165; *ders.*, DÖV 2011, 417 (422 ff.); *ders.*, NVwZ 2012, 399; *Mayen*, NVwZ 2011, 584.

3 BGBl. I, 1112.

und Sparsamkeit entsprechen. Das hat es auch vor der zum 1.1.2011 in Kraft getretenen gesetzlichen Ermächtigung bereits getan, und zwar auf der Grundlage einer mit allen Optionskommunen wortgleich abgeschlossenen Verwaltungsvereinbarung, auf die auch öffentlich-rechtliche Erstattungsansprüche gegründet wurden. Ein einfachgesetzlich normierter öffentlich-rechtlicher Erstattungsanspruch wurde ebenfalls zum 1.1.2011 in § 6b Abs. 5 SGB II normiert, gegen dessen gesetzliche Ausformung nichts zu erinnern ist.

II. Art. 91e als umfassende Sonderregelung der SGB II-Organisation

Eingangs der Begründetheitsprüfung hebt das BVerfG hervor, dass der verfassungsändernde Gesetzgeber mit Art. 91e GG für den Vollzug des SGB II in Reaktion auf die Entscheidung des BVerfG vom 20.12.2007 eine eng begrenzte, aber umfassende, auch die Garantie der kommunalen Selbstverwaltung konkretisierende Sonderregelung mit einer eigenständigen *Verwaltungsorganisation* schaffen wollte (Tz. 77 ff.), die das grundsätzliche Verbot der Mischverwaltung durchbricht, ohne damit gegen Art. 79 Abs. 3 GG zu verstoßen. Der Zweite Senat, in dem nur noch Bundesverfassungsrichter *Landau* auch an der Entscheidung im 119. Band mitgewirkt hat, akzeptiert damit, dass der verfassungsändernde Gesetzgeber in Reaktion auf das Karlsruher Urteil aus dem Jahre 2007 keine Regelung schaffen wollte, die sich möglichst schonend in die allgemeinen Strukturen einfügt und daher restriktiv zu interpretieren ist, wie dies im Schrifttum unter Bezugnahme auf die weiteren Auslegungsgrundsätze neben der historischen Interpretation bisher nahezu durchweg[4] und nicht nur – wie vom BVerfG dargelegt – zum Teil angenommen worden ist, sondern dass es dem Gesetzgeber um eine umfassende Absicherung der vorangehenden Verwaltungspraxis (Tz. 87) und damit um nicht weniger als um eine Aushebelung der Wirkungen der BVerfG-Entscheidung aus dem Jahre 2007 durch Verfassungsänderung ging.

Unter alleinigem Abstellen auf den (subjektiven) Willen des Gesetzgebers (Tz. 87: „Im Verfahren der Verfassungsänderung hat der Gesetzge-

4 *Hermes*, in: Dreier, GG Supplementum 2010, Art. 91e Rn. 48 f.; *Klein*, in: Maunz/Dürig, GG, Art. 91e Rn. 31 f.; *Siekmann*, in: Sachs, GG, 6. Aufl. 2011, Art. 91e Rn. 13; *Engels*, in: Berliner Kommentar zum GG, Art. 91e Rn. 31; *Henneke*, in: Schmidt-Bleibtreu/Hofmann/Henneke, GG, 13. Aufl. 2014, Art. 91e Rn. 27 ff., 60; *ders.*, Der Landkreis 2011, 633 (635).

ber zum Ausdruck gebracht") bei Außerachtlassung der übrigen Auslegungsgrundsätze schlussfolgert das BVerfG daraus für Art. 91e Abs. 1 GG, dass Art. 83 ff. GG, insb. Art. 84 Abs. 2 bis 5 GG „nicht gelten sollen". Die Argumentation des BVerfG (Tz. 87: „Im Rahmen der Ausführungsgesetzgebung wurde in § 48 Abs. 2 Satz 3 SGB II vorgesehen, dass die Bundesregierung die Ausführung der Rechtsaufsicht auf das BMAS übertragen kann, was auf der Grundlage von Art. 84 GG nicht möglich wäre. Wäre Art. 84 GG neben Art. 91e GG anwendbar, wären sowohl die in der Gesetzesbegründung skizzierten Aufsichtsstrukturen als auch § 48 Abs. 2 Satz 3 SGB II erheblichen verfassungsrechtlichen Bedenken ausgesetzt." – So ist es in der Tat!) schließt vom einfachen Gesetz auf die Interpretation der Verfassung und kann sich von daher nicht auf eine Verfassungsinterpretation lege artis stützen.

Art. 91e Abs. 2 GG wird vom BVerfG in Abweichung zur weit überwiegenden Auffassung im Schrifttum[5] nicht als Norm angesehen, die einen Rückgriff auf Art. 83 f. GG wieder eröffnet – schließlich handelt es sich bei der alleinigen Ausführung von Bundesgesetzen durch Kommunen um den Regelfall der Gesetzesausführung von Bundesgesetzen nach Art. 83 f. GG[6] –, sondern als spezifische Ausnahmevorschrift von einer ihrerseits abschließenden Spezialregelung (Tz. 156).

Eine Verdrängung anderer Verfassungsvorschriften findet allerdings – wie in Leitsatz 1 betont wird – nur „im Anwendungsbereich des Art. 91e GG" statt, d. h. dass sich die Verdrängung nicht auf Verfassungsbestimmungen bezieht, die von Art. 91e GG materiell gar nicht erfasst sind. Dies trifft etwa für die Aufsicht über die Optionskommunen (Tz. 98 sowie 182: „kennzeichnend für die Aufsicht, zu der Art. 91e Abs. 2 Satz 2 GG den Bundesgesetzgeber gerade nicht ermächtigt") oder für die Verwaltungshaftung gem. Art. 104a Abs. 5 Satz 1, 2. Alt. und Satz 2 GG. Zwar wird in Tz. 88 vergröbernd von einer „Abweichung von den *Grundsätzen* des Art. 104a Abs. 1, Abs. 3 und Abs. 5" gesprochen, ohne bei Letzterem explizit zwischen den beiden Regelungsgegenständen in Abs. 5 zu differenzieren. Aufgrund des alleinigen und eindeutigen Sachkontextes der „direkten Finanzierung kommunalen Verwaltungshandelns durch den Bund" bezieht sich die Feststellung der auch in Leitsatz 1 angesprochenen Abweichung von Art. 104a GG durch das BVerfG ausschließlich auf die Grundsätze der

- Vollzugskausalität in Abs. 1,
- Beschränkung der Bundesbeteiligungsmöglichkeit nur an Geldleistungsgesetzen in Abs. 3 Satz 1,

5 Vgl. die Nw. in Fn. 4.
6 *Klein*, in: Maunz/Dürig, GG, Art. 91e Rn. 31.

- bei Umschlagen in Bundesauftragsverwaltung bei Übernahme aller Zweckausgaben in Abs. 3 Satz 2,
- ausnahmslosen Tragung der Verwaltungsausgaben durch die ausführende Behörde in Abs. 5 Satz 1, 1. Alt. GG.

Art. 104a Abs. 5, Satz 1, 2. Alt. GG kommt allerdings ohnehin nicht unmittelbar zwischen Bund und Kommunen, sondern wegen der Zweistufigkeit des Staatsaufbaus nur zwischen Bund und Ländern zur Anwendung.[7]

Art. 91e Abs. 3 GG wird vom BVerfG konsequent als „bewusst weit gefasster" Gesetzgebungsauftrag interpretiert, der sich allerdings im „Anwendungsbereich des Art. 91e GG" bewegen muss und sich daher nicht auf Art. 70 ff. GG erstreckt (Tz. 123 und 142).

III. Art. 91e Abs. 2 Satz 2 GG: Unmittelbare Finanzbeziehung zwischen Bund und Optionskommunen

Art. 91e Abs. 2 Satz 2 GG durchbricht punktuell die Zweistufigkeit des Staatsaufbaus (Tz. 89), indem dort – ähnlich wie in Art. 106 Abs. 8 GG – eine direkte Finanzbeziehung zwischen dem Bund und den *einzelnen* Optionskommunen (und nicht, wie es in Tz. 96 und 177 des Urteils heißt: „der kommunalen *Ebene*") begründet wird.

Wiederum unter Berufung auf den Willen des Gesetzgebers, aber ohne die Spur eines Anknüpfungspunkts im Wortlaut des Art. 91e Abs. 2 Satz 2 GG geht das BVerfG sodann davon aus, dass „zusammen mit der Finanzierungsbefugnis der verfassungsändernde Gesetzgeber dem Bund auch die Möglichkeit einer Finanzkontrolle eröffnet" hat (Tz. 97). Die – für die Prüfbefugnisse des Bundes gebotenen – sich vorgeblich verfassungsunmittelbar aus Art. 91e Abs. 2 Satz 2 GG ergebenden „spezifischen Verwaltungskompetenzen" des Bundes, die „den allgemeinen Regelungen über das Finanzwesen" vorgehen (Tz. 177), werden vom BVerfG somit schlicht behauptet, aber nicht näher dargelegt und schon gar nicht hergeleitet.

Während gegen die Ausführungen des BVerfG zur Finanzierungsbefugnis nichts zu erinnern ist, begibt sich das BVerfG bei den Darlegungen

7 Dazu ausf.: *Henneke*, DÖV 2011, 417 (426); *ders.*, DÖV 2012, 165 (175 m.w. Fn. 76).

zur Existenz einer „besonderen Finanzkontrolle des Bundes", die sich von der Aufsicht des jeweiligen Landes ebenso zu unterscheiden hat wie von der Finanzkontrolle durch den Bundesrechnungshof, auf sehr dünnes Eis.

Die Möglichkeit der Finanzkontrolle habe der verfassungsändernde Gesetzgeber dem Bund nach Art. 91e Abs. 2 Satz 2 i. V. m. Abs. 3 GG eröffnet, obwohl sich darauf im Wortlaut der Verfassungsnorm keinerlei Hinweis findet und das BVerfG erneut deutlich hervorhebt, dass von der *Finanzierungsverantwortung* des Bundes eben gerade *nicht* auf eine *Kontrollzuständigkeit* geschlossen werden kann. Prüfungskompetenzen des Bundes folgen nämlich – wie das BVerfG in seiner Entscheidung vom 7.9.2010 zu § 6a Zukunftsinvestitionsgesetz[8] eindrucksvoll herausgearbeitet hat, worauf der Zweite Senat vorliegend ausdrücklich Bezug nimmt (Tz. 176) – Verwaltungskompetenzen des Bundes und nicht seiner Finanzierungsverantwortung.

Das BVerfG stand also vor der Dilemma-Situation, seine grundlegende Rechtsprechung nicht zu ändern, aber für Art. 91e Abs. 2 Satz 2 GG (erneut) dem Willen des verfassungsändernden Gesetzgebers – zumindest zum Teil – Rechnung zu tragen. Dafür bedurfte es der Unterstellung der Zuweisung „spezifischer Verwaltungskompetenzen" an den Bund in Art. 91e Abs. 2 Satz 2 GG (Tz. 177)[9].

Man kann also mit guten Gründen bezweifeln, ob verfassungsrechtlich für eine solche bundesministerielle Finanzkontrolle überhaupt Raum ist. Bejaht man dies mit dem BVerfG, ist man allerdings gezwungen, die so ermöglichte ministerielle Finanzkontrolle von der des Bundesrechnungshofs ebenso abzugrenzen wie von der Aufsicht des Landes. Das BVerfG hebt insoweit hervor, dass die Finanzkontrolle des BMAS nicht der Rückkopplung des Gesetzesvollzugs an die Absichten des Gesetzgebers und insbesondere nicht der Gewährleistung eines grundsätzlich einheitlichen Gesetzesvollzugs dient (Tz. 99, 182), sodass der Bund *vertretbare Rechtsauffassungen der Optionskommunen nicht beanstanden* und ihnen auf dieser Grundlage Mittel nicht vorenthalten darf (Tz. 182) – eine Methode, zu der das BMAS in der Vergangenheit gern gegriffen hat.

Auch hebt das BVerfG hervor, dass das BMAS – entgegen bisheriger Praxis – nicht befugt ist, einzelne Optionskommunen vom sog. HKR-Verfahren auszuschließen, da dieses dazu dient, eine Vorfinanzierung

8 BVerfGE 127, 165 (219 f.).

9 Vgl. zur Konfliktlage: *Mayen*, NVwZ 2011, 584 (587 ff.). einerseits und *Henneke*, NVwZ 2012, 399 ff. andererseits.

der SGB II-Leistungen durch die Optionskommunen zu vermeiden. Ohne Wenn und Aber stellt das BVerfG fest (Tz. 182): Ein Ausschluss vom HKR-Verfahren besäße einen von § 6b Abs. 4 SGB II nicht gedeckten Sanktionscharakter. Insofern kommt auch künftig keine Verschärfung durch den Gesetzgeber in Betracht, da Sanktionen kennzeichnend für die Aufsicht sind, zu der Art. 91e Abs. 2 Satz 2 GG den Bundesgesetzgeber gerade nicht ermächtigt.

Vage bleiben die Ausführungen, worauf sich die Finanzkontrolle des BMAS positiv erstreckt. Betont wird, dass sie sich ausschließlich auf die fiskalischen Interessen des Bundes bezieht und die Geltendmachung öffentlich-rechtlicher Erstattungsansprüche – auch im Verrechnungswege – umfasst. Den – einzigen – Bezugsgegenstand der BMAS-Finanzkontrolle bildet die vorgelegte Jahresabschlussrechnung der Optionskommunen (Tz. 181). *Dabei* könne der Bund die Wirtschaftlichkeit und Ordnungsgemäßheit der verausgabten Bundesmittel und auch die Gesetzmäßigkeit der Ausgaben kontrollieren und *zu diesem Zweck* Informationen vor Ort erheben. Die Praxis der Prüfgruppe des BMAS wird sich daher künftig deutlich verändern müssen.

Hinzuzufügen ist: Sollte das BMAS bei der Prüfung der Jahresabschlussrechnung zutreffend zu dem Ergebnis gelangen, dass bei einzelnen durchgeführten Maßnahmen vom zugelassenen kommunalen Träger gegen die Wirtschaftlichkeit, Ordnungsgemäßheit oder Gesetzmäßigkeit verstoßen wurde, erfüllt dies noch nicht die Voraussetzungen des nunmehr in § 6b Abs. 5 SGB II normierten öffentlich-rechtlichen Erstattungsanspruchs.

Dies hat das BSG zum allgemeinen öffentlich-rechtlichen Erstattungsanspruch zutreffend entschieden[10] und gilt seit 1.1.2011 auch für dessen Positivierung in § 6b Abs. 5 SGB II.

Berlit[11] hat dazu mit Blick auf die Entscheidungen des BSG vom 2.7.2013 und das hier behandelte Verfahren vor dem BVerfG zutreffend ausgeführt:

> „Die vor dem BVerfG umstrittenen Prüfungsrechte des Bundesrechnungshofs und des BMAS nach § 6b Abs. 3, 4 SGB II und die ausdrückliche Ermächtigung des BMAS, von dem zugelassenen kommunalen Träger die Erstattung von Mitteln zu verlangen, die er zulasten des Bundes ohne Rechtsgrund erlangt hat (§ 6b Abs. 5 SGB II), entschärfen den Streit nur vordergründig. Auch nach neuer Rechtslage trägt die Optionskommune nach

10 BSG, DVBl. 2013, 1519 m. Anm. *Henneke*, 1522 (1523).
11 *Berlit*, jurisPR-SozR 4/2014 Anm. 1.

vorzugswürdiger Ansicht[12] nicht für jede fahrlässig (objektiv) rechtswidrige Mittelverwendung das Kostentragungsrisiko.

Neben den 'typischen' Verwaltungsfehlern, die im SGB II nicht durchweg zulasten der Leistungsberechtigten gehen müssen, wird das Urteil insbesondere für die in Bezug auf die rechtlichen Voraussetzungen besonders 'fehlerträchtigen' Eingliederungsleistungen (§§ 16 ff. SGB II) und namentlich die freie Förderung nach § 16 f SGB II Bedeutung erlangen. Es entlastet die Kommunen in gewissen Grenzen von dem (Re-)Finanzierungsrisiko, das bei Beischreitung 'unkonventioneller Wege' in der Arbeitsmarktintegration besteht."

Rixen/Weißenberger[13] haben insoweit im Kern ausgeführt:

„Während der Bund meint, er könne über die Vorschrift (= § 6b Abs. 5 SGB II) alle von ihm als rechtswidrig eingestuften, von den Optionskommunen aber tatsächlich an die SGB II-Leistungsempfänger ausbezahlten Mittel zurückfordern, sind die Kommunen dagegen der Auffassung, dass die Frage der Rechtmäßigkeit einer Leistungsgewährung gerade nicht über Finanzsanktionen durch den Bund entschieden werden könne. Vielmehr sei dies Aufgabe der Aufsichtsbehörde der Länder. Die Kommunen stellen sich auf den nachvollziehbaren Standpunkt, dass es nicht zu ihren Lasten gehen könne, wenn sie Leistungen erbringen und sich nachträglich, z. B. durch Entscheidungen der Rechtsprechung, herausstellt, dass die Anwendung und Auslegung der Regelungen des SGB II und damit die Leistungsgewährung rechtswidrig war und sie deshalb mit einem Erstattungsanspruch aus § 6b Abs. 5 SGB II konfrontiert werden. In dieser Konstellation habe sich die Vermögenslage der Optionskommune durch die Erbringung der Leistung gerade nicht verbessert. Es spricht viel dafür, einen Erstattungsanspruch des Bundes, wenn überhaupt, nur bei offensichtlich rechtswidriger Leistungsgewährung anzunehmen; bei wertender Betrachtung handelt es sich in einem solchen Evidenzfall um eine 'funktionale' Fehlbuchung, die der Bund nicht hinnehmen muss."

Für die Geltendmachung eines – ohnehin nur zwischen Bund und Land, welches die Aufsicht über die Optionskommunen führt, denkbaren – Haftungsanspruchs fehlt demgegenüber eine Rechtsgrundlage im SGB II.[14]

12 Vgl. etwa *Rixen/Weißenberger*, in: Eicher, SGB II, 3. Aufl. 2013, § 6b Rn. 21 m. w. N.

13 *Rixen/Weißenberger* (Fn. 12).

14 Dazu ausf.: *Henneke*, DÖV 2012, 165 (174 ff.).

Hans-Günter Henneke

Die (Options-)Kommunen im Spannungsverhältnis zwischen Landesaufsicht und Finanzkontrolle des Bundes (Bericht über die Diskussion)

I. Entstehungsgeschichte der Grundsicherung für Arbeitsuchende

Wegen der Qualifizierung der Aufgabenwahrnehmung der Optionskommunen als „Organleihe" in einem Referat rief *Henneke* eingangs der Diskussion noch einmal die Entstehungsgeschichte des SGB II in Erinnerung[1]. Im Jahre 2002 habe es im Rahmen der Gemeindefinanzkommission nahezu wöchentliche Sitzungen zur Zusammenlegung von Arbeitslosenhilfe und Sozialhilfe gegeben, in denen sich die Kommunen stets strikt dagegen gewehrt hätten, dass die Aufgabenwahrnehmung seitens der Kommunen etwas mit Organleihe oder Auftragsverwaltung zu tun habe. Diese Begriffe seien bis zur Bundestagswahl 2002 ständig durch die Diskussion gegeistert. Man sei sowohl gegen Bundesauftragsverwaltung als auch gegen ein sozialrechtliches Auftragsverhältnis nach §§ 88 ff. SGB X vorgegangen. Darüber habe sodann stets Einigkeit bestanden. Die Alternative habe also immer nur gelautet: Eigenverantwortliche Aufgabenwahrnehmung durch den Bund oder/ und durch die Kommunen.

In der Bundestagswahl 2002 sei dann die rot-grüne Bundesregierung knapp bestätigt worden, die aber nicht über eine Mehrheit im Bundesrat verfügt habe. Es sei daher von vornherein klar gewesen, dass es einer Verständigung mit dem Bundesrat bedurfte, um zu einer gesetzlichen Regelung zu kommen. Politisch sei die Situation sehr aufgeladen gewesen, zum einen wegen des Kopf-an-Kopf-Rennens zwischen *Schröder* und *Stoiber*; zum anderen wegen der seinerzeit nicht geklärten Führungsfrage in der Union (insbesondere *Merkel ./. Koch*). Die allgemeine politische Kampfsituation sei sehr stark in das SGB II-Gesetz-

1 Dazu zuletzt: *Henneke*, Der Landkreis 2015, 28.

gebungsverfahren hineingetragen worden. Dieses sei mithin zu einem Lehrstück, ja geradezu zu einem Synonym für Machtpolitik im Bundesstaat mit dem Grundkonflikt zwischen einer stärker zentralstaatlichen und einer stärker föderal geprägten Ausrichtung geworden.

Der Gesetzentwurf der Bundesregierung, von dem alle Beteiligten angesichts dieser Ausgangslage wussten, dass er nicht Gesetz werden würde, habe eine Gesamtaufgabenwahrnehmung durch den Bund und keine Mischverwaltung sowie eine alleinige Finanzierungsverantwortung des Bundes bei Revision des Umsatzsteuerbeteiligungsverhältnisses zu seinen Gunsten vorgesehen. Die Länder hätten demgegenüber eine Abgabe von Umsatzsteuerpunkten strikt abgelehnt.

Von Seiten der unionsgeführten Länder sei mit dem Entwurf eines Existenzgrundlagengesetzes demgegenüber ein Modell kommunaler Trägerschaft in das Gesetzgebungsverfahren eingebracht worden. Sodann sei ein Vermittlungsverfahren durchgeführt worden, in dem *erstmals* ein Aufgabenteilungsmodell zwischen Bund und Kommunen bei Bildung von Arbeitsgemeinschaften vorgeschlagen worden sei. Eine finanzielle Bundesbeteiligung an Aufgaben der Kommunen sei nicht vorgesehen worden. Schließlich sei auch eine freie Optionswahl für alle kommunalen Träger bei Finanzierung durch Pauschalen seitens des Bundes im Vermittlungsverfahren vereinbart worden. Bei alledem sei sehr zweifelhaft gewesen, ob der Vermittlungsausschuss überhaupt befugt gewesen sei, derartige Regelungselemente vorzusehen, die zu keiner Zeit Gegenstand parlamentarischer Befassung gewesen seien.

Henneke bemerkte, dass er sich noch vor der Verabschiedung der Vereinbarungen des Vermittlungsausschusses in Bundestag und Bundesrat an zwei Bundestagsfraktionen gewandt habe, um auf verfassungsrechtliche Probleme hinzuweisen. Diese seien angesichts der zeitlichen Eile zwar registriert, aber nicht aufgegriffen worden, im Februar 2004 dann aber sogleich wieder auf den Tisch gekommen. Sodann hätten sich Arbeitsminister *Clement* und Ministerpräsident *Koch* auf einen von ihm unterbreiteten Verfassungsergänzungsentwurf (Art. 106 Abs. 8a) verständigt, um das Optionsmodell abzusichern.[2] Diese Verabredung

2 *Jacobi*, Einigung im Streit um Arbeitslose, Süddeutsche Zeitung vom 21.2.2004: „Bundeswirtschaftsminister Wolfgang Clement (SPD) rettete bei einem Spitzengespräch mit Hessens Ministerpräsident Roland Koch (CDU) einen der wichtigsten Kernpunkte der Reformagenda. Koch lobte nach dem Gespräch am Freitag die grundsätzliche Bereitschaft des Bundes, eine Grundgesetzänderung vorzunehmen. Als Vorbild soll ein Entwurf von Hans-Günter Henneke, dem Geschäftsführer des Landkreistages, dienen. Clement wollte das Verhältnis ursprünglich über ein kompliziertes Rechtsinstrument namens Organleihe regeln, was die Union aber strikt

habe in der SPD-Bundestagsfraktion sodann aber keine Mehrheit gefunden. Danach hätten sich die Verhandlungen bis in den Sommer 2004 hineingezogen, bis schließlich in einem Kraftakt das kommunale Optionsgesetz verabschiedet worden sei, welches dann ohne Verfassungsänderung die Bildung von 69 Optionskommunen bei Befristung und Modellevaluierung vorgesehen habe. Zudem sei es zu einer Beteiligung des Bundes an den Kosten der kommunalen Träger für Unterkunft und Heizung auf der Grundlage von Art. 104a Abs. 3 GG gekommen, wobei in § 46 SGB II ausdrücklich normiert worden sei (die Regelung findet sich dort noch immer), dass die Höhe der Bundesbeteiligung nicht zu einem Umschlagen in Bundesauftragsverwaltung führen dürfe. Das heißt, Selbstverwaltung bestehe sowohl bei den von allen kommunalen Trägern erbrachten Leistungen für Unterkunft und Heizung, als auch bei den nur von den Optionskommunen anstelle der Bundesagentur für Arbeit erbrachten Eingliederungsmaßnahmen, die Einzelfallentscheidungen und Abwägungssituationen vor Ort, die ansonsten bei der Bundesagentur für Arbeit lägen, beinhalteten.

Den Optionskommunen sei dabei in der Gesetzesbegründung zugesichert worden, dass keine Kommune, die von der Option Gebrauch mache, damit irgendein Risiko für den eigenen Haushalt einginge, welches für Nicht-Optionskommunen nicht gegeben sei. Erstattungs- und Haftungsansprüche habe das SGB II gegenüber Optionskommunen daher nicht vorgesehen.

Im Anschluss sei es dennoch zu zahlreichen sog. Rückforderungen des Bundesministeriums für Arbeit und Soziales im Wege von Verrechnungen gekommen, weil die sog. Prüfgruppe des BMAS die rechtliche Zulässigkeit bzw. Zweckmäßigkeit durchgeführter kostenträchtiger Eingliederungsmaßnahmen im Nachhinein anders als die Optionskommunen und die von den Ländern ausgeübte Aufsicht beurteilt habe. Dagegen hätten sich Kommunen rechtlich zur Wehr gesetzt nach dem Motto: „So haben wir bei der Aufgaben- und Finanzlastverteilung unter Risikoverteilungsgesichtspunkten nicht gewettet" und vor dem Bundessozialgericht auch obsiegt[3]. Am 7.10.2014 habe das BVerfG nun entschieden, dass es sich bei den Aufgaben nach dem SGB II zwar nicht um Angelegenheiten der örtlichen Gemeinschaft und damit nicht um originäre Selbstverwaltungsaufgaben handele, die rechtliche Chance, die Aufgabenträgerschaft zu erlangen, sei aber von der verfassungsrechtlichen Selbstverwaltungsgarantie des Art. 28 Abs. 2 GG geschützt.

---

ablehnt, da dies den Zusagen an die Union im Vermittlungsausschuss vom vergangenen Dezember nicht entsprochen hätte."

3 BSG, Urteile vom 2.7.2013, DVBl. 2013, 1519 sowie NVwZ-RR 2014, 230.

Henneke hob abschließend hervor, dass man diese im Gesetz ihren Niederschlag findende Entstehungsgeschichte kennen müsse, um gar nicht erst auf den Irrweg der Qualifizierung der kommunalen Aufgaben als Organleihe zu kommen, da dann keine eigenen Rechte der Kommunen und damit auch keine Aufsichts- und Kontrollprobleme bestünden.

Schlebusch schloss daran an. Bei der Befassung mit Fragen von Aufsicht und Finanzkontrolle über Optionskommunen müsse man an den Ausgangspunkt dieser Regelungen anknüpfen. Dabei habe Pate gestanden, dass die seinerzeitige Bundesanstalt für Arbeit mit ihren Maßnahmen nicht erfolgreich gewesen sei. Die Kommunen hätten sich auf den Feldern der Sozialhilfe, aber auch auf zahlreichen anderen Feldern zuständigkeitshalber getummelt, die am Rand der Betreuung von Arbeitslosen und ihren Angehörigen angesiedelt seien. Die Optionskommunen seien durch das SGB II diejenigen Stellen geworden, die *alle* Aufgaben durchführten, sowohl die Eingliederungsmaßnahmen als auch die Erbringung von Geldleistungen und die weiteren kommunalen Aufgaben. Da die Aufgabenzuordnung politisch sehr umstritten gewesen sei, werde von Bundesseite oft immer noch rückschauend geäußert, dass man sich die Aufgabenzuweisung so nicht vorgestellt habe, während die Optionskommunen glaubten, gerade auch mit kreativen Maßnahmen Erfolg zu haben.

An diesen Bruchstellen der Bewertung komme es nun zum Konflikt, auch, weil der Bund es nach wie vor nicht ganz verwunden habe, dass es überhaupt Optionskommunen und damit eine gewisse Konkurrenz zwischen Gemeinsamen Einrichtungen und Optionskommunen gebe. Das alles werde zwar nicht auf der Ebene des Bundesrechnungshofs, wohl aber bei der Finanzkontrolle des Bundesministeriums für Arbeit und Soziales – und zwar jeweils im Nachhinein, nachdem die Maßnahmen durchgeführt worden seien – ausgetragen. Von daher sei es sehr heilsam, dass das BVerfG herausgestellt habe, dass vertretbare Entscheidungen von der ministeriellen Finanzkontrolle respektiert werden müssten. Man wisse derzeit allerdings noch nicht, wie hilfreich die Entscheidung für die künftige Praxis sein werde, da das gesamte Streitpotenzial durch die dargestellte Vorgeschichte und die unterschiedliche Interessenlage von Bund und Kommunen vorgegeben sei. Hervorgehoben werden müsse, dass die Kommunen nicht gegen Finanzkontrolle seien. Die Frage sei nur, wo diese am besten anzusiedeln sei. Insofern hätte man mit einer systematischeren Einordnung durch das BVerfG mehr erreicht, als mit einer Entscheidung, die sehr von Effizienzgesichtspunkten (interessen)-geleitet sei, bedauerte *Schlebusch*.

Das Grundproblem beim SGB II bestehe darin, dass hier nicht die Aufgabenträger klar getrennt und ihnen Mittel zur Verfügung gestellt worden seien. Man müsse klare Verantwortlichkeiten auf die einzelnen Ebenen übertragen. Stattdessen habe man hier eine Mischsituation geschaffen und versuche nun, mit Hilfskrücken irgendetwas zu retten. Über die Finanzkontrolle versuche der Bund in die Aufgabenerfüllung einzugreifen, obwohl er keine direkten Weisungen erteilen dürfe. Hierfür benötige man jetzt klarere gesetzliche Regelungen, sonst stünden etliche Auseinandersetzungen zwischen den Optionskommunen und dem Bundesministerium für Arbeit und Soziales bzw. dem Bundesrechnungshof bevor. Man könne angesichts der verfahrenen Situation aber auch nicht sicher vorhersagen, dass man mit neuen gesetzlichen Regelungen zur bundesministeriellen Finanzkontrolle im Ergebnis glücklicher werde. Zumindest könne dadurch aber das Alltagsprozedere erleichtert werden.

Schmidt-Aßmann widersprach *Schlebusch* in der Herangehensweise: Zwar sei die historische Interpretation wichtig; da es Art. 91e GG aber seit 2010 gebe, habe es „keinen Zweck, mit Pessimismus rückwärtsgewandt daran herumzujammern". Man müsse vielmehr das Beste daraus machen. Finanzkontrolle sei ein Teilaspekt des Gesamtkonzepts demokratischer Legitimation und müsse daher lückenlos sein. Daher riet *Schmidt-Aßmann* dazu, die essentielle Bedeutung demokratischer Legitimation in die Interpretation des Art. 91e GG hineinzuspiegeln, um auf diese Weise zu klaren Optionen für die Regelung der Finanzkontrolle durch die Ausführungsgesetzgebung zu kommen. Demgegenüber habe die historische Perspektive, dass man eine Regelung so nicht gewollt habe, deutlich zurückzutreten.

Das BVerfG habe in manchen Punkten beim Versuch der Abgrenzung zwischen Aufsicht, Finanzkontrolle und Zwischenformen davon das Optimum nicht getroffen, das sei angesichts der normativen Regelung aber auch kaum möglich gewesen. Nach vorn gerichtet plädierte *Schmidt-Aßmann* dafür, berechtigte Zweifel nicht überzubetonen, sondern durch eine vernünftige Strukturierung von Aufsichts- und Kontrollbefugnissen im SGB II auf Dauer zu Klarheit zu gelangen. Da ein solches Gesetz zustimmungspflichtig sei, gebe es hinreichende Möglichkeiten der Ländereinwirkung. Wichtig sei im Ergebnis, für die Aufsicht und Kontrolle zu klaren Lösungen zu gelangen. Wie *Oebbecke* formulierte auch *Schmidt-Aßmann*: „Zahnlose Kontrolle ist keine Kontrolle."

Kube knüpfte daran an. Durch das Ausführungsgesetz werde die Legitimation des Bundes zur Finanzkontrolle gesteuert, dabei habe man bedenken müssen, dass die Verwaltungskompetenzen bei den Kommunen und nicht beim Bund lägen.

II. Art. 91e GG als Solitär?

Die Frage der systematischen Einordnung von Art. 91e GG spielte in der Diskussion eine zentrale Rolle.

Hellermann sah nur Art. 91e Abs. 2 GG als Sonderbestimmung zu Art. 83 ff. und Art. 104a GG an; für die von Art. 91e Abs. 1 GG erfassten Gemeinsamen Einrichtungen sei dies dagegen nicht der Fall. In ihnen arbeiteten zwar die Bundesagentur für Arbeit und die Kommunen zusammen; sie nähmen dabei aber jeweils eigene Aufgaben wahr, sodass die Grundstruktur von Art. 83 ff. und Art. 104a GG gewahrt sei.

Becker bezeichnete Art. 91e GG als das „Resultat eines bockigen Verfassungsgebers", der nicht habe akzeptieren können, dass die Mischverwaltung in das System des Grundgesetzes nicht hineinpasse. An Art. 91e GG könne man ablesen, was passiere, wenn sich der Verfassungsgeber über Grundgehalte des Föderalstaates hinwegsetze. Dabei reiche es nicht, festzustellen, dass etwas systemfremd sei. Vielmehr resultierten aus der Regelung zahlreiche Zweifelsfragen, die das BVerfG zum Teil habe angehen müssen.

Oebbecke bezeichnete Art. 91e GG als „eine ganz kaputte Regelung", und zwar nicht nur, weil sie so wie von *Becker* beschrieben zustande gekommen sei, sondern auch, weil sie bestimmte Folgen haben werde. Die Annahme, man könne zu einer eleganten Regelung über die Finanzkontrolle kommen, sei geradezu naiv, da die Regelung über die Kontrolle nicht eleganter sein könne als die Regelung über die Zuständigkeiten. Überdies sei es von den Optionskommunen verwegen gewesen anzunehmen, eine Regelung zu bekommen, die keine Risiken beinhalte. Man habe wissen können, dass mit der Option nicht nur Chancen, sondern auch Risiken verbunden sein würden. Das BVerfG habe versucht, Fragen auf der dogmatischen Ebene zu lösen, was man auch schlechter hätte machen können. Die subjektiven Vorstellungen des Verfassungsgebers seien allerdings überbetont worden. Teleologisch könne man die Norm allerdings auch nicht in den Griff bekommen. Bei Art. 91e GG beobachte man derzeit die Geburtswehen neuer Instrumente. Man werde nicht darum herumkommen, diese zu entwickeln.

Rixen vermochte der Regelung in Art. 91e GG durchaus etwas abzugewinnen, anerkannte allerdings, dass mit „Theorie und Stringenz bei der Auslegung des Art. 91e GG nicht viel zu machen" sei. Man müsse die Regelung als eigenständige politische Entscheidung betrachten, die man durch Auslegung nicht stringenter machen könne, als sie nun einmal sei. Es gebe gute Gründe, über Verflechtung nachzudenken. Das Systemargument der Art. 83 ff. GG dürfe bei Art. 91e GG entgegen *Ber-*

ger nicht zu stark gemacht werden, da Art. 83 ff. GG und Art. 91e GG diametral unterschiedliche Ansätze verkörperten. Art. 91e GG enthalte neue, nach vorn weisende Instrumente.

Burgi schloss sich dem an. *Berger* und *Meinel* hätten in typisch juristischer Manier versucht, einen „Allgemeinen Teil" der Verwaltungsorganisation herauszuformen, was den Lehren *Schmidt-Aßmanns* entspreche, dass das Allgemeine das „Wahre und Gute" sei. *Burgi* bekannte sich demgegenüber zu mehr Verflechtung zwischen den Ebenen und fügte hinzu, dass man konstatieren müsse, dass der Verfassungsgeber mit Art. 91e GG „in völliger Willkür und Freiheit, die ihm zukommt", einen Solitär geschaffen habe. Das möge manchem missfallen, der Verfassungsgeber dürfe dies aber tun. Art. 91e GG sei für eine singuläre Situation geschaffen worden. Die Fragen nach Finanzierung, Aufsicht und Kontrolle seien nur Folgefragen der Aufgabenzuordnung. Die zentrale Frage sei gewesen, wie man die komplexe Aufgabe der Grundsicherung für Arbeitsuchende möglichst erfolgreich organisieren könne. Bevor das SGB II geschaffen worden sei, habe eine weitaus höhere Arbeitslosigkeit in Deutschland bestanden als heute. Über 5 Mio. Menschen seien arbeitslos gewesen. Es habe sich um eine bedrohliche politische Situation gehandelt. Dabei sei die Erkenntnis gereift, dass man die seinerzeitige Bundesanstalt für Arbeit in eine neue Struktur überführen müsse. Auch habe man erkannt, dass komplizierte Einzelschicksale und familiäre Strukturen sowie der Ortsbezug und der Persönlichkeitsbezug der Betroffenen zu berücksichtigen seien. Das alles habe eine bundeszentrale Stelle nicht gut gekonnt. Das hätte eigentlich dafür gesprochen, die Aufgabe komplett den Kommunen zu übertragen. Das habe aber nicht geschehen können, weil am überkommenen Bestand der Bundesagentur für Arbeit nicht habe gerüttelt werden sollen. Aufgrund dessen sei die Idee entstanden, Bund und Kommunen zusammenzubringen. Diese sei die eigentliche Begründung für die Schaffung des Art. 91e GG gewesen.

Burgi bekannte, es mit einer gewissen Genugtuung zu sehen, dass es Bereiche und Aufgabenfelder gebe, in denen die reine Entflechtungslehre, wie sie im Kreis des Professorengesprächs und in der Föderalismuskommission insbesondere von *Ferdinand Kirchhof* und *Peter-Michael Huber* vertreten worden sei, nicht funktioniere. *Burgi* erinnerte daran, dass er im Gegensatz zu anderen Sachverständigen in der Anhörung zur Föderalismusreform II zumindest gefühlt der einzige Sachverständige gewesen sei, der für eine stärkere Verflechtung gesprochen habe. Nun erlebe man Baustein für Baustein, wie die Verflechtung vertieft werde. Der jüngste Baustein sei die Änderung des Art. 91b GG bezogen auf die Hochschulen gewesen. Möglicherweise werde bald auch der Bereich der frühkindlichen Förderung in der Verflechtung hinzukommen, da auch diese Aufgabe von der Sache her einen unterschiedlichen Zugriff verlange.

Burgi prognostizierte, dass man eines Tages für große Aufgabenfelder mit einer besonderen Ausgangslage nicht drei verfassungsrechtlich nach Art. 83 ff. GG vorgegebene Aufgabentypen haben werde, sondern der Verfassungsgeber jeweilige Gestaltungsformen finden werde, in denen neue Aufgabenmodelle praktiziert würden. Er forderte die Rechtswissenschaft auf, dies als Herausforderung anzunehmen und nicht krampfhaft zu versuchen, die Aufgabenerfüllung an einen allgemeinen Teil zurückzubinden. Wenn wie bei Art. 91e GG der Nachweis so eindeutig zu führen sei, dass eine Norm etwas ganz Eigenes und Separates sei, sei eher zu überlegen, ob sich diese Form auch für andere Aufgabenbereiche eigne. Er stellte daher die Frage in den Raum, ob man das Modell des Art. 91e GG auch für andere Aufgabenfelder nutzbar machen könne oder es lieber auf die Grundsicherung für Arbeitsuchende beschränken solle.

Brüning trat der Auffassung entgegen, dass Art. 91e GG Vorbild für weitere Pflichtaufgaben sein könne. Auch *Schlebusch* widersprach *Burgi* fundamental und plädierte dafür, Art. 91e GG auf „diese unglückliche Konstellation“ zu beschränken und zu hoffen, dass es eines Tages zu dem Ergebnis komme, dass die Aufgabenträgerschaft beim SGB II wieder in eine Hand gelegt werde. Die Kommunen seien ja zur Gesamtübernahme bereit gewesen. Überlegungen, die in Art. 91e GG bestehende Aufgabenverflechtung noch auf weitere Felder zu übertragen, seien die denkbar schlechteste Antwort. Die Diskussion kranke darunter, dass fast niemand den Mut habe zu sagen: „Gebt mir das Geld und damit erledige ich eigenverantwortlich die Aufgabe.“ Stattdessen warte man immer darauf, dass andere Ebenen mitredeten und auch ein bisschen mitfinanzierten. Eine solche Entwicklung müsse man unabhängig von der Einzelregelung in Art. 91e GG bekämpfen.

Burgi erwiderte darauf, dass die Verwaltung der Arbeitslosigkeit *vor* der Regelung zum SGB II doch gar nicht verflochten gewesen sei: „Das war ein traumhaftes Beispiel für von einer einzigen Stelle, nämlich der Bundesagentur für Arbeit, durchgezogenen Verwaltung, die nicht funktioniert hat.“ Gerade die Alleinwahrnehmung habe in diesem Sachbereich zu schlechten Ergebnissen geführt. Aufgrund dessen habe man sich den Wahrnehmungsmix überlegt.

Auch *Oebbecke* schaltete sich in diese Debatte ein und entgegnete sowohl *Schlebusch* als auch *Burgi*. Bevor zum Ende der Weimarer Republik die Zuständigkeit des Reiches für die Finanzierung der

Arbeitslosen begründet worden sei, habe es sich um eine rein kommunale Aufgabe gehandelt. Dann sei den Kommunen die Last zu groß geworden, weil sie nicht über genügend Besteuerungsrechte verfügt hätten. *Schlebusch* habe jetzt Mittel, aber nicht Besteuerungsrechte eingefordert. *Schlebusch* widersprach dem sogleich vehement. Gerade der Landkreistag sei immer massiv für eigene Steuern und Steuerbeteiligungen eingetreten. *Oebbecke* entgegnete darauf, dass die Länder das aber immer verhindert hätten und die anderen kommunalen Spitzenverbände den von Bundesfinanzminister *Schäuble* 2010 angebotenen Besteuerungskorridor massiv abgelehnt hätten. Auf *Burgi* entgegnete *Oebbecke*: Art. 91e GG könne keinesfalls als Freibrief für neue Verflechtungen angesehen werden.

Schwarz hob ebenfalls hervor, dass Art. 91e GG die Reaktion des verfassungsändernden Gesetzgebers auf eine Entscheidung des BVerfG gewesen sei. Das könne man verfassungsethisch kritisieren. Art. 91e GG sei aber so, wie in das GG eingefügt, anzuwenden. Zu prüfen sei dann, ob sich einfach-gesetzliche Regelungen nach Art. 91e Abs. 3 GG im Rahmen dessen bewegten, was durch Art. 91e GG eröffnet werde. Rechtspolitisch riet *Schwarz* dringend dazu: „Art. 91e GG muss ein Unikum bleiben."

Hellermann bekannte, tendenziell verflechtungsfreundlich zu sein. Als man die Mischverwaltung im SGB II Ende 2003 geregelt habe, habe es dagegen allerdings sogleich Verfassungsbeschwerden gegeben. Außerdem sei auf anderem Felde 2006 das Kooperationsverbot geschaffen worden. Mit Blick auf Art. 91e GG sei das Recht des Verfassungsgebers zu betonen, solche Regelungen treffen zu dürfen. Das BVerfG habe die Entwicklung beobachtet und gutgeheißen. Mit Blick auf Art. 91e GG müsse man vorsichtig sein, den Begriff Systembruch hinsichtlich der bundesministeriellen Finanzkontrolle zu verwenden. Dabei werde nämlich ausgeblendet, dass der eigentliche Systembruch davor, nämlich bei der direkten Übertragung von Aufgaben seitens des Bundes auf die Kommunen, liege. Das führe dazu, dass der reguläre Mechanismus der Art. 83 ff., 104a Abs. 1 GG gestört werde und der Bund die Finanzierung trage, was zur Finanzkontrollproblematik führe.

Berger knüpfte daran an. Man bekomme die Finanzierung des föderalen Systems nur richtig hin, wenn man die Aufgaben-, die Einnahmen- und die Ausgleichsseite mit in Betracht ziehe und dabei die Instrumente des verdeckten Finanzausgleichs nicht außer Acht lasse. Die Verteilung der Kontrollverantwortung sei nur ein Teilelement. Deshalb hingen die auf dem 70. Deutschen Juristentag in Hannover im September 2014 diskutierten Fragen eng mit der hier geführten Diskussion zusammen.

Meinel, Brüning und *Becker* wandten sich gegen die insbesondere von *Burgi* vorgenommene Einordnung des Art. 91e GG als Solitär und daraus gezogene Schlussfolgerungen. *Meinel* hob hervor, dass die notwendig fragmentarische Regelung des Art. 91e GG nur unter Rückgriff auf andere Kategorien angewendet werden könne. In der bundesstaatlichen Verfassung habe man unverbunden zwei miteinander konkurrierende Regelungsschichten, nämlich Art. 83 ff. GG einerseits und die kooperativen Elemente in Art. 91a ff., 104a Abs. 3, 104b GG. Darüber gebe es keine Metanorm, die die Einordnung zwischen diesen Kategorien vornehme. Nach zwei Föderalismusreformen sei man verblüfft, mit welcher Massivität die kooperativen und Verflechtungselemente in unsere föderale Ordnung zurückgekehrt seien.

Brüning und *Becker* vertraten mit Nachdruck die Auffassung, dass Art. 91e GG den Rückgriff auf andere Verfassungsnormen nicht versperre. *Brüning* hob hervor, zwar sei Art. 91e GG das Ergebnis komplizierter politischer Kompromisse gewesen. Im Ergebnis habe man es aber mit einem Verfassungsraum zu tun, den es nach den Regeln der Kunst auszulegen gelte. Dies könne man auch vom BVerfG erwarten, welches diesen Anspruch in seiner Entscheidung vom 7.10.2014 allerdings in vielen Fragen nicht erfüllt habe. Ausführlich werde dargelegt, was der Gesetzgeber gewollt habe. In der juristischen Ausbildung werde eine solche Auslegung demgegenüber als K.O.-Kriterium gegen die Studierenden gewertet. Bei Anerkennung der herkömmlichen Auslegungsmethoden komme man überdies sofort zu dem Befund, dass Art. 91e GG mit Organleihe nichts zu tun habe. Dabei handele es sich um ganz andere Fallgestaltungen. Hier gehe es um Verwaltungsträger, die einen verfassungsrechtlichen Selbststand mitbrächten.

Bei unbefangener Lektüre des Art. 91e GG stoße man sogleich darauf, dass Begriffe wie Aufsicht und Finanzkontrolle dort nicht vorkämen. Stattdessen finde sich dort nur ein Gesetzesvorbehalt in Abs. 3. Es sei daher zu fragen, welche Regelungen in Auslegung und Anwendung dieses Gesetzesvorbehalts zulässig seien, was also in das einfache Recht hineingeschrieben werden dürfe. Dies müsse man am Maßstab der übrigen Verfassungsnormen messen. Die Frage sei dann, ob Art. 91e GG als Solitär betrachtet werden dürfe, der alles erschlage, obwohl die Norm selbst dies gerade nicht fordere.

Wenn man Art. 91e GG ins Verfassungssystem im Übrigen einordne, gelange man bei der Aufsicht und Finanzkontrolle über die Optionskommunen ins ganz normale System der Art. 83 ff. GG. Diese Erwägungen tauchten in der BVerfG-Entscheidung allerdings nicht auf. Stattdessen würden diese Erwägungen „glattgebügelt mit dem Argument,

Art. 91e GG ist eine Sondervorschrift und der Gesetzesvorbehalt darf das alles regeln."

Brüning kritisierte, dass das BVerfG die von ihm gestellten Fragen gar nicht reflektiert habe. Daher sei die Entscheidung sehr kritisch zu sehen. Im Übrigen werde der Selbstverwaltungsgarantie nur ein Absatz gewidmet und dahingestellt gelassen, ob es sich um einen Eingriff handele, weil dieser jedenfalls gerechtfertigt sei. Das sei methodisch alles andere als überzeugend. Wenn man noch mit *Henneke* die historische Entwicklung mit einbeziehe, greife die Argumentation erst recht zu kurz, weil damit das historisch Gewollte geradezu umgedreht werde. *Schmidt-Aßmann* sei dahingehend beizupflichten, dass man zukunftsgerichtet mit Art. 91e GG und dem Urteil des BVerfG fertigwerden müsse; dennoch sei zu konstatieren, dass das BVerfG in der Entscheidung vom 7.10.2014 mit Blick auf die kommunale Selbstverwaltung und die sonstige föderale Prägung der Verwaltung in Deutschland „hemdsärmelig vorgegangen" sei.

Becker konzedierte *Burgi*, dass niemand in Zweifel ziehe, dass Art. 91e GG als verfassungsrechtlicher Selbststand zu akzeptieren sei. Der Verfassungsgeber dürfe sich bestimmte Arten von Verwaltung ausdenken und auch Ebenen vermischen. Die Frage der Zweckmäßigkeit solcher Regelungen müsse man dann verfassungspolitisch diskutieren. Vorliegend gehe es indes um die Auslegung der Verfassung. Es sei nicht darüber zu diskutieren, *ob* der Verfassungsgeber unter Umständen Systemwidriges getan habe, sondern darüber, wozu der Verfassungsgeber mit dem Gesetzesvorbehalt in Art. 91e GG aufrufe. Das sei eine Auslegungsfrage und habe nichts mit mangelnder Akzeptanz dessen zu tun, was verfassungspolitisch mit Zwei-Drittel-Mehrheit entschieden worden sei. In Art. 91e GG kämen Aufsicht und Finanzkontrolle nicht ausdrücklich vor. Daher sei es ein legitimes Auslegungsziel, mit den herkömmlichen Auslegungsmethoden zu versuchen, Fragen, die die Verfassung gerade nicht beantworte, mit den allgemeinen Auslegungsregeln entsprechend zu unterlegen.

Burgi entgegnete: Wenn man am Wortlaut des Art. 91e Abs. 2 Satz 1 GG mit der Formulierung: „Der Bund kann zulassen" ansetze, handele es sich von vornherein um eine Gewährung des Bundes, die die Kommunen nicht erzwingen könnten. Der erste Satz des Art. 91e Abs. 2 GG sei eine so gravierende Abweichung von allem, was ansonsten in Art. 83 ff. GG geregelt sei, dass daraus s.E. das weitere, nämlich die Finanzkontrolle, nach dem Grundsatz „a maiore ad minus" folge. Der Bund könne zulassen, müsse dies aber nicht: Wenn er aber zulasse, könne er auch die Kontrolle regeln.

III. Was ist bundesministerielle Finanzkontrolle?

Rixen bekannte, dass es schwierig sei zu unterscheiden, was Aufsicht und was Finanzkontrolle sei. Wenn das BVerfG ausführe, die Rückkopplung des Gesetzesvollzugs an die Absichten des Gesetzgebers sei das Wesen von Aufsicht, müsse man fragen, ob das wirklich charakteristisch gerade für Aufsicht sei. Die nicht gesetzlich geregelten Beziehungen eines haushaltswirtschaftlichen Instruments (Abkopplung vom HKR-Verfahren) bezeichne das BVerfG als Sanktion und damit als etwas Aufsichtstypisches. Aufgrund dieser Darlegungen ergebe sich weder Klarheit über den Begriff der Aufsicht noch über den der Finanzkontrolle. Das Kernproblem im SGB II liege darin, dass der Gesetzgeber versucht habe, das Aufsichtsverhältnis über die Bundesagentur für Arbeit auf die Optionskommunen der Sache nach zu übertragen. In der Rechts- und Fachaufsicht über die Bundesagentur für Arbeit sei eine starke Wirtschaftlichkeitskontrolle enthalten. Diese werde bei den Optionskommunen zur eigenen bundesministeriellen Finanzkontrolle außerhalb der Landesaufsicht gemacht. Zwischen beiden müsse aber eine Verknüpfung hergestellt werden. Das Verhältnis zueinander sei nicht gelöst. Es könne nicht richtig sein, dass das Bundesministerium alles vor Ort nur beobachten dürfe, weil die Maßnahmen vertretbar seien, die Landesaufsicht aber nicht einschreite. Die Frage sei dann, wie der Bund über Art. 84 GG die Länder aktivieren könne. Das ganze Instrumentarium dürfe in der Tat nicht zum zahnlosen Tiger werden. Unter dem Gesichtspunkt der Bundestreue sei sowohl zu fragen, wann der Bund etwas tun müsse, als auch, wann die Länder agieren müssten.

Auch *Schwarz* bezeichnete ein konkurrierendes System unterschiedlicher Aufsichts- und Kontrollformen als problematisch. Man gewinne den Eindruck, dass insoweit klare Verantwortungszuweisungen nicht gegeben seien. Ein Netz von Überprüfungsmöglichkeiten sei nicht das, was mit der Vorstellung von lückenloser Kontrolle gemeint sei. Vielmehr bedeute Lückenlosigkeit, dass jedenfalls eine Ebene geprüft haben müsse.

Die Darlegungen des BVerfG seien maßgeblich von Effizienzerwägungen getragen. Wenn man diesen Ansatz akzeptiere, sei der Übergang von der Anknüpfung statt an Verwaltungs- an Finanzierungskompetenzen nur ein kleiner Schritt. Das BVerfG habe eine Anknüpfung an die Finanzierungskompetenz zwar dem Grunde nach sehr deutlich abgelehnt, im Ergebnis sei das BVerfG aber sehr viel näher an die Finanzierungskompetenz herangerückt, als man sich das gemeinhin vorstellen könne. Wegen der Betonung der Effizienzerwägungen komme man letztlich zu einer Nivellierung unterschiedlicher Aufsichts- und Kontrolltypen. Es gehe nicht mehr um die Trennung in Rechts- und Fachaufsicht, sondern der Gesetzgeber habe mit der Finanzkontrolle des Bundesministeriums für Arbeit und Soziales in § 6b Abs. 4 SGB II eine Art Sonderaufsicht geschaffen, die weder Rechts- noch Fachaufsicht, sondern eine Finanzkontrolle sein solle, die geeignet sei, die Optionskommunen möglichst eng zu führen.

Insoweit habe das BVerfG dann allerdings eine Einschränkung i.S.e. Vertretbarkeitskontrolle vorgenommen, die darauf beschränkt sei, vertretbare Auslegungen nicht beanstanden zu können, weil diese Form der Sonderaufsicht wegen der Beachtung der Garantie kommunaler Selbstverwaltung ansonsten zu weit ginge. Leider beinhalte Art. 91e GG insoweit keine konsequent durchdachte Verfassungsänderung.

Rixen plädierte dafür, bei der bundesministeriellen Finanzkontrolle zu fragen, ob diese wirklich neu sei oder ob man zumindest Ähnlichkeitsvergleiche anstellen könne. Er verwies insoweit darauf, dass es eine Finanzkontrolle im Sozialrecht schon länger gebe. So statuiere § 274 Abs. 1 Satz 2 SGB V eine Prüfungspflicht des Bundesministeriums für Gesundheit gegenüber dem Bund der Krankenkassen und den Kassenärztlichen Bundesvereinigungen. Diese beziehe sich auf die Geschäfts-, Rechnungs- und Betriebsführung und damit auf die Gesetzmäßigkeit und Wirtschaftlichkeit. Im Sozialrecht werde dies unter eine weite Definition von Aufsicht gefasst. In seiner Entscheidung vom 7.10.2014 habe sich das BVerfG mit dem Begriff der Aufsicht schwergetan, weil es einerseits dem Bund aufgrund der gesetzlichen Regelung keine Aufsichtsfunktion habe zubilligen können, dennoch aber eine Finanzkontrolle zugelassen habe.

Rixen bezweifelte aufgrund dessen, ob der Aufsichtsbegriff wirklich so eng und klar definiert sei, wie dies erscheine, oder ob man auch den Begriff der ministeriellen Finanzkontrolle dort einbeziehen könne. Vielleicht lasse sich sagen, alles was das Ministerium tue, sei Aufsicht im weiteren Sinne, und zwar – bezogen auf die Finanzkontrolle – in neuer Form.

Abschließend befasste sich *Rixen* mit dem Verhältnis von Aufsicht zur Finanzkontrolle des Bundesrechnungshofs. Auch insoweit vermöge die vom BVerfG in bester Absicht vorgenommene Abgrenzung, wonach nur die Aufsicht die Funktion der Rückkopplung des Gesetzesvollzugs an die Absicht des Gesetzgebers habe, nicht zu überzeugen. Die Finanzkontrolle des Bundesrechnungshofs könne nämlich ohne eine solche Rückkopplung ebenfalls nicht funktionieren. Der Bundesrechnungshof nehme eine ökonomische Erfolgskontrolle bezüglich der

Vermittlungstätigkeit vor. Damit prüfe er gerade die Umsetzung des gesetzgeberischen Programms bei der Vermittlung von Personen mit Vermittlungshindernissen. Der Vorwurf gegenüber dem Bundesrechnungshof bestehe ja regelmäßig gerade darin, dass er bei einer Beschränkung seiner Prüfung auf Gesichtspunkte der Ordnungsmäßigkeit und Wirtschaftlichkeit zu einer Verkürzung der gesetzgeberischen Zielsetzung, zu einer Ökonomisierung im schlechten Sinne, komme. Das spreche dafür, dass man ohne Rückkopplungen jedweder Art von Kontrolle an die Absichten des Gesetzgebers überhaupt nicht auskommen könne.

Brüning setzte ebenfalls daran an, dass Art. 91e GG und §§ 6b Abs. 3 und 4 sowie 48 SGB II und dem folgend das BVerfG eine Dreifachaufsplittung in Sachaufsicht, ministerielle Finanzkontrolle und Finanzkontrolle durch den Bundesrechnungshof vorgenommen hätten. Dem BVerfG sei es dabei nicht gelungen, aufzuzeigen, was Gegenstand der verschiedenen Aufsichtsstränge sein solle. Das BVerfG habe postuliert, die „Kontrolle der finanziellen Auswirkungen der gesetzgeberischen Entscheidungen" sei Inhalt der ministeriellen Finanzkontrolle. Es werde dann aber in keiner Weise positiv unterfüttert, was darunter zu verstehen sei. Es werde nur negativ abgegrenzt, was nicht dazu gehöre. Die vom BVerfG gegebene Definition vom Finanzkontrolle sei eher eine vom Einzelfall und der konkreten Optionskommune losgelöste Betrachtungsweise, bei der geschaut werde, ob die Aufgabe – über ein grobes Raster geschoben – vernünftig und zweckmäßig, eben wirtschaftlich, erledigt werde. Das sei eher eine Aufgabenzuweisung für den Bundesrechnungshof, aber nicht für eine Ministerialverwaltung. Die vom BVerfG eingeführte Aufsplittung funktioniere nicht, weil sich von der fachlichen Aufsicht nicht eine Finanzwirtschaftsaufsicht abstrahieren lasse, die nicht ihrerseits auf die konkrete fachliche Aufgabenerledigung durchschlage. Man könne Aufsicht in diesem Sinne verstehen als eine, die auch und gerade materielle Maßstäbe bemühe. Diese könne sich dann auch auf wirtschaftliches Handeln beziehen. Diesbezüglich handele es sich dann aber um echte Aufsicht und nicht um eine Vertretbarkeitskontrolle.

Davon losgelöst bestehe die Kontrolle von Rechnungshöfen, die eine ganz andere Funktion habe. Die Bemerkungen der Rechnungshöfe würden ganz anders adressiert. Die unmittelbar Betroffenen bekämen diese unter Umständen gar nicht oder jedenfalls nicht aus erster Hand. *Brüning* gelangte zu dem Fazit, dass man eine Trennung von behördlicher Aufsicht einerseits und Bundesrechnungshofskontrolle andererseits überzeugend vornehmen könne, während der Versuch der Feinziselierung dazwischen nicht überzeuge.

Berger meinte einerseits, dass der Begriff der Kontrolle seit etwa drei Jahrzehnten hinreichend erforscht sei, sodass man jetzt nicht mit neuen Begriffen wie Aufsicht, Rechnungshofkontrolle und sonstigen atypischen Formen der Finanzkontrolle arbeiten, sondern sich detaillierter mit den jeweiligen Kontrollmaßstäben im Einzelfall befassen solle. Dabei müsse man aufgrund der unterschiedlichen verfassungsrechtlichen Funktionen stärker zwischen der Rechnungshofkontrolle und der ministeriellen Kontrolle differenzieren.

Meinel meinte, dass der Begriff der Finanzkontrolle nach der Kompetenzkonstruktion des BVerfG seinem positiven Inhalt nach klar feststehe. Ziel und Inhalt der bundesministeriellen Finanzkontrolle sei die Feststellung der tatsächlichen Voraussetzungen von möglichen Erstattungsansprüchen des Bundes gegenüber den Optionskommunen. Der Bund habe das Recht, bei den Adressaten der Kontrolle zu ermitteln, ob die tatsächlichen Voraussetzungen für einen solchen Anspruch vorlägen.

IV. Kontrollmaßstab der bundesministeriellen Finanzkontrolle

Hinsichtlich des Kontrollmaßstabs der bundesministeriellen Finanzkontrolle übte *Oebbecke* deutliche Kritik am BVerfG. Die von diesem statuierte Vertretbarkeitskontrolle sei zwar sehr freundlich gegenüber den Optionskommunen, werde aber dazu führen, dass die Finanzkontrolle durch das Bundesministerium für Arbeit und Soziales zum zahnlosen Tiger werde. Die Hilfeempfänger und Sozialgerichte achteten nämlich bereits von sich aus darauf, dass keine zu geringen Leistungen erbracht würden. Das Problem bestehe immer darin, dass im Sozialen zu viel gemacht werde. Darüber bestehe generell-abstrakt großer Konsens. Auch in der Berliner Politik werde immer wieder betont, dass man die Sozialausgaben irgendwie in den Griff bekommen müsse. Dennoch erlasse man dann solche Regelungen wie im SGB II. Das BVerfG habe die gesetzgeberische Konzeption dann noch bestätigt und die Kontrolle auf eine bloße Vertretbarkeitskontrolle begrenzt.

Oebbecke prognostizierte, dass die Optionskommunen gewiss nicht zu wenig leisten würden, weil sie dann die Hilfeempfänger und Sozialgerichte fürchteten. Beim Zuviel bestünde dagegen nur die Grenze, dass die Leistungen nicht unvertretbar sein dürften. Erst darüber hinaus seien aufgrund der bundesministeriellen Finanzkontrolle Rückforderungen zu befürchten. Das werde dazu führen, dass sich das Aufgabenerfüllungsniveau langsam nach oben schaukeln werde.

Lange und *Wendt* nahmen eine Gegenposition ein. *Lange* konzedierte, dass man kaum grundsätzlich gegen eine Finanzkontrolle des Bundes gegenüber den Optionskommunen argumentieren könne. Allerdings liege die demokratische Legitimation für die Art, wie sie ihre Aufgaben erfüllten, bei den Optionskommunen selbst. Aber auch der Umstand, dass der Bund Geld verausgabe, müsse demokratisch legitimiert werden. Nach der Entscheidung des BVerfG sei grundsätzlicher Widerstand gegen eine bundesministerielle Finanzkontrolle nicht mehr sinnvoll. Stattdessen gehe es darum, die Grenzen dieser Finanzkontrolle abzustecken. Dabei komme dem Gesichtspunkt der rechtlichen Vertretbarkeit durchaus Gewicht zu.

Wendt ergänzte, dass er sich nicht an der deskriptiven Verwendung der „bloßen Vertretbarkeitskontrolle", die das BVerfG eingeführt habe, störe. Vielmehr halte er diese Beschränkung für geboten, da gegenüber Selbstverwaltungskörperschaften nur eine eingeschränkte Prüfung der Wirtschaftlichkeit i.S.e. offensichtlichen Verletzung von Wirtschaftlichkeitserfordernissen vorgenommen werden könne. Angesichts der materialen Offenheit des Wirtschaftlichkeitsbegriffs könne man nicht mehr als eine bloße Vertretbarkeitskontrolle vorsehen.

V. Prüfbefugnisse des Bundesrechnungshofs

Zentrale Ausführungen *Kammer*s stießen in der Diskussion auf Kritik. Vermittelnd äußerte sich *Mann.* Art. 91e GG sage nicht ausdrücklich, was mit der Aufgabe passiere. Die Norm spreche von „wahrnehmen". Dieser Begriff tauche auch in Art. 104a Abs. 1 GG auf. Bevor man den konkreten Inhalten von Aufsicht und Finanzkontrolle nachgehe, müsse Klarheit darüber bestehen, was mit der Aufgabe passiere. Da die Prüfungskompetenz der Verwaltungs- und nicht der Finanzierungskompetenz folge, sei die entscheidende Frage, ob bei einer Alleinwahrnehmung durch die Kommunen die Aufgabe auf die Kommunen übergehe oder sie in Organleihe wahrgenommen werde.

Becker wandte sich nachdrücklich gegen die Qualifizierung der Aufgabenwahrnehmung der Optionskommunen als Organleihe. Dies folge unmittelbar aus dem Grundgesetz, aber auch aus § 6b Abs. 4 letzter Satz SGB II. Es sei nicht erklärbar, warum das Bundesministerium für Arbeit und Soziales bei der Landesbehörde eine Prüfung ankündigen müsse, wenn es sich dabei um die Prüfung eines eigenen Organs handele. Auch diese Regelung zeige, dass der Bund von außen in einen fremden Bereich eindringe und sich deshalb anmelden müsse. *Kammer* entgegnete, dass die Organleihe im geltenden Recht gar nicht so selten sei.

Albers und *Becker* verwiesen zudem unter dem Gesichtspunkt des Gebots der Lückenlosigkeit der Kontrolle der öffentlichen Mittel darauf, dass auch auf der Landesebene eine lückenlose Prüfung durch die Landesrechnungshöfe, die Rechnungsprüfungsämter und die Kommunalprüfung stattfinde. *Kammer* entgegnete insoweit, dass eine Kontrolle durch die Landesrechnungshöfe beim SGB II nicht stattfinde. Die Landesrechnungshöfe könnten hier nichts tun, da es nicht um ihr Terrain gehe. Die kommunale Rechnungskontrolle sei abhängige Kontrolle und daher keine gleichwertige Alternative.

Albers trat der von *Kammer* vertretenen Auffassung entgegen, dass es sich bei den Leistungen des Bundes nach Art. 91e Abs. 2 Satz 2 GG um den Ersatz von Aufwendungen nach § 43 Abs. 1 Satz 1 Nr. 1 HGrG handele. Das Bundessozialgericht habe 2013 zutreffend ausgeführt, dass die gewährten Mittel nach ihrer Auskehrung haushaltstechnisch den Kommunen zugeordnet seien, da die Optionskommunen die Aufgaben nach dem SGB II als eigene wahrnähmen. Mithin seien die Mittel nur der Herkunft nach solche des Bundes. Im Rahmen der Aufgabenwahrnehmung durch die Optionskommunen bewirtschafteten diese nicht Bundesmittel. Damit sei § 43 HGrG für diese Mittel gar nicht anwendbar, sodass Kontrollmöglichkeiten des BRH aufgrund dieser Norm nicht gegeben seien.

Hellermann und *Mann* knüpften an *Albers* und *Becker* an. Länder und Kommunen könnten nicht Dritte i. S. v. § 43 HGrG sein, wenn diese Vorschrift selbst ausdrücklich Bund und Länder als die ersten und zweiten benenne. Hinzu komme, dass in § 42 HGrG geregelt sei, dass die Haushalts- und Wirtschaftsführung von Bund und Ländern jeweils durch die Rechnungshöfe kontrolliert werde. Das zeige, dass die Länder eine eigene Kontrolle ausübten. *Hellermann* ergänzte, dass die Finanzierung durch den Bund keine Kontrolle auslösen könne. Die Sondervorschrift des Art. 104b Abs. 3 GG trage dem Informationsbedürfnis des Bundes bei Finanzhilfen in spezifischer Weise Rechnung, wenn er Geld gebe, das dann in die Haushalte der Länder und Kommunen fließe.

Kube hob hervor, dass nach Art. 91e Abs. 2 Satz 2 GG die Verwaltungskompetenz allein bei den Optionskommunen liege. Der Bundesrechnungshof prüfe nach Art. 114 Abs. 2 GG die Ordnungsmäßigkeit und

Wirtschaftlichkeit der Haushalts- und Verwaltungsführung des *Bundes*. Haushaltsführung sei Verwaltungstätigkeit. Die Prüfungskompetenz des Bundesrechnungshofes ende dort, wo die Verwaltungstätigkeit der Kommunen beginne. Geprüfte Stelle sei also die verantwortliche Dienststelle des Bundes und nicht eine Kommune.

Lange bezweifelte, ob der Bundesrechnungshof die Vermittlungstätigkeit der Optionskommunen prüfen dürfe. Das gehe stark in Richtung Zweckmäßigkeitskontrolle und damit weit über die Prüfung der Ordnungsmäßigkeit hinaus. Daher müsse dies eigentlich unzulässig sein. Wie zweckmäßig die Optionskommunen ihre Aufgaben erfüllten, müsse „nun wirklich deren Sache sein"; schließlich sei gerade dafür das Optionsmodell kreiert worden.

Kammer erwiderte auf die vorgetragene Kritik, dass auf Art. 109 Abs. 4 i. V. m. § 43 HGrG und § 91 BHO abzustellen sei. Um Aufwendungsersatz handele es sich, wenn die Kommunen Bundesmittel nachträglich anforderten. Wenn das HKR-Verfahren zur Anwendung komme, erhielten die Kommunen unmittelbar Geld aus dem Bundeshaushalt. In der Konsequenz unterschieden sich die Wege nicht. Der Bundesrechnungshof bekomme ein Prüfungsrecht nach § 91 BHO bzw. wegen der Ausführung des Haushaltsplanes des Bundes.

Der Bundesrechnungshof könne unmittelbar bei den Kommunen prüfen. Das Beweiserhebungsrecht sei für den Bundesrechnungshof wichtig, weil er nur vor Ort sehen könne, wie die Verhältnisse seien. Die unmittelbare Akteneinsicht und die Einsicht in die Datenverarbeitungsverfahren versetzten den Bundesrechnungshof in die Lage, die Rechtmäßigkeit, Wirtschaftlichkeit und Zweckmäßigkeit der Verfahren zu prüfen. Insbesondere werde geprüft, ob die Vermittlungstätigkeit bezüglich der Arbeitslosen rechtmäßig, wirtschaftlich und zweckmäßig erfolge. Bei der Rechtmäßigkeitskontrolle sei der Bundesrechnungshof auf die Vertretbarkeit der Maßnahme reduziert. Nur was unvertretbar sei, unterliege einer Rüge und damit ggf. einer Rückforderung. Daneben prüfe er die Wirtschaftlichkeit und Zweckmäßigkeit der Verfahren, um Mängel abzustellen. Das geschehe dann in Concreto über das Bundesministerium für Arbeit und Soziales und nicht unmittelbar gegenüber den Kommunen oder den Landessozialministerien. Vielmehr werde der Bericht des Bundesrechnungshofs dem Bundesministerium für Arbeit und Soziales zur Kenntnis gegeben. Diesem obliege es dann zu entscheiden, wie es die Feststellungen und Empfehlungen des Bundesrechnungshofes gegenüber den Ländern kommuniziere. Außerdem sei es nicht so, dass der Bundesrechnungshof in die Kommunalhaushalte hineinregiere. § 6b Abs. 3 SGB II stelle neben § 91 BHO eine selbstständige Ermächtigungsgrundlage für die Tätigkeit des Bundesrechnungshofes dar. *Kammer* plädierte dafür, den Gesetzesvorbehalt in Art. 91e Abs. 3 GG nicht zu verwässern, indem man zu sehr ins Detail gehe, da Art. 91e als Gesamtpaket geplant gewesen sei, durch das ein einheitliches Regime der Verausgabung und Kontrolle habe etabliert werden sollen.

Die Aufsicht mache Vorgaben, die Finanzkontrolle erfolge später und bewerte Sachverhalte. Der Bundesrechnungshof nehme sich dabei Themenkomplexe vor, die im Nachhinein bewertet würden und gebe insoweit Bericht an die geprüfte Stelle, nämlich das Bundesministerium für Arbeit und Soziales. Die Grenzen der Finanzkontrolle seien durch die Aufgabenbeschreibung vorgegeben. Rechtmäßigkeit und Wirtschaftlichkeit seien aber relativ weite Begriffe. Man müsse bedenken, dass alle Tätigkeit der Optionskommunen, die unwirtschaftlich sei, zulasten des Bundes gehe. Insoweit handele es sich bei der Prüfung auch um Finanzkontrolle im eigentlichen Sinne.

Kammer wies überdies darauf hin, dass das Bundesministerium für Arbeit und Soziales die Verwaltungskosten im Rahmen der Jahresrechnung prüfe. Das sei von erheblicher Bedeutung, da der Bundesrechnungshof eine solche Prüfung schon aus Kapazitätsgründen nicht vornehme.

Abschließend wies *Kammer* darauf hin, dass s.E. das Thema von Rückforderungen in der Praxis nicht sehr relevant sei. Es gebe sie kaum, von ihnen werde allenfalls bei Vorsatz, kaum bei grober Fahrlässigkeit Gebrauch gemacht. Relevant sei demgegenüber die Frage der Wirtschaftlichkeit der Aufgabenerfüllung und der Zielerreichung durch die Verwaltung. Wenn Arbeitslose den falschen Arbeitgebern zugewiesen würden oder die falschen Arbeitslosen den richtigen Arbeitgebern überlassen würden, handele es sich um Punkte, bei denen der Bundesrechnungshof im Nachhinein Feststellungen treffe und auch deutlich sage: „So geht das nicht.“ Dem Bundesrechnungshof gehe es im Kern nicht um das Abhaken von Rechnungen, sondern darum, zum Verwaltungsvollzug im SGB II aus seiner Sicht Positives beizusteuern.

VI. Art. 104a GG

Oebbecke ging kurz auf die Grundfrage von Gesetzes- und Vollzugskonnexität ein. Beide Systeme hätten ihre Stärken und Schwächen. Noch in den 80er Jahren hätten sich die Klagen, dass der Bund die Kommunen mit neuen Aufgaben überziehe, in sehr engen Grenzen gehalten.

Eine intensive rechtspolitische Diskussion habe erst Mitte der 90er Jahre eingesetzt. Nach dem § 218-Urteil des BVerfG zu staatlichen Schutzpflichten sei plötzlich die kostenträchtige Frage des Ausbaus der Kinderbetreuung auf die Kommunen zugekommen.

In dieser Zeit habe eine stärkere ökonomische Betrachtung darüber begonnen, was der Staat mache. *Oebbecke* vertrat die Auffassung, dass seither für viele der eigene politische Vorteil und nicht mehr das Gemeinwohl maßgeblich für das sei, was man tue. Der Bund kreiere neue Pflichtaufgaben, die von den Ländern und den Kommunen auszuführen und zu finanzieren seien; diese versuchten umgekehrt ständig, beim Bund Geld abzugreifen. Wenn man diese jeweilige Betrachtung nicht aus den Köpfen herausbekomme, müsse man über neue Regelungsinstrumente nachdenken.

Hellermann und *Meinel* entgegneten *Oebbecke*, die von ihm skizzierte Veränderung sei durch die Deutsche Einheit und nicht durch eine „ominöse Ökonomisierung" hervorgerufen worden. Als deren Folge seien Finanzierungs- und Finanzverteilungsfragen neu aufgebrochen. Dabei hätten sich die Finanzverteilungsfragen wegverlagert von der Steuerverteilung auf die einzelnen Ebenen hin zu aufgabenbezogenen Finanzzuweisungen. Das wiederum führe dazu, dass der Konflikt zwischen Aufgabenbestimmung, Finanzlastentragung und Kontrollmechanismen im Bundesstaat zugenommen habe.

Mit Blick auf Art. 104a Abs. 3 Satz 2 GG vertrat *Oebbecke* die Auffassung, dass die Bundesauftragsverwaltung bei Geldleistungsgesetzen als Massenverwaltung nicht gut funktioniere. Bei dieser nachträglich ins Grundgesetz eingefügten Bestimmung habe man versucht, mit einem Instrumentarium, das bei der klassischen Bundesauftragsverwaltung ganz gut funktioniere, auch die Massenverwaltung in den Griff zu bekommen. *Christine Elmers* habe am Beispiel des BAföG untersucht, wie sich die Bundesauftragsverwaltung praktisch darstelle. Aufgrund dessen könne man nur begrenztes Zutrauen in das Funktionieren dieses Instrumentariums haben. Im Ergebnis sei es ziemlich ineffektiv, was auch an mangelnden personellen Ressourcen liege. Wenn sich der Bund nur darauf verlasse, dass die Länder die Aufsicht über die Kommunen ausübten, könne das Instrument nicht funktionieren. Die Länder verfügten indessen über begrenzte Personalressourcen, die von ihnen nicht vorrangig in Bereichen eingesetzt würden, in denen die Länder im Ergebnis nichts davon hätten.

Christian Waldhoff

Fazit

Ich möchte bei dem Versuch, ein Gesprächsfazit zu ziehen, drei Ausgangspunkte benennen und eine persönliche Vorbemerkung machen.

Der erste Ausgangspunkt: Ein Teil der Bedeutung des Themas besteht darin, dass ein allgemeines Missbehagen an der Effektivität von Kontrolle und Aufsicht besteht; dies gilt meines Erachtens für alle Ebenen und losgelöst von unserer konkreten Fragestellung. Damit wird zugleich an Fragestellungen des Professorengesprächs vom vorherigen Jahr angeknüpft. Schon seinerzeit hatte ich betont, dass offensichtlich große Teile der Aufsicht nicht richtig funktioniert haben können, wenn – um nur ein Beispiel zu nennen – in Nordrhein-Westfalen zahlreiche Kommunen exorbitant verschuldet sind, dies aber kaum ohne Genehmigung oder zumindest Mitwirkung der Aufsicht machen konnten.

Der zweite Ausgangspunkt besteht darin, die offene Flanke auf unser heutiges Problem zu beziehen. Aufsicht und Kontrolle sind nicht auf das Mehrebenensystem, man könnte auch sagen: den Föderalismus im weitesten Sinne, bezogen und abgestimmt. Darin liegt eine offene Flanke von Aufsicht und Kontrolle.

Und der dritte Ausgangspunkt besteht darin (ich bezeichne das hier mal etwas kess als „*Triepel-Meinel*'sches Theorem"), dass die Aufsicht eine bundesstaatliche Kernfrage ist, die gar nicht zu überschätzen ist.

Die persönliche Vorbemerkung ist, dass ich mich in einem persönlich-wissenschaftlichen Zwiespalt befinde. Als Finanzrechtler bin ich für gute und effektive Aufsicht, die aus finanzrechtlicher Sicht eher den Finanzströmen und nicht der Verwaltungskompetenz folgen sollte, weil sonst Fehlanreize u.Ä. befördert werden. Als für Autonomie und Subsidiarität eintretender Staatsrechtler sehe ich allerdings auch das Gegenlager, die Gefährdung von Autonomie durch verfehlte Aufsicht und Kontrolle. Das scheint mir zugleich die Grundspannung zu sein, die hinter dem Problem steht, das wir heute verhandeln durften.

Ich fange mit dem ersten Ausgangspunkt an, dem allgemeinen Missbehagen an der Effektivität von Aufsicht. Ein ehemaliger Landesfinanzminister und Ministerpräsident sagte letztes Jahr auf einer Podiumsdiskussion, dass die Unterschiede in den Ausgaben für die sog.

Eingliederungshilfe pro Kopf zwischen den Bundesländern sehr stark divergierten. Er verglich konkret Bremen mit Sachsen. Nun mag man zugeben, dass die Kosten in der Großstadt höher sein mögen und dass Großstädte womöglich mehr „Sozialfälle" anziehen könnten; allein daraus lassen sich die gravierenden Unterschiede in den Kosten aber wohl kaum erklären. Es muss zumindest auch an der Verwaltungskultur, es muss auch am Vollzug der ja bundeseinheitlich geregelten Norm liegen.

Herr *Oebbecke* hat hier in der Diskussion völlig zu Recht gesagt: Sinn dieser Aufsicht oder Kontrolle, über die wir sprechen, kann nur die Sparsamkeit, die Effektivität sein. Um Individualschutz geht es insofern nicht. Individualschutz ist über das materielle Sozialrecht ausreichend gewährleistet; im Prinzip kann jeder klagen, wer sich in seinen Rechten beeinträchtigt fühlt, und in Deutschland klagen erfahrungsgemäß auch viele Bürger. Bei unserer Frage geht es mithin nur um Gemeinwohlinteressen als Gegenlager zu Individualinteressen, nämlich die Ausgaben zu begrenzen. Herr *Schmidt-Aßmann* hat das ausgeführt und dieses Faktum auf eine Formel gebracht: Zahnlose Kontrolle sei letztlich überhaupt keine Kontrolle. Auch diese Bemerkungen bestätigen, dass es ein Effektivitätsproblem zu geben scheint. Anders gewendet: Die Rufe nach Kontrolle, vor allem nach der Einführung neuer Kontroll- und Aufsichtsinstrumentarien ist meist ein Korrelat, ein Kompensat für etwas Fehlendes oder Defizitäres. Lassen sich Defizite nicht anders abstellen, folgt der Ruf nach Kontrolle. Oft werden dann Kontrollinstrumentarien eingeführt, die nicht in die „Architektur" der vorhandenen Kontrollsysteme passen. Meine These geht hier dahin, dass durch die spezifische Kompetenzstruktur des deutschen Mehrebenensystems demokratische Verantwortungszusammenhänge tendenziell auseinandergerissen werden. Oder ökonomisch formuliert, dass die Gefahr von Fehlanreizen oder von moral hazard hier besonders naheliegt. Denn Weniges macht so viel Freude wie fremdes Geld auszugeben. Das gilt im privaten sowie im öffentlichen Sektor. Kontrolle kompensiert hier – so meine These – die ausfallende oder nicht funktionierende demokratische Steuerung (wobei selbstverständlich sein sollte, dass es auch demokratische Kontrolle gibt).

Der zweite Ausgangspunkt meiner Beobachtungen hängt damit unmittelbar zusammen: Die offene Flanke des Mehrebenensystems. Wir müssen glaube ich bei allen diesen Punkten, die wir hier ja ganz oft behandeln, uns immer bewusst machen und in Erinnerung rufen, was man im Grunde nur durch Rechtsvergleichung erkennen kann: die Besonderheit der deutschen Bundesstaatlichkeit, die Kompetenzen funktional, nicht gebietskörperschaftlich aufzuteilen. Das gegenteilige US-amerikanische Modell könnte demgegenüber wie folgt skizziert werden: eine Körperschaft – alle Kompetenzen, bis zur Finanzierung und ggf. bis zur Rechtsprechung in der Hand derselben Gebietskörperschaft. Das deutsche Modell ist nun einmal historisch anders und wird sich in dieser grundlegenden Frage auch nicht ändern lassen. Bundesstaaten sind in ihrer Entwicklung pfadabhängig, Bundesstaaten sind historische Unikate. Die Finanzwissenschaftler informieren uns dahingehend, dass der sog. Steuer-Ausgabemechanismus gestört sei; derjenige, der die Steuern festsetzt und erhebt, tätigt nicht die Ausgaben. Damit erscheint ein genuin politischer Zusammenhang wenn nicht gestört, so doch defizitär zu sein. Auf die bundesstaatliche Diskussion übertragen bedeutet dies, dass der Wähler aufgrund der Verwischung von Verantwortungszusammenhängen an politischer Sanktionierung gehindert wird. Das sind im Grunde die Diskussionen, die im Anschluss an die Einführung des kooperativen Föderalismus 1969 – ich nenne nur *Fritz Scharpf* mit dem von ihm geprägten Begriff der „Politikverflechtungsfalle“ – ausgebrochen sind. Auch hier zeigt sich erneut: Kontrolle dient als Kompensat fehlender oder nicht funktionierender politischer Kontrolle mittels Wahlentscheidungen. Diese These, dass auch Aufsicht und Kontrolle der Mehrebenenarchitektur nicht richtig angepasst sind, kann man auch an anderen finanzrechtlichen Instituten verdeutlichen. Ich habe in meinem Rostocker Staatsrechtslehrervortrag versucht zu zeigen, dass der Satz „No taxation without representation“, also die demokratische Verantwortung der Steuererhebung durch die deutsche Finanzverfassung, ebenfalls in gewisser Weise konterkariert wird. Zusammengefasst: Aus finanzverfassungsrechtlicher, aus finanzrechtlicher Sicht ist Finanzstromkontrolle wünschenswert.

Bei dieser Analyse darf das Gegenlager nicht fehlen. Die unbestreitbaren Vorteile kommunaler Selbstverwaltung stellen Subsidiarität, Ortsnähe und anderes mehr dar. Diese Vorteile sollen mit dem dezentralen Modell gerade gehoben werden. Gerade in Bereichen, in denen es darum geht, Menschen zu helfen, sie in Arbeit zu vermitteln oder sozial einzugliedern, ist die Ortsnähe sinnvoll, womöglich unverzichtbar. Gerade die Arbeitsverwaltung mit ihren seit Jahrzehnten bestehenden gravierenden Defiziten. Das Bedürfnis nach dezentralem Aufgabenvollzug ist sehr gut nachvollziehbar und auch unter theoretischen Prämissen sinnvoll. Es kommt auf den Ausgleich an, auf die Grenzen. Entgegen den Vermutungen von Herrn *Kammer* werden die Kommunen nicht Adressaten von Bundesaufsichtsverwaltung; sie werden auch nicht in eine Art Organleihe eingebunden. Herr *Kammer* hat an anderer Stelle gesagt, es sei eigentlich egal, wer prüft, es müsse nur überhaupt geprüft werden. Das halte ich für falsch. Es kommt schon darauf an, wer prüft, weil die Interessenlage eine völlig unterschiedliche ist und weil die

Kompetenzstruktur des Prüfenden oder Beaufsichtigenden eine völlig andere ist. Dies kann anhand der beiden Punkte, um die Kontrolle und Aufsicht in gewisser Weise kreisen, nämlich den Aspekten von Information und Sanktion, verdeutlicht werden. Gegen Information kann zunächst wenig eingewendet werden. Information und Transparenz bilden Trends der Zeit. Die Bürger haben seit einigen Jahren zunehmend Informationsansprüche gegen ihre Verwaltung. Warum soll es in einem gegliederten Staatswesen nicht auch klar definierte Informationsansprüche zwischen den unterschiedlichen Ebenen geben? Im Staat-Bürger-Verhältnis wird konsequenterweise auch der Informationsanspruch des Staates gegenüber dem Bürger als Eingriff gewertet. So müsste man das bei entsprechenden Ansprüchen gegenüber der kommunalen Ebene auch sehen – gleichwohl wären solche Ansprüche mit entsprechenden Absicherungen zu rechtfertigen. Gegenüber bloßer Informationserhebung kann letztlich nicht viel eingewendet werden. Wenn man dann noch bedenkt, dass der Bundesrechnungshof Informationshilfsorgan des Deutschen Bundestages und die Landesrechnungshöfe Informationshilfsorgane der Landtage sind, wird das hier Skizzierte noch verdeutlicht. Sanktionen im Rahmen von Kontrolle und Aufsicht sind ein grundsätzlich anderes Faktum. Sanktionen spielen sich auf einer grundsätzlich anderen Ebene ab. Daher kann es niemals belanglos sein, ob ein eher informatorisch arbeitendes Kontroll- und Aufsichtsorgan oder ein eher sanktionierendes Organ agiert. Hier erreichen wir den Punkt, wo die rechtsdogmatische (Klein-)Arbeit einsetzt, wo wir weiterdenken und weiterarbeiten müssen.

Wie geht das Bundesverfassungsgericht mit diesen Grenzen um? Es hat in beiden herangezogenen Urteilen, also im Urteil zum Zukunftsinvestitionsgesetz wie auch jüngst im Optionskommunen-Urteil Einschränkungen der Informations- und Kontrollkompetenzen durch eine Art „Trick“ erzielt. In dem Beschluss zu § 6a Zukunftsinvestitionsgesetz wird auf den Haftungsanspruch aus Art. 104a Abs. 5 GG rekurriert; jetzt aktuell hinsichtlich der Optionskommunen geht es um bloße Angemessenheitsprüfung, bloße Willkürkontrolle o. Ä., also um inhaltliche Einschränkungen. Ich interpretiere das dahingehend, dass die in der Sache als durchaus berechtigt erkannten Kontrollbedürfnisse noch eingehegt werden müssen, weil die bundesstaatliche Struktur ihnen teilweise entgegensteht. Wenn die Finanzvolumen, die verteilt werden, größer werden – ich prognostiziere, dass das geschehen wird – stellt sich die Frage, welche neue Einschränkung einer sinnvollen Kontrolle gefunden werden wird. Wäre eine solche Restriktion sinnvoll und erforderlich? Auch an dieser Stelle müsste weitergedacht werden.

Ich würde gerne noch eine Kontrollkategorie thematisieren, die sowohl Herr *Schwarz* in seinem Vortrag als auch Herr *Schmidt-Aßmann* in die Diskussion eingeführt hat. Man muss Kontrolle und Aufsicht aus dem Demokratieprinzip entwickeln, am Demokratieprinzip ausbuchstabieren. Das leuchtet unmittelbar ein, ich finde es vollkommen überzeugend. Freilich glaube ich, dass dies nicht zu ganz eindeutigen Ergebnissen führt. Es führt wahrscheinlich insbesondere nicht dazu, dass wirklich nur eine verwaltungskompetenzakzessorische Kontrolle denkbar wäre. Im Legitimationskettenmodell, von *Böckenförde* entworfen, vom Bundesverfassungsreicht adaptiert, kommen die Finanzen nicht unmittelbar vor. Das ist ein Defizit. Denn über Geldströme wird auch demokratische Legitimation transportiert. Das Stichwort lautet: Budgetrecht. Dadurch wird eine zweite Steuerungsebene neben der sachgesetzlichen Ebene eröffnet, indem über die Zuweisung von Finanzmitteln eine weitere demokratische Legitimationskomponente installiert wird. Etwas direkter formuliert: Ich kann durchaus verstehen, dass der Bundesrechnungshof auch wissen will, was mit dem Geld passiert, das das Organ, dem er zuarbeitet, der Deutsche Bundestag, letztlich vereinnahmt, indem es Steuergesetze schafft und das auch – je nach Konstruktion – durch den Bundeshaushalt läuft.

Das führt mich zu der Norm des Art. 91e GG. Herr *Oebbecke* hat sie als eine „kaputte Norm“ bezeichnet – das mag gesetzesredaktionell vielleicht stimmen. Aber ich habe grundsätzlich kein Problem damit, dass der verfassungsändernde oder verfassungsergänzende Gesetzgeber sich über eine Entscheidung des Bundesverfassungsgerichts hinwegsetzt. Verfassungswidriges Verfassungsrecht gibt es – jenseits von Art. 79 Abs. 3 GG – ohnehin nicht. Und auch, dass der verfassungsändernde Gesetzgeber eine Verfassungsgerichtsentscheidung, die ihm contre coeur geht, überspielt, indem er die Verfassung ändert, ist demokratietheoretisch legitim. Die Frage ist nur: Ist jetzt Art. 91e GG der krasse Ausnahmefall oder ist die Vorschrift – so meine Vermutung – der Indikator für ein grundsätzliches dahinterstehendes Problem. Art. 91e GG mit der positiven Gestaltung von echter Mischverwaltung stellt sicherlich eine gewisse Ausnahme dar. Die Finanzströme freilich, die damit in unterschiedlichen Konstruktionen verbunden sind, sind dem deutschen Bundesstaat nicht unbekannt. Ich möchte daher resümieren: Art. 91e GG ist für mich hier eigentlich ein Indikator, vielleicht ein Katalysator für ein tiefersitzendes grundlegendes Problem.

Meine dritte Bemerkung: Aufsicht als zentrale Folge des bisher Ausgeführten. Hier möchte ich vier Unterpunkte differenzieren. Vor einigen Jahren wurde von *Wolfgang Kahl* eine wichtige Habilitationsschrift zur Staatsaufsicht – wohl die erste gewichtige Monografie seit *Heinrich*

Triepel, wenn ich das richtig sehe – publiziert. Dort ging es u. a. um eine Differenzierung eines hierarchischen Aufsichtsmodells und um die Akzentuierung von auch konsensualen Elementen in der Staatsaufsicht. Womöglich ist der Höhepunkt dieser Entwicklung schon überschritten. Dies vor allem auch deshalb, weil die Aufsicht, wie ich einleitend betont habe, in vielen Fällen offensichtlich dramatisch versagt hat. Die Frage lautet daher aktuell: Wie sind verschiedene Aufsichtsformen gegeneinander abzugrenzen? Inwiefern stellt die Finanzaufsicht einen neuen, eigenständigen Typus dar? Das scheint mir offen zu sein, stellt sich als Frage aber notwendig angesichts der neueren Entwicklungen. Hinzu kommt: Wie ist die Mehrebenenarchitektur der Aufsicht zu gestalten?

Ein Weiteres: Entflechtung versus Kooperation. Herr *Meinel* hat darauf hingewiesen, dass es Probleme bei einer grundkonzeptionsfremden Norm im falschen Umfeld geben kann. Hier wird man freilich unterscheiden müssen: Bezogen auf die beiden Föderalismusreformen ist etwas „systemfremd", bezogen auf den Grundtenor der Finanzverfassung, der ja aus dem Jahre 1969 stammt – große Finanzreform –, ist es „systemkonform"; damit könnte ein Hinweis auf die Schwäche der Reformbemühungen in Richtung auf Autonomie und Entflechtung vorliegen.

Das wechselseitige Ausspielen von Aufgabe und Finanzierung, wie es in *Martin Burgis* Bemerkung – ich überspitze jetzt etwas – anklang, habe ich als Finanzverfassungsrechtler immer mit dem Argument zu bekämpfen versucht, dass Finanzverfassung und Finanzierung keine reinen Folgeerscheinungen von Aufgabenzuweisungen sind, sondern Aufgabenzuweisung und Finanzierung zwei Seiten einer Medaille darstellen und sich idealerweise gegenseitig bedingen, weil auch das zur Verfügung stehende Finanzvolumen etwas über die Aufgabenmöglichkeit aussagt. In Schlagworten: Das Konzept der „Finanzverfassung als Folgeverfassung", das etwa von *Ferdinand Kirchhof* und auch von *Stefan Korioth* vertreten wird, sehe ich nicht als das Modell der Finanzverfassung. Auch hier geht es um finanzielle Verantwortungszusammenhänge, nicht darum, dass bestimmte Aufgabenzuweisungen automatisch bestimmte Finanzierungslasten nach sich ziehen.

Schlussbemerkung: Dem Bundesverfassungsgericht kann vorgeworfen werden, dass es in seiner Entscheidung zu den Optionskommunen keine abschließende und besonders geglückte systematische, dogmatische Ausarbeitung dieses komplexen Feldes geschaffen hat. Das ist auch nicht seine Aufgabe. Das Gericht soll keine Lehrbücher schreiben. Herr *Henneke* hat zu Beginn des Gesprächs zu Recht darauf hingewiesen, dass wir auch eine gewisse Krise der wissenschaftlichen Befassung mit kommunalen Themen haben. Er hat zu Recht appelliert, dass wir hierfür werben sollen, dass Monografien entstehen usw. Ich vermute, dass das Problem der (Finanz-)Aufsicht in der Mehrebenenarchitektur genug Anreize für eine intensive Befassung bietet.

Teilnehmer am Professorengespräch

Heinrich *Albers*, Sarstedt

Prof. Dr. Florian *Becker*, Kiel

Dr. Ariane *Berger*, Berlin

Prof. Dr. jur. Frauke *Brosius-Gersdorf*, Hannover

Prof. Dr. Christoph *Brüning*, Kiel

Prof. Dr. Martin *Burgi*, München

Prof. Dr. Dirk *Ehlers*, Münster

Prof. Dr. Johannes *Hellermann*, Bielefeld

Prof. Dr. Hans-Günter *Henneke*, Berlin/Osnabrück

Rolf-Dietrich Kammer, Direktor beim Bundesrechnungshof, Bonn

Landrat Thomas *Karmasin*, Fürstenfeldbruck

Prof. Dr. Hanno *Kube*, LL.M., Heidelberg

Prof. Dr. Klaus *Lange*, Gießen

Prof. Dr. Thomas *Mann*, Göttingen

Dr. Florian *Meinel*, Berlin

Prof. Dr. Janbernd *Oebbecke*, Münster

Prof. Dr. Hermann *Pünder*, Hamburg

Dr. Klaus *Ritgen*, Berlin

Prof. Dr. Stephan *Rixen*, Bayreuth

Prof. Dr. Hans Christian *Röhl*, Konstanz

Dr. Gernot *Schlebusch*, Hannover

Prof. Dr. Eberhard *Schmidt-Aßmann*, Heidelberg

Prof. Dr. Kyrill-Alexander *Schwarz*, Würzburg

Prof. Dr. Christian *Waldhoff*, Berlin

Prof. Dr. Rudolf *Wendt*, Saarbrücken

Matthias *Wohltmann*, Berlin